国際法の視点から

宗教と人権

Religion,
Secular Beliefs
and
Human Rights

ナタン・レルナー 著
Natan Lerner

元 百合子 訳

東信堂

Religion, Secular Beliefs and Human Rights;
25 years after the 1981 declaration
by Natan Lerner

Copyright© 2006 Koninklijke Brill NV, Leiden, The Netherlands.
Japanese edition published by arrangement with
Koninklijke Brill NV, Leiden, through The Sakai Agency

Published by Toshindo Publishing Co. Ltd., Tokyo
1-20-6, Mukougaoka, Bunkyo-ku, Tokyo, 113-0023, JAPAN

◇目次／宗教と人権：国際法の視点から

日本語版への序文……………………… ナタン・レルナー　vii
序　文…………………………… ジョン・ウィット・ジュニア　xv
著者による序文………………………… ナタン・レルナー　xiii

第1章　はじめに ………………………………………… 3

第2章　宗教と信念の法的意味 ………………………… 9
  1　宗　教 ………………………………………………… 9
  2　信　念 ………………………………………………… 12
  3　国連システム ………………………………………… 13
  4　セクトと新宗教運動 ………………………………… 15

第3章　国連における宗教的人権 ……………………… 19
  1　世界人権宣言 ………………………………………… 19
  2　先駆的研究―クリシュナスワミ報告(1959年) …… 22
  3　国際人権規約(1966年) ……………………………… 27
  4　自由権規約委員会の「一般的意見」………………… 31
  5　「宗教的不寛容撤廃宣言」…………………………… 37
  6　宣言の規定 …………………………………………… 40
  7　保護される権利 ……………………………………… 41
  8　差別と不寛容の禁止 ………………………………… 44
  9　宣言の評価 …………………………………………… 47
 10　条約の必要性と可能性 ……………………………… 48
 11　宣言の実施 …………………………………………… 49
 12　宗教的マイノリティ ………………………………… 55
 13　他の関連文書における宗教的権利 ………………… 60
 14　結　論 ………………………………………………… 63
 15　近年における実施状況 ……………………………… 65

第4章　1992年「国連マイノリティ権利宣言」……… 69
  1　はじめに ……………………………………………… 69
  2　成立に至る経緯 ……………………………………… 71
  3　宣言の内容 …………………………………………… 73

　　　　3-a. 前文　　　　　　　　　　　　　74
　　　　3-b. 国家の義務　　　　　　　　　　75
　　　　3-c. 権利のカタログ　　　　　　　　77
　　4　宣言と現代におけるマイノリティの権利……………80
　　5　結論…………………………………………………82

第5章　宗教的人権の地域的保護……………………85
　　1　ヨーロッパ……………………………………………85
　　2　米州……………………………………………………93
　　3　アフリカ………………………………………………95
　　4　イスラーム……………………………………………97
　　5　二国間協定および特別協定…………………………98

第6章　迫害と煽動からの宗教的集団の保護………103
　　1　人種差別撤廃条約の関連性　　　　　　　　　　105
　　2　権利間の衝突………………………………………107
　　3　「十分な考慮を払って」の文言……………………111
　　4　4条の内容…………………………………………113
　　5　集団に対する中傷…………………………………119
　　6　集団に対する中傷の意味…………………………120
　　7　集団に対する中傷の抑制…………………………122
　　8　国際犯罪に関する国際法―ジェノサイド条約　129
　　9　「民族浄化」(エスニック・クレンジング)………135
　　10　「民族浄化」の意味…………………………………141

第7章　改宗の勧誘と宗教の変更……………………147
　　1　改宗の勧誘対宗教的アイデンティティとプライバシー　150
　　2　宗教の変更とその勧誘……………………………153
　　3　国連の時代における改宗とその勧誘……………157
　　4　世界人権宣言………………………………………159
　　5　クリシュナスワミによる研究……………………162
　　6　1966年の国際人権規約……………………………168
　　7　自由権規約委員会の「一般的意見」………………170
　　8　1981年の宗教的不寛容撤廃宣言…………………173
　　9　特別報告者の仕事…………………………………179
　　10　その他の国際人権文書……………………………184
　　　　10-a. マイノリティ　　　　　　　　　184
　　　　10-b. 移住労働者　　　　　　　　　　185
　　　　10-c. 先住民族　　　　　　　　　　　186
　　　　10-d. 子どもの権利　　　　　　　　　187
　　　　10-e. 教育における差別　　　　　　　188

11	宗教的不寛容と差別に関する条約(案)	189
12	地域的文書	190
	12-a. 欧州人権条約　190	
	12-b. 米州人権条約　190	
	12-c. カイロ人権宣言　191	
	12-d. OSCEの「人間的側面に関する会議」　191	
	12-e. マイノリティ保護枠組み条約　192	
13	判例法	193
	13-a. コッキナキス(Kokkinakis)事件　194	
	13-b. ラリシス(Larissis)事件　200	
14	結論	203

第8章　宗教とテロリズム …… 207

第9章　非宗教的人権観 …… 215

1　「不可避的」? …… 215
2　神聖? …… 219
3　「明解な」非宗教的人権観 …… 222

第10章　宗教的標章(シンボル)—「評価の余地」の範囲：トルコ・ヘッドスカーフ事件、欧州人権裁判所と世俗主義的寛容 …… 225

1　はじめに …… 225
2　事実と背景 …… 227
3　トルコ国内法とその運用 …… 230
4　比較法 …… 233
5　判決 …… 234
6　判決の評価 …… 242
7　結論 …… 248

第11章　国家と宗教的共同体—イスラエルの事例 …… 249

1　宗教的共同体 …… 252
2　イスラエル国における宗教 …… 256
3　結論 …… 261

第12章　ローマ教皇庁とイスラエル …… 263

1　はじめに …… 263
2　協定上の宗教的権利規定 …… 265
3　聖地 …… 268
4　評価 …… 269

まとめ……………………………………………………………… 271
訳者あとがき……………………………………………………… 275
資　料……………………………………………………………… 283
　1　宗教又は信念に基づくあらゆる形態の不寛容及び差別の撤廃に関する宣言（宗教的不寛容撤廃宣言）………………………………………………………… 283
　2　あらゆる形態の宗教的不寛容の撤廃に関する条約案（宗教的不寛容撤廃条約案）……………………………………………………………………………… 287
　3　民族的(National or Ethnic)、宗教的、言語的マイノリティに属する人びとの権利に関する宣言（国連マイノリティ宣言）………………………………… 292
索　引……………………………………………………………… 296

◎装幀　田宮俊和

日本語版への序文

　本書がこのたび、日本語を話す人々の世界に紹介されることは、大きな喜びである。翻訳の労をとってくださった元百合子(もと)さんと出版を引き受けてくださった東信堂に深い感謝を表したい。優秀な翻訳者によって本書の内容が、原書よりもさらに明確になったことを確信している。本書は、宗教または信念に基づくあらゆる不寛容と差別の撤廃に関する宣言が国連総会で採択されてから25周年に当たることにちなんで、2006年に出版された。本書は異なる時期に執筆した数章から構成されるが、執筆後の展開を反映させるべく、出版直前まで内容を書き改める作業をした。日本語版が完成するまでに更に2年近くが経過したが、内容について重大な変更が必要になったとは考えていない。

　ただ、この間に、法的および政治的な正式文書に記載される事実とその評価に関連を持つことがいくつか起きた。国際社会における宗教と信念の役割は、多くの理由から以前と同様に物議をかもしている。宗教は、紛争と緊張を生み出すものとして非難され続けている。同時に、公的領域において宗教の影響力が増大していることについて、大方の意見は一致しているように見える。2007年12月21日付けのインターナショナル・ヘラルド・トリビューン紙は、ヨーロッパで最も政教分離の進んだ国であるフランスのニコラス・サルコジ大統領が、「公的領域における宗教の役割の活性化を促すことで同国のタブーを破った」と報じた（ロイター、宗教担当編集委員トム・ヘネガン（Tom Heneghan）署名記事）。

　教会と国家の分離を定めた国内法を変えたいわけではないと言いつつも、

サルコジ大統領は、あらゆる宗教の信者の活発な発言を歓迎することを表明した。「信じる人は希望を持つ人である。フランス共和国は、国内に希望を持つ多くの男女がいることを望んでいる。」と語った。ただし、「信じない人々は、あらゆる形態の不寛容と改宗勧誘活動から保護されなければならない」と付け加えた。言うまでもなく、サルコジ氏のこの発言は批判を浴び、ルモンド紙は一面トップに、ビショップの衣装をまとったサルコジ氏の傍らに十字架と米国旗を担いだジョージ・W・ブッシュ大統領がおり、サルコジ氏を指しながらベネディクト法王に「こいつが私の仕事を横取りしている」と訴えているマンガを掲載した。

　本書では、宗教と信念の自由に関する国連特別報告者に任命されたアスマ・ジャハンギル女史が2004年12月に発表した報告書に触れたが、その後、同報告者は人権理事会に次のレポート(2007年7月29日付け国連文書A/HRC/6/5)を提出した。それは、人権理事会の第六会期で検討される予定である。他方、特別報告者自身が報告の対象になるような事件が起きた。2007年の年末近くに、ジャハンギル女史の国籍国であり居住国でもあるパキスタンで起きた政治的危機の渦中で女史も逮捕され、2週間にわたって拘束されたのである。その措置は、ジャハンギル女史の人権分野での一般的な活動に関連があると見られるが、女史が国連特別報告者であることとの関連はないようである。それでも、宗教と信念の自由に関する国連特別報告者の拘禁は、今日その種の自由がどれほどの脅威に晒されているかを示す一例としての意味合いを含んでいる。

　この機会に、ジャハンギル特別報告者が報告書の結論としたことを要約すると共に、米国国務省の「民主主義、人権、労働局」が発表した2006年度「宗教的自由に関する国際報告書」から結論的に導き出せることに触れておきたい。同報告書は、「信仰の表現を抑圧し、無辜(むこ)の信者を迫害し、宗教的マイノリティに対する暴力を容認するといった国家の行為」に関する最も有用な年次報告書である。

　宗教的自由に関する興味深い本も、本書出版後に相次いで執筆されている。マルチヌス・ヌーフ社から「宗教、非宗教的信念と人権の研究」シリーズ

を構成するものとして次の四冊の本が出版された。同シリーズは、「宗教、法と人権の分野における現代の問題に光を当てる」ことを目的にしている。A.・F・バイェフスキーとA・ウォルドマン（A.F. Bayefsky and A. Waldman）共著 "State Support for Religious Education. Canada vs. United Nations"、(『宗教教育に対する国家の支援（カナダ対国連）』2006年)、N.A.シャー（N. A. Shah）"Women, the Koran and International Human Rights Law. The Experience of Pakistan"（『女性、クルアーンと国際人権法（パキスタンの経験）』2006年）、N・ガニー（N. Ghanea）、A・スティーヴンス（A. Stephens）、R・ウォールデン（R. Walden）編、"Does God Believe in Human Rights?" Essays on Religion and Human Rights（『神は人権を信じるか？（宗教と人権に関する論文集）』2007年）、そして、J・レーマン（J. Rehman）とS・C・ブロー（S.C.Breau）編 "Religion, Human Rights and International Law - A Critical Examination of Islamic State Practices"（『宗教、人権、国際法（イスラーム国家による実行の批判的検討）』2007年）である。マイケル・ヴィーナー（Michael Wiener）は、特別報告者の任務－制度的、手続き的および実質的な法的諸問題に関する博士論文をティアー大学法学部に提出し、英語によるその要約はReligion and Human Rights 2 (2007) pp.3-17に掲載された。日本比較憲法学会は、2005年に東京で開催された比較憲法国際会議に提出された論文を "Church and State Towards Protection for Freedom of Religion"（『宗教の自由の保護に向かう国家と教会』）という書名で日本語と英語の二ヵ国語で出版した。

　政教分離主義者と宗教的思想家の間の論争については、最近も2007年12月16日付けのニューヨーク・タイムス日曜版の書評欄が、チャールス・テイラー（Charles Taylor）による "A Secular Age"（『非宗教的時代』）と題する大部の書籍とそこに所収されたリチャード・ドーキンズ（Richard Dawkins）の "The God Delusion"（「神様の思い違い」）を取り上げた。そこでは、それ以前に出版されたサム・ハリス（Sam Harris）の "Letter to a Christian Nation"（『キリスト教国への手紙』）にも言及がなされている。宗教的問題や紛争が国際社会において占める位置を考えれば、こうした論争は今後も増えると予想される。宗教的権利と非宗教的権利の間の論争は新しいものではなく、今後はこれまで以上に激しいものになると思われる。ただ、政教分離主義と宗教的傾向とを何らかの形で共

存させる機は熟していると主張する論者もいる。

　関連する困難な問題を伴うものについては、過去二年間に裁判所の判断が求められて判決が出されてきた。そのいくつかは、宗教的標章(シンボル)や衣服の着用といった原則に関するものである。他の事案は、国家と教会または国家と宗教の関係の異なる形態に関するものである。

　宗教と信念の自由に関する特別報告者は、2007年の報告書の中で、宗教や信念を変える自由ないし宗教や信念から離れる自由に対する侵害や制約が「あまりにも頻繁に」起きていると指摘した。時には国家機関が、人々あるいは家族などの生命を脅かしたり、拷問したり、経済的な不利益を与えたりといった手段を用いて人々を改宗させようとしたり、改宗を妨害し、あるいは再度改宗させようとする。「背教・棄教」罪を理由に逮捕、経済的な制裁、あるいは婚姻の無効化、子どもの引き離しなどがおこなわれることもある。多数派〔訳注：力関係における主流派を含む〕の宗教のメンバーが、マイノリティのメンバーに対して改宗ないし再改宗を強要するために暴力を用いることもある。また、物質的な利益提供や、立場の弱さにつけ込むといった「非倫理的」な手段が用いられることもある。言うまでもなく、改宗の禁止あるいはそうした効果を狙った強要などは、人権法においては許容されない。

　特別報告者によれば、宗教または信念に関連する礼拝ないし集会の自由、宗教または信念の儀式や習慣に関する記事や資料を作成、入手または使用する自由が、頻繁に侵害されている。とくに、宗教的マイノリティのメンバーは、国家による許可という条件を設定されて礼拝の権利の行使を妨げられることがある。女性は、寡婦を生贄にするといった残酷な儀式の犠牲になる。礼拝の場所、宗教的団体の所有物、墓地、僧院その他の建物などが攻撃され、制約の対象とされてきた。ただ、そういった場所が、非国家的主体によって、武器や人質を隠すといった違法な目的のために利用されてきたことも事実である。

　世界各地の信者たちは、宗教的標章を着用することで自己のアイデンティティを示すことを妨げられてきた。他方、そうした標章を衆目に晒すことを要求される人々もいる。そのため、特別報告者は2006年の報告書において、

宗教的標章の表示を抑制ないし禁止する法的および行政的措置の一般的な評価基準を設定した。宗教的指導者の任命に干渉したり、妨害したりする国家もある。宗教的文書の検閲、禁止、没収を含めて、布教が目的と見做される資料配布の妨害、教導の妨害なども非難されてきた。宗教および信念に関するコミュニケーションの自由が踏みにじられる事件も、国内および国際の両レベルで発生してきた。特別報告者は、パスポートやその他の本人確認書類に宗教が記載されることがあってはならないと考えている。宗教的共同体が保健、教育、社会問題などの領域に踏み込んだ活動をすることを許可しない国もある。そうした国では、財政的援助を要請し、受け取る権利も、許容範囲を超えて制限されている。

同報告書によれば、宗教または信念に基づく差別、とりわけ、女性、自由を剥奪された人々〔訳注：被拘禁者〕、難民、子ども、マイノリティ、移住労働者などの社会的弱者に対する差別の「証拠はたくさん」ある。多くの女性は、宗教、民族的出身、性別を理由とする深刻な差別に苦しんでいる。生きる権利の侵害、名誉殺人〔訳注：家や集団の名誉を傷つけたと見做した者を制裁することによって、家や集団の名誉を回復しようとする意図でおこなわれる殺人〕、教育の制限、一定の社会参加の形態からの削除、宗教の名の下におこなわれる性器切除などは、とくに憂慮すべきものである。

マイノリティの構成員はしばしば、宗教または人種、あるいはその双方を事由とする差別を受けている。多くの場合、マイノリティは、彼らを暴力的集団と同一視するような言説や疑いの眼差しなどが誘発する、非国家主体による差別、社会的拒絶、暴力や脅迫などに晒されている。特別報告者は、移住労働者の状況を明らかにする必要も感じていた。移住労働者たちも、市民と同等に宗教または信念の自由を享受すべきだからである。

特別報告者は、預言者ムハンマドに対する冒涜とみなされた出版物を契機とする事件に応える形で、宗教の自由と表現の自由の衝突に言及している。2006年に、宗教の自由、意見と表現の自由、人種主義とそれに関連する不寛容の三つのテーマに関する三名の特別報告者が共同で出したプレス・リリースは、新聞・雑誌が大きな論評の自由を持つべきであることを強調しつつ、

人々の心に深く根付いた宗教的な感情を侮辱するステレオタイプ化やレッテル貼りは避けるべきであることを強調した。宗教の自由と表現の自由の衝突は、人権分野においてよく問題になる事柄であり、本書でも扱っている。

　宗教と信念の自由が、全世界でどのような状況にあるかということに関するもう一つの重要な情報源は、米国国務省の「民主主義・人権・労働局」(Bureau of Democracy, Human Rights and Labor)が発表する年次報告書である。この序文を書くに当たって参照した2006年度版は導入部で、いささか論議を呼びそうな記述ではあるが、基本的自由の尊重は世界中で支持されるようになったと述べつつ、多くの国の政府は、国際人権法の下での自らの責任についてリップ・サービス以上のことをしていないと指摘する。国によっては、政府が国際人権法に反する行為をしている。暴力的な過激派は、不寛容と憎悪のイデオロギーのために宗教を利用している。

　報告書は、全体主義的政権や独裁政権、マイノリティの宗教に敵意を持つ国家、社会にある差別を放置する国家、差別的な法制度、いくつかの国で実際におこなわれているように特定の宗教をカルトとして非難することなどの主要な迫害形態を分類している。特定あるいはすべての宗教を国家の敵と考える政府がある。特定の集団を「治安を脅かす」存在と位置づける政府がある。過激派と疑われた人々に対する行動において過度に熱心な政府がある。国家は、良い法制度を持つだけでは不十分であって、公的機関と個人による迫害を防止するために積極的に行動することが必要である。他方、差別的な立法をおこなってきた国もある。特定の宗教を「危険なカルト」または「セクト」と断定することも、よくあるタイプの迫害である。

　報告書は、ビルマ(ミャンマー)、中国、エリトリア、イラン、北朝鮮、サウジアラビア、スーダン、ベトナムなどを「特に懸念される国」として挙げる。同時に、アフガニスタン、ブルネイ、ビルマ、中国、エリトリア、インド、イラン、ラオス、北朝鮮、パキスタン、ロシア、サウジアラビア、スリランカ、スーダン、トゥルクメニスタン、ウズベキスタン、ベトナムなどは、「宗教的自由が大いに興味を持たれている」国として挙げられている。イスラエルについて、報告書は、イスラエルの国内法が礼拝の自由を保障しており、イス

ラエル政府がその権利を概ね尊重していると述べる。問題があるのは、軍事的占領地域に関してである。イスラエルのユダヤ人に関する、個人的領域内の問題および市民的地位の問題について報告書は、正統派ユダヤ教の権威者を他の宗教に比較して優遇する「不平等な扱い」があることに起因する問題が継続していると指摘する（この問題については、私も本書の中で取り上げた）。

　言うまでもなく、米国国務省の報告書は国際社会の見解ではなく、一国のアプローチを反映しているに過ぎない。それでも、世界各地に蔓延する状況を知るには有用な手引書ではある。報告書は、自国つまり米国の状況を扱っていない。米国で宗教の自由が尊重され、保護されていることは疑いを入れない。米国内の専門家によれば、「米国最高裁判所の判例には、自由のパラダイムが衰退し、平等のパラダイムが力をつけてきた」ことが読み取れるのであり、「2005年の春・夏に出された判断は、そうした展開に関する最近の最高裁の見解が現れている。制度的な措置の比較においては、米国の法的発展は明らかに、世界の他の部分に支配的な協力主義的モデルへの大きな歩み寄りを示している。米国におけるこうしたパラダイム・シフトは、他国にも見られるかもしれないし魅力的でもあろうが、平等のパラダイムには有害な面があるのであり、それと均衡をとる慎重さを必要とする。」（W・コール・ダラム・ジュニアとブレット・G・シャーフ (Prof. W. Cole Durham, Jr. and Brett G. Scharffs) 共著論文 "State and Religious Communities in the United States: The Tension between Freedom and Equality"（「米国における国家と宗教的共同体―自由と平等の間の緊張」）"Church and State Towards Protection for Freedom of Religion"（『宗教の自由の保護に向かう国家と教会』）365頁に所収）。

　この序文の導入部では、宗教と信念の自由に関する国連特別報告者がパキスタンで逮捕されたことに言及した。この序文の最後に、同国における野党党首ベナズィール・ブット女史の暗殺という不穏な事件に触れなければならない事は、残念なことである。世界中の活字メディアのほとんどは、宗教的過激主義が政治に関与することで及ぼす影響をこの政治的犯罪に見て取った。

　冒頭で述べたように、本書が日本で翻訳出版されることを大きな光栄と感

じている。日本比較憲法学会会長である小林宏晨教授が東京で開催された国際会議の議長として開会の辞で述べられたように、神道、仏教、儒教の国である日本は、「ユダヤ教、キリスト教、イスラーム〔訳注：日本では「イスラム教」と呼ばれることが多いが、信者やイスラーム学者の間で一般的な表記に従った。〕といった一神教とは対照的に、宗教的多元主義の生きた実例」である。本書で私は、あらゆる意味で宗教的多元主義と宗教の自由という考え方を促進しようと努力した。私は、あらゆる宗教を尊重する非宗教的なユダヤ人として、宗教・信念の自由と普遍的人権の関係を強調しようと努めた。そうした私の企てが、日本の人々に興味を持っていただけることを確信している。最後に再度、翻訳者と出版社への深い感謝を繰り返しておきたい。

2007年12月

ナタン・レルナー

序　文

　「それはおよそ善き時代でもあれば、およそ悪しき時代でもあった。知恵の時代であるとともに、愚昧の時代でもあった。信念の時代でもあれば、不信の時代でもあった。光明の時でもあれば、暗黒の時でもあった。希望の春でもあれば、絶望の冬でもあった。」チャールズ・ディケンズは、「二都物語」をこの有名なフレーズで語り始め、18世紀に「人と市民の権利」のために闘われたフランス革命の逆説を描写する。このフレーズは、20世紀の世界において、すべての人々のための人権と民主化の名の下に実行された革命の逆説をも実にうまく描写している。

　過去30年の間に、世界は「ディケンズ時代」とでも言うべき時代に入った。我々は、最善の人権保護が書物に記されるのを目にしたが、同時に地上では最悪の人権侵害がなされていた。1980年以来、30を超える国における新たな立憲民主主義の成立を祝ったが、他方、30を超える内戦の勃発を嘆くはめになった。最も賢明な民主的政治手腕を目にすると同時に、最も愚かな独裁的好戦性を目撃してきた。南アフリカ型の希望の春を一つ目にするたびにユーゴスラヴィア型の絶望の冬を、ウクライナ型の光の季節には、スーダン型の暗闇の季節を見た。

　こうした、現代の人権革命にまつわるディケンズ風の逆説は、宗教の視座に立つ時、とりわけ鮮明である。現代人権革命は、世界各地で宗教の驚くべき復興を引き起こす触媒の一つとなった。民主主義と人権に新たにコミットする宗教においては、かつて専制的抑圧者によって地下に追放された古い信仰が、新たな力を得て地上に芽を出した。例えば、旧ソビエト連邦では仏

教、キリスト教、ヒンドゥ教、ユダヤ教、イスラームなどの宗教が、その他の無数の新宗教、自然主義、個人崇拝などと共に長い眠りから覚醒した。革命的ともいうべき植民地解放後のアフリカでも、当惑させられるほどの数の伝統的グループが勢ぞろいするのと並んで、それらの主要宗教が多様な慣習的形態および文化変容した形態で繁栄するようになった。中南米では、人権革命が、昔から存在するカトリックやプロテスタント主流派の共同体に構造的変化をもたらしただけではなく、無数の新しい福音主義的運動や聖霊(ペンテコステ派)運動の急増、伝統的な宗教運動の復興をも引き起こした。世界各地で、数々の新しい宗教、あるいは新しい装いをこらした宗教が驚くべき隆盛を見せた。それらの中には、キリスト再臨派、バハーイ教、ハレクリシュナ、エホバの証人、モルモン教、サイエントロジー教会、統一教会といった集団があり、そのいくつかは、大きな物質的な力、政治力、メディアに対する影響力などを獲得してきた。現代のイスラエルにおいてさえ、ナタン・レルナーが本書で示すように、それ以前にもすでに驚くほど宗教的多元性を有していた状況に、さらに新たな宗教的運動が加わったのである。

　世界中で起きた、宗教のこの目覚しい復興の原因の一つであり結果でもあるのは、宗教的権利の範囲が大幅に拡大したことである。過去30年間に少なからぬ国民国家で、宗教的権利に関する何百もの主要な法令、判例、憲法上の規定が新たに成立した。それらの国の多くは、良心の自由、宗教を実践する自由の保護、宗教的多元主義、平等、非差別の保障、さらに宗教的な個人と団体のその他の権利保障と特別な保護などを十分におこなっている。それらの国内的保障は、1948年の世界人権宣言と1966年の国際人権規約にある宗教的人権に関する重要な規定を拡充して発達してきた、地域的および世界的人権文書——とりわけ、1981年の「宗教又は信念に基づくあらゆる形態の不寛容および差別の撤廃に関する国連宣言」(宗教的不寛容撤廃宣言)、1989年のウィーン会議の最終文書、1992年の「民族的(national or ethnic)、宗教的、言語的マイノリティに属する者の権利に関する国連宣言」(マイノリティ権利宣言)——に合致する。

　他方、まったく同じ世界的人権革命は、新たな形態の宗教的および民族的

対立、抑圧と戦争を誘発する要因にもなってきた。そのいくつかは、悲劇的な状況に達した。旧ユーゴスラヴィアとチェチェンのような事例では、かつては共通の抑圧者によって食い止められていた宗教的・民族的対立が、新たに獲得した自由を昔ながらの敵意を新たにする権利に変容させることで惨事を引き起こした。スーダンとルワンダでは、民族的ナショナリズムと宗教的急進主義が毎年、対立する宗教の何百人もの信徒を激しい混乱や死に陥れ、何千人もの人々に迫害、不当な投獄、飢餓を強い、激しい虐待に遭わせてきた。フランスでは政治的政教分離主義、非宗教性原則とナショナリズムが結びつくことによって、多数の信仰者、とくに宗教的「体温」は高いが文化的協調性の低い「セクト」や「カルト」に属する人々を脅かし、それらの人々の市民的権利の否定に類することや死をもたらしてきた。米国では、政治的救世主信仰とキリスト教原理主義が結合して「文明の衝突」論理を助長し、その結果、米国内のマイノリティに対する偏狭な見方と行動を、国外では「悪の枢軸」に対する好戦性を増長させた。他にも、アジアから中東まで、マイノリティとしてのキリスト教徒、ユダヤ教徒、イスラーム教徒などが、制限、抑圧と弾圧といった苦難の急増に直面してきた。現在、世界各地でイスラームを名乗る野蛮なテロリストが、自己の狡猾な好戦性を、現実であれ想像上のものであれ、宗教的、文化的、民族的なあらゆる敵に対するジハード（聖戦）だという、破壊的で歪んだ論理で覆い隠している。

　近年、ロシア、東ヨーロッパ、アフリカ、中南米の一部では人権革命によって、先住の宗教団体と外国の宗教団体とが信者を奪い合う新たな形態の闘争が誘発された。それは、宗教と人権をめぐるディケンズ式ドラマの現代版における、最も皮肉な一章である。これらの地域で過去20年間に起きた政治的変化に伴い、外国の宗教団体が、それ以前は数十年間許されなかった国々への入国許可を得た。1990年代初頭には、外国の宗教を説き、サービスを提供し、信者を獲得しようとする宣教師団の渡来が増加した。ギリシャ正教、カトリック、プロテスタント、イスラームのスンニ派、シーア派やその他、地元の伝統的宗教団体は当初、それらの外国人、とくに数十年も接触が途絶えていた同宗信徒を歓迎した。その後、それら地元の宗教団体は、外国の宗教

団体、とりわけ民主主義的人権倫理を支持する北米と西ヨーロッパの宗教団体に反感を持つようになる。地元の宗教団体は、〔西欧型の〕民主主義が肯定する宗教的思想が入ってくることを嫌う。また、民主主義が押し付ける物質主義と個人主義の有毒な潮流に反感を抱いている。民主主義が奨励する宗教的多元主義が広く普及することに、また、民主主義が保護する過剰な形態の宗教的言論、報道と結社にも反感を持っている。

このように、人間の魂の奪い合いという新たな闘争が、上記の地域で発生した。それは、伝統的文化や道徳を新しい社会に再生させる闘争であり、同時に地元の古来の宗教への帰依と信者を取り戻す闘争であった。対立する宗教的共同体が互いに相手を誹謗中傷し、邪教呼ばわりしながら、自らはより教条主義的、原理主義的立場を強めることを始めたのであり、その意味では、神学的闘争の一面を持っていた。過去数十年間における宗教・教派を超える運動の精神は、宗教における「バルカン(半島)化」の先鋭な新形態に道を譲りつつある。それは同時に、法的な闘争でもある。地元の宗教団体は政治指導者と共に、外来の宗教団体に憲法上保障される権利を制限する法令や規則を策定する陰謀に取り組み始めたからである。「すべての人のための宗教的自由」の憲法的保障および国際人権文書の無条件批准という輝かしい看板の下で、いくつかの国は最近、改宗勧誘活動禁止法やカルト規制を新たに策定し、ビザの管理を強化し、新宗教と新たに渡来した宗教に対して露骨に差別的な制約を課してきた。世界の多くの地域は、イスラームまたはキリスト教の確立された教団組織にとっての新たな黎明期にあるように見える。

そうしたディケンズ風の逆説は、人権のパラダイムが単独では克服できない限界を持つことを露呈させた。つまり、逆説的な現実状況が暴力を抑制し、紛争を解決し、平和を構築し、対話を通じた安全保障、礼拝による癒し、和解の儀式、「真実〔発見〕のための委員会」その他の方法を確保するために、人権のパラダイム以外の有用な方策を熱心に模索することを促してきたのである。ディケンズ風の逆説は、基礎的ではあるが本質的な点、つまり、人権規範が有効であるためには人権文化がなくてはならないということを強調した。宗教の保護を含む人権規範は、それらの規範に意味と〔実現のための〕措

置を提供する憲法秩序がない社会ではほとんど人の目に触れない。安全、支援、保護への基本権を持たない、あるいは言論、出版、結社の自由を奪われた集団にとって人権規範はほとんど役に立たない。司法的救済を求める権利など、適切な救済を求める基本的な手続き的権利を持たない被害者にとって、人権規範はほとんど関係がないに等しい。人権侵害を恥辱、後悔、抑制と尊重、告白と責任、和解と損害の回復などの発生源とみなす社会的風潮や倫理を持たない共同体にとって、人権規範はほとんど説得力を持たない。我々が第二次大戦後の人権の宣明の時代から現在の人権の実施の時代へ移行するに従って、人権文化の必要性はますます大きくなってきた。

　宗教と人権のこうした現況を踏まえて、ナタン・レルナー教授は本書で非常に優れた分析を展開する。レルナー教授は長年、国際人権法の権威の一人であり、人種的、民族的および言語的集団の権利について未踏の地平を開く研究成果を何度も発表してきた。それには、ブリル(Brill)社の子会社であるマルティヌス・ヌーフ(Martinus Nijhoff)社から出版された二冊の画期的な書籍、"Group Rights and Discrimination in International Law"(『国際法における集団的権利と差別』)(1991年、第2版2003年)と"The UN Convention on the Elimination of All Forms of Racial Discrimination"(1965年、第2版1980年)〔訳注：和訳は、斎藤恵彦・村上正直訳『人種差別撤廃条約』(解放出版社、1983年)〕が含まれる。レルナー教授は本書では、宗教的権利に関する自身の専門性に的を絞っている。より正確に言えば、(1)個人の権利としての思想、良心および宗教の自由、および関連する諸権利、すなわち集会、言論、礼拝、改宗の勧誘、教導、親の権利、旅行の権利、または信念に基づいてそれらの行為をおこなわない権利、(2)宗教団体が社会で法的地位ないし法人格を獲得する権利、およびそれに関連する、法人としての資産所有権、集団的礼拝、慈善事業、宗教教育、言論・出版の自由、自治その他の権利などが本書で検討される。

　本書は、円熟期にあるレルナー教授が、世界中の国民国家と人権組織が現在直面している、宗教と信念に関する非常に困難な法的問題の多くを、賢明でありながら読み易く、明快でありながら深い洞察に基づき、包括的かつ効率的に扱ったものである。1948年の世界人権宣言以来策定されてきた国際的

人権文書といくつかの地域的人権文書、二国間条約や協定などに置かれた関連規定の一つ一つを分析し、文脈を明らかにする。そのことだけでも本書には大きな価値がある。私の知る限り、宗教と信念の保護に関するすべての国際的な法的文書を鋭い洞察力を用いて綿密な検討を加えた意義深い著作は、他にはない。

とりわけ斬新で力強いのは、民族浄化、外国人嫌悪、国教主義、改宗の勧誘の禁止など、近年各地でおこなわれてきた組織的行動における多くの慢性的権利侵害と宗教団体の集団的権利についてのレルナー教授の扱い方である。教授は、集団的権利、人種差別、集団殺害（ジェノサイド）およびその他の国際犯罪に関する深い専門性を用いて、宗教的権利の活動家からも十分に留意されてこなかった国際人権文書の多くの規定を取り上げ、注目を促す。国内法と国際法における改宗の勧誘活動と改宗の扱いに関する今日的問題に関する長い章も、高い価値を持つ。そこでは、次のような法的問題が中心である。宗教的共同体がその信仰を実践し、教義を広める権利と、その他の個人や集団が干渉されずに旧来の伝統を守る権利を国家がどう調整するか？ 多数派と少数派の宗教、あるいは地元の古来の宗教と外国の宗教、それらが主張する異なる権利を国家がどう保護するか？ 国家には、改宗ないし宗教の変更に関して多様な神学的理解、とりわけ、入信も棄教も容易なキリスト教と、入信は容易であるが棄教して改宗することを許容しないイスラームの対照的に異なる考え方を治める一般的ルールを策定することが可能か？ レルナー教授が示すように、これらの問いは目新しいものではない。国際人権章典の起草者たちが、作業開始時から直面した問題であった。しかし、1948年（世界人権宣言）と1966年（国際人権規約）の策定においてなされた妥協のいくつかは、今日すでにそれらの文書の限界を露呈し始めている。関連する章には、絶え間なく異議申し立てされてきた問題についての熱い論争を沈静させるに足る、多くの賢明かつ現実的な提案がなされている。

読者は、レルナー教授が本書の全体を通しておこなう、国際的人権文書、とくに1981年の宗教的不寛容撤廃宣言に露呈している多くの限界や妥協に対する学識深い批判に悩まされざるを得ない。1981年の宣言の限界は、その後

1989年のウィーン会議の最終文書や1992年の国連マイノリティ権利宣言といった文書によって補われ、克服されてきたが、宗教的権利は世界の多くの国で今も未発達であり、時には攻撃されている。宗教的権利の保護の発展において、歴史的に重要な役割を果たしてきた西ヨーロッパと北米の先進国さえ、近頃は宗教的権利に対する驚くべき無関心が見られる。レルナー教授は、1981年の宣言の25周年に当たるこの年に国連が、宗教的寛容に関する単なる宣言から、宗教と信念の完全な保護を目指す、よりよき人権文化の構築に役立つような宗教的権利に関する法的拘束力のある条約の採択へ動くように改めて要請している。

　レルナー教授は、地域的文書の価値を認めつつも、宗教的権利が必要とするきめ細かい保護を提供するには地域的文書だけでは不十分であると指摘する。例えば、1969年の米州人権条約は、宗教の自由に関する米州諸国の国内法にほとんど影響を及ぼしてこなかったし、中南米のいくつかの国民国家におけるカトリック、プロテスタント、ペンテコステ派の教会、伝統的宗教団体などの間でエスカレートする衝突を緩和することについてもほとんど何もしてこなかった。アフリカのいくつかの人権文書、とくに1990年のカイロ人権宣言はイスラームを不適切に優先しており、イスラームを名乗る国民国家と多国籍の聖戦主義集団が国内と国外の宗教的マイノリティに対する偏見を実践することに利用されてきた。1950年のヨーロッパ人権条約は、その実施において締約国に広い「評価（解釈）の余地」を与えることで、宗教的マイノリティがトルコの政教分離政策、フランスやベルギーのライシテ化政策、あるいはアイルランド、ドイツやギリシャの国教主義的政策などにうまく対応できない原因を作ってきた。レルナー教授が詳しく分析する、ヨーロッパ人権裁判所が最近審理したトルコのヘッドスカーフ事件は、ヨーロッパ人権条約の限界を映し出す最新の衝撃的な判例である。

　それは、地域的文書、二国間協定や憲法が、宗教的権利と自由の保護において効果的な役割を果たすことができないという意味ではない。イスラエルを含むいくつかの国民国家とローマ教皇庁との間に近年締結された協定は、レルナー教授が示すように、宗教的権利と自由の力強く、未来を見越した保

護の先進的な事例である。オーストラリア、インド、イスラエル、ヨーロッパと米国の高等裁判所の判例が、本書の全体を通して適宜紹介されていることも有用である。しかし、様々な規範をパッチワークしたキルトに満足するには、世界各地であまりにも多くの宗教的マイノリティが今も偏見と悪意に満ちた扱いに晒されている。すべての人の持つ、宗教と信念に関する重要不可欠な自由を保護するには、法的拘束力を備えた包括的な条約が必要である。

　宗教的権利の保護に対するこうした熱意が、単に自己目的追求の偏狭な動機から生まれたものだと考える読者がいないとも限らないが、レルナー教授は本書の全体、とりわけ第9章で、彼自身が非宗教的ないし世俗的立場から宗教的権利を防衛することを明確にしている。教授は、宗教的立場から宗教的権利を擁護する人々を尊重しており、過去において早くから宗教的自由を発想した人々の中には預言者や宗教的グループがいたことを認める。ただ、教授は、宗教的権利がその性質において「必ず宗教的」であるとは考えないし、宗教的確信や主張のみに依拠する議論を展開しない。教授は反対に、非宗教的論理が思想、良心および信念の自由の保護にコミットした強力な人権保護制度の十分な基盤となり得るし、また必要であると主張する。これは刺激的な議論であり、一部の読者にとっては賛成しかねる議論であろう。しかし、その主張は、自由意思で宗教から距離をおく人々を含め、すべての人々に宗教的権利と自由を保障する普遍的で義務的な条約が世界には必要であることをさらに強調するものである。

　私はこれまで12年間、レルナー教授と共に働く機会に恵まれ、教授が本書に反映されている多くの鋭い洞察を形成するのを見てきた。教授は並外れた知性、人間性と誠実さを備えた人物であり、人間として、そして学者としての生き方に、本当の意味での優秀さ、寛容、あらゆる人への尊重が現れている人物である。本書において教授が我々に示してくれる模範と示唆に我々が従うとすれば、世界は確実によりよいものとなるであろう。

アトランタ、エモリー大学
法と宗教研究センター所長

ジョン・ウィット・ジュニア

著者による序文

　本書は、完全な書下ろしではない。2000年に米国ニューヨーク州のオービス・ブックスから出版した拙著"Religion, Beliefs and International Human Rights"(『宗教、信念と国際人権』)の大部分を本著に再録した。同書は、ジョン・ウィット・ジュニア(John Witte Jr.)とアブドゥラ・アーメッド・アンナイム(Abdullah Ahmed An-Na'im)が編集を担当してアトランタ州エモリー大学の「法と宗教プログラム」から刊行された「宗教と人権シリーズ」の一部を構成する。本書ではその後の5年間における展開の概要を示すべく、実施の側面を扱う部分の情報を更新した。

　いくつかの雑誌に掲載された多くの記事や未発表の資料も追加した。それらはすべて、宗教と信念の自由と国際人権の関係を直接扱うか、それに関連するものであり、その背景には、この分野において21世紀に中心的問題となった変化やいくつかの問題と、そうした関係が世界状況に及ぼす影響がある。宗教および宗教に関する世俗的ないし非宗教的信念、それらと人権の関わりなどは、もはや神学者、哲学者や文化史家の興味を引き付ける学問分野にとどまらない。それらは現在、法、政治、思想、社会あるいは安全保障といった視点から見た諸々の国際問題に影響を及ぼす複数の要素に関する真剣な議論において、常に主要な問題の位置を占める。

　宗教、より正確には複数の宗教が、今日の世界の基本的な一側面をなしている。法、とくに国際法と人権法は、その側面を考慮する必要があり、ある程度そうしてきた。差別と迫害を受けることが多い宗教的マイノリティの処遇、政府と宗教団体の対立、宗教団体間の対立、国や地域によって異なる困

難に晒される宗教的権利と自由、個人と共同体にとって宗教的自由がどのような意味を持つかということをめぐる論争、これらすべての事柄はもはや、各国政府、国際機構、法学者などの専門家に任される理論的問題として扱えるものではない。それらは今や国際社会のあり方に影響を与え、基本的な自由の尊重を確保しようと望むすべての人々にとって、常に扱うべき課題である。

　そうした課題のうち、最も懸念される事柄の一つは、宗教とテロリズムの関係の度合いの問題である。それは、多くの政府に不安を感じさせる、複雑かつ危険な現象である。宗教、というより宗教的狂信がテロ行為の主たる原因になったことは、疑いを入れないように思われる。他方、そうした関連性をもとに、特定の宗教やその信者に対して差別的なレッテルを貼る議論をするべきではないことも明白である。後者の議論はすでに、国際と国内の立法過程で一定の役割を果たしている。いくつかの地域で起きた非常に深刻な事件の展開は、国際刑事法といった分野に大きな影響を及ぼしてきた。この問題については一章を当てて扱い、欧州安全保障協力機構（OSCE）の2005年ウィーン会議でなされた勧告を強調する。

　国際社会にとって「宗教または信念に基づくあらゆる形態の不寛容および差別の撤廃に関する国連宣言」採択25周年に当たる2006年は、本書の刊行に適した時期であると思う。もちろん、同宣言の内容を再確認する良い機会であると同時に、それは諸国、諸民族、国際機構や世界規模の非政府組織などが宗教・信念の自由と人権の問題により一層の興味を示していることに関連して、多少の考察を付加する機会にもなろう。更に、この分野の国際法の形成に関する未完の論争を再燃させる機会になれば喜ばしい。本文中で概観するように、同宣言は実施措置に関する規定を置き、宗教的自由の促進、宗教ないし信念に基づく差別の防止、と危険に晒された宗教的共同体の保護に貢献する建設的な役割を果たしてきた。問うべきことは、採択後の25年間に起きた事柄に照らして、それが十分かどうかということである。

　不十分であるという主張、また同宣言を敷衍する義務的条約を採択すべきであるという議論も再提起されよう。条約化をかつて支持した多くの国々

が、自らが正しかったと感じて再び同じ主張を展開するということも考えられる。よく知られる理由から条約化に反対した国々やいくつかの主要な宗教団体は、現実を考慮して考え直すかもしれない。その現実とは、そうした団体の構成員たちが今や、理由が正しいかどうかは別として、自らの宗教的自由が、広範な国々に批准された明確で積極的な規定を持つ法的拘束力のある条約によってよりよく保護される必要を感じていることである。

　他方、過去にも主張されたように、同宣言を極めて建設的に利用することこそ重要であるという議論によって、条約化を排除して現状維持を正当化することもできよう。法的拘束力を備えていなくとも実際に履行される場合、「宣言」は、少数の国しか批准せず、批准を拒む国々に対して義務を課さない条約よりも望ましいという議論もできる。そうした主張は無視されるべきではないが、戦術的な議論である。原則的には、人間生活の広範な領域に関するきめ細かな多くの条約を国際機関が策定した上で、その履行を促進している新千年紀の最初の10年というこの時期に、宗教に関する自由を放置された分野にしておいてよいはずがない。

　宗教に関して、この数十年間起きてきた複雑な諸問題の中でもひときわ興味深い論争は、非宗教的社会における宗教的標章（シンボル）使用の正当性をめぐるものである。どの程度まで宗教的衣服や象徴を見せることが、宗教的自由から生起する絶対的な権利と言えるであろうか？　宗教的衣服や象徴の顕示は、どのようなときに挑発と受け取られるのか？　国家は、これらの事柄についてどの程度の裁量を持つのか？　個人が特定宗教への帰属を表明する権利は、どのようなときに制約してもよいのか？　かつてフランス、トルコ、米国、英国などの国々では、それは司法的判断を要する問題であった。欧州人権裁判所などの国際的法廷が、この問題を扱ってきた。本書で私は、「宗教的シンボル：評価の範囲はどの位あるか？　欧州人権裁判所におけるトルコ・ヘッドスカーフ事件と世俗主義的寛容」というテーマで、欧州人権裁判所が2004年に下した判断を批判的に検討した。その結果、同裁判所の判決は、宗教と信念の自由の表明に関するいくつかの基本的な人権規範および裁判所自身の判例と整合しないことが判明した。その部分は、米国オレゴン州のウィラメッ

ト大学法学部の発行する Willamette Journal of International Law and Dispute Resolutionの2005年13号に初出したものである。

　この数十年は、国際刑事法が発展した時期でもある。世界的な管轄権を持つ国際刑事裁判所が設立されたし、それに先立ちいくつかの地域で起きた悲劇的な状況に関して特別法廷が設置された。宗教的自由の問題と法の領域との相互作用は無視できない。

　これらの問題のすべてには、国際社会全体の取組みだけではなく、地域的機構の取組みもおこなわれてきた。いくつかの国は、自国の管轄権の適用範囲を国外の状況に拡大する必要、また国外状況に介入する措置を取る必要を感じたが、それがまた論争を誘発してきた。

　本書が扱うのは、上に述べたような複雑で微妙な状況の数々である。その結果、本書は必ずしも厳密な一貫性を持つものにはなっていないし、統一性に欠ける部分や重複もあろう。国際法、人権、国家と宗教といったことを教えている私(著者)は、本書が学生や法学者のニーズに応えると同時に、これらの問題に何らかの関心を持つ一般市民のニーズにも応える時宜を得た出版になると考えた。

　本書の短い導入部は、トァ・リンドルム(Tore Lindholm)、W・コール・ダラム・ジュニア(W. Cole Durham, Jr.)、バヒー・G・ターズィブ・リー(Bahia G. Tahzib-Lie)編"Facilitating Religion and Belief: A Deskbook"(『宗教と信念の自由の助長―デスクブック』)(Brill/Nijhoff, 2004)に収録された拙稿の初めの部分を基にしている。導入部に続いては、宗教・信念の自由に関する国際的最低基準を明らかにする意図を持って、宗教と信念の法的意味を概観する。宗教と信念の法的意味は、とくに国際連合の下で発展を遂げた。上述したように、1981年の国連宣言の25周年は、その履行状況を検証し、条約化の必要性と有用性について上に述べたような議論を継続する絶好の機会である。ちなみに、人種差別撤廃宣言は採択からわずか二、三年で条約化された。宗教となると問題はより複雑であるから、四半世紀を経てもなお条約化は宙に浮いたままである。にもかかわらず、同宣言の条約化の課題は真剣に検討されてこなかったことが、率直に認められるべきである。

宗教的グループや共同体は多くの場合マイノリティであり、それ故、宗教・信念の自由に関する議論においては常に、マイノリティの権利が重要不可欠な要素である。本書には、10年以上前に私が「マイノリティとしての宗教的グループ」と題して書き、Israel Yearbook on Human Right（Vol.23, 1994）に発表した、1992年国連マイノリティ宣言のコメンタリーも収録した。同宣言は、宗教的、民族的および文化的マイノリティの承認と国際法による保護に関するささやかな前進であるが、市民的・政治的権利に関する国際規約27条が採用したアプローチに比較すると改善がうかがえる。このことは、宗教的自由に関する議論を今日的なものにするに当たって、忘れてはならないことである。

　本書には、米国ハムライン大学法科大学院発行の雑誌 Journal of Law and Religion（Vol.XIV, No.1, 1999-2000）に掲載された私の「非宗教的人権観」と題する小論も再録した。米国の優れた学者であるマイケル・J・ペリー（Michael J. Perry）が、人権について独自の見解を披露した読み応えのある著作の中で主張した見解、すなわち人権の考え方が不可避的に宗教的であるという見解には、私は賛同しない。「人権の熱心な非宗教的支持者」である私の考えは、宗教的正当化を必要としない非宗教的人権があるという確信に基づいている。またそれが、少なくとも法的な視点から見れば、第二次世界大戦以後の世界に広まった考え方である。

　布教や改宗と国際人権については一章を当てて考察したが、それは1998年にEmory International Law Review（Vol.12, No.1）に発表した長い論文を基にしている。布教の問題は、宗教・信念の自由に関する義務的な条約を採択する上での主要な障害であったし、今後も障害になると思われる。この問題は、ソ連邦と東ヨーロッパに政治的変化が起きて以降、大きな国際的関心事項となり、国際的な場でしばしば議論されてきた。

　法と宗教が相互に与える影響は、いくつかの社会で非常に複雑な様相を呈している。その一つは、イスラエルである。著名なカトリック信者であるロバート・J・ドゥリナン（Robert J. Drinan, S. J.）は、宗教の自由と国際法のバランスに関する"Can God & Caesar Coexist"（『神とシーザーは共存できるか？』）

(Yale University Press, 2004)という近著の中で、「イスラエルにおける教会と国家の取決めは、宗教と国家の関係のどの範疇にも容易に分類できない」ことを強調している。イスラエルにおけるユダヤ教の中核は、「イスラエルは、宗教と信念の自由、言語、教育と文化の自由を保障する」と規定するイスラエル国の独立宣言に照らして検討されなければならない。ドゥリナンは、「イスラエル政府が、1948年以来慣習国際法となった国際人権を反映する制度と法を持つ新たな国家が直面するジレンマをユニークな形で例証している。」と付言する。その上でドゥリナンは、「イスラエルは、どのような宗教的グループをも奨励したり、妨害したりしない政府のドラマチックな例になろうとするべきか？」と問いかける。

　イスラエルが法と宗教の関係を取り巻くジレンマと困難を示す好例であるという点で、私はドゥリナンに同意する。そのことから本書には、日本比較憲法学会が開催し、日本大学の小林宏晨教授が議長となって最近おこなわれた「国家と宗教的共同体に関する国際会議」に私が提出した論文を収録した。同様に、ローマ教皇庁とイスラエルの間で締結された基本協定の人権の側面について、数年前に書いた小論(12/13 "La Porta de' Oriente", 1998)も役立つと考えて再録した。

　それらの再録を快諾してくれた出版社や雑誌社に感謝を表したい。エモリー大学の「法と宗教プログラム」の責任者であるジョン・ウィット・ジュニア教授には大変お世話になった。深く感謝したい。同教授は、本書のベースとなった拙著を含む、宗教と人権に関するシリーズの共編者でもある。教授は私に、本書の出版準備をするように勧めてくださり、この間ずっと指導、建設的批判、そして非常に価値のある助言を与えてくださった。

　本書が、技術的な問題を超えて、宗教、非宗教的信念と人権の相互作用に関心のあるすべての人々の役に立つことを願っている。

イスラエル、キリアットオノにて

ナタン・レルナー

翻訳に関する注釈

1. 著者の付したカッコおよび訳者が原文の趣旨を損なわない限りにおいて補足的に付した注釈ないし略語には（　）を使用し、訳者による注釈には〔　〕を使用して区別した。
2. 固有名詞の読み方は、できるだけ発音に近い表記を心がけた。ただ、調べても読み方（発音）が分からなかった名前も多いので、間違っている可能性があることをお断りしておきたい。
3. 日本では「イスラム教」と表記されることの多いイスラームに関する用語については、主として日本イスラム協会ほか監修『新イスラム事典』（平凡社、2002年）、三浦徹ほか編『イスラーム研究ハンドブック』（悠思社、1995年）に従った。
4. Minorityという語は、「マイノリティ」と表記した。「少数民族」と訳されることがあり、国連の人権文書の日本政府公定訳は「少数者」という訳語を当てるが、そのどちらも国連で採用されている概念——確定した定義はないものの——に照らせば適当とはいえない。数の上での劣勢は要件ではなく、力関係における被抑圧的地位が重視されるからである。また、national, ethnic, tribal などの形容詞が被せられたマイノリティを、区別せずにすべて「民族的マイノリティ」と訳した。日本政府は、それぞれを「国民的マイノリティ」、「民族的マイノリティ」、「種族的マイノリティ」と訳すが、それぞれの意味と差異が不明確である。ただし、条文の引用部分は、原則として日本政府公定訳を使用した。近年、国連人権機関は、「マイノリティ」の普遍的な定義を確定することおよびそれらの分類の困難を前に、あえて定義することを避け、保護から排除される集団が生まれることを防止する意図で羅列しているという説明をしてきた。欧州では、national minority を保護対象として規定することが多いが、これも確定した定義がない。
5. 国連憲章に基づく機関である「人権委員会」の下部組織として設立された「差別防止マイノリティ保護小委員会」は、1999年に「人権の促進と保護に関する小委員会」に名称変更されたが、日本語訳の際の略称は両方とも「（国連）人権小委員会」とした。なお、2006年6月に「人権委員会」が「人権理事会」に改組された結果、同「小委員会」は廃止され、代わりに「人権理事会諮問委員会」が設立されることが決まっている。

『宗教と人権：国際法の視点から』

著者：ナタン・レルナー
翻訳：元(もと) 百合子

第1章　はじめに

　ここでは、国際社会の主要な国際的規範によって規律される、宗教ないし信念の自由に関する最低基準の性格と範囲を概観する。国際社会はそれ以前にすでに人種差別、人種的憎悪などの人権問題に取り組んではいたが、1960年代初期まで、すなわち反セミティズム運動が爆発するまで国連は、人種的で**宗教的な**(強調原文)差別と不寛容の問題に取り組まなかった。国連は二つの問題を分離した上で、すばやく人種差別撤廃条約を起草した。しかし、国連が宗教と信念に関する宣言を起草するのは1981年になってからのことである。しかも以下に述べる理由によって、国連が近いうちに宗教と信念に関する条約を起草する見込みはないようだ。

　同様に人権に関する学問的著作も、かつては宗教、信念とそれに関連する諸問題を十分に取り上げてこなかったことを批判された。近年、そうした不足は改善されてきた。今日、宗教と信念、およびその分野で支配的な最低基準や規範について書かれた本や記事はかなりある。中でも二つの主要な論文集について述べる必要がある。一つは、ヨハン・D・ファン・デル・ヴィヴェール(Johan D. van der Vyver)とジョン・ウィット・ジュニア(John Witte Jr.)編"Religious Human Rights in Global Perspective"(『地球的視点から見た宗教的人権』)であり、同著は1996年にアトランタのエモリー大学で行われた国際会議の優れた成果を二冊にまとめたものである。もう一つは、トーァ・リンドルム(Tore Lindholm)、W・コール・ダラム・ジュニア(W. Cole Durham, Jr.)、バヒー・G・ターズィブ・リー(Bahia G. Tahzib-Lie)編"Facilitating Religion and Belief: A Deskbook"(『宗教と信念の自由の助長—デスクブック』)であり、どちらもマル

ティヌス・ヌーフ (Martinus Nijhoff) 社から出版されている[1]。マルコム・D・エヴァンズ著 "Religious Liberty and International Law in Europe"（『ヨーロッパにおける宗教的自由と国際法』）(1997年)、テッド・スタンキ (Ted Stahnke) と J・ポール・マーティン (J. Paul Martin) 編 "Religion and Human Rights: Basic Documents"（『宗教と人権―基本的文書』）(1998年)、バヒー・G・ターズィブ (Bahiyyih G. Tahzib) が600項におよぶ博士論文の成果として著した "Freedom of Religion or Belief: Ensuring Effective International Legal Protection"（『宗教または信念の自由―効果的な国際法的保護の確保』）(1996年)、ケビン・ボイル (Kevin Boyle) とジュリエット・シーン (Juliet Sheen) 編 "Freedom of Religion and Belief：A World Report"（『宗教と信仰の自由―ワールドレポート』）(1997年)、マーク・W・ヤニス (Mark W. Janis) 著 "The Influence of Religion on the Development of International Law"（『国際法の発展に対する宗教の影響』）(1991年) なども言及に値する著作である。2000年にオービス・ブックスから出版した拙著 "Religion, Beliefs and International Human Rights"（『宗教、信念と国際人権』）の大部分は本著に再録されている。このテーマに関して私（著者）は、多数の論考を学術雑誌に発表してきた。

　世界的あるいは地域的レベルにおいて複数の国際機構が、宗教または信念の自由を保障するための様々な措置を講じてきた。それらの措置は、国内立法に何らかの影響を与えてきた。取り扱った問題には、(1)宗教または信念の自由の性格、範囲、重要な側面、内心の自由と宗教活動の自由、その自由の表現と表明、自由の許容され得る制限と逸脱 (derogation)、宗教または信念の自由が個人および集団の権利とどう関係するか、あるいは衝突するかといった事柄、(2)「宗教からの自由」を含めて、個人の基本的権利である宗教または信念の自由を保護するために取り得る措置などである。後者については、政府が単独で取り組んできた国がいくつかあるが、教会、宗教団体や信者組織などと特別な取決めをおこなってきた国もある。

　新たな千年紀の始まりと共に、国際社会が開発・発展、前進と技術に興味

---

[1] 以下は、後者の論文集に収録された拙稿 'The Nature and Minimum Standards of Freedom of Religion or Belief'（「宗教ないし信仰の自由の性格に関連する最低基準」）の一部である。

を持ち続け、努力し続ける中で不可避的に直面している問いは、国内および国際の諸組織が今ある草案ないし他の国際文書に基づいた新たな義務的条約を採択することによって、宗教と信仰の自由の保護を更に促進する用意があるかどうかという問題である。国際社会が、そうした促進策を時期尚早、あるいは望ましくないとか危険であると見る場合には逆に、宗教または信念の自由をその他の基本的人権と同等に位置づけるために何らかの方策を講じることに合意することができるかどうかという問いとなる。

そうした問いに答えようとする試みはいくつかなされてきたが、そのいずれも、人間が持つ自由の本質的表明である宗教または信念の自由がなぜ、他の基本的人権より軽視されてきたのか、その理由を十分には説明できていない。宗教は、世界のあり方に実に大きな影響を与える。悲劇的な出来事は、時には大規模な国際的軍事介入を必要とすることさえあり、民族と宗教の強力な影響力を示すと同時に、宗教が外国人排斥、人種主義、集団的憎悪、更には領土の変更などにおいて重大な役割を果たすことを証明している。その上、宗教的迫害や信者とそれ以外の人々との対立、複数の宗教が存在する社会における宗教団体間の対立、好まれ保護される支配的な宗教と弱小宗教の間の対立、新宗教をめぐる対立などはすべて、よく見られる現象である。主権国家間の紛争から民族間・宗教間の紛争への移行が起きていると主張する人々もいる[2]。

実際、それらの問題が蔓延している状況から、世界の主要な政治勢力である米国は、他国で危険に晒されている宗教団体を保護する国内立法をおこなうための複雑な法的手続きやその他の手続きを始めることが必要だと考えた[3]。こうした状況は、国際社会が宗教または信念の自由に対して、他の基本的人権と同等に重要視すべき時期が来たことを示している。

---

2 Susanne Hober Rudolf and James Piscatori, eds. *Transnational Religion and Fading States* (1997), pp.3-4参照。Samuel Huntington, *The Clash of civilizations and the Remaking of World Order* (1996)参照。後者(サミュエル・ハンティントンの『文明の衝突』)はかなりの論争を巻き起こした。

3 US Department of State, *Annual Report on International Religious Freedom* (i.a.2002) (米国国務省発行の年次報告書)、*International Religious Freedom Act 1998*, public Law No.105-292 Stat. 2787 (codified at 22 USC para. 6401 [1998])参照。

「宗教」の概念と非宗教的「信念」に関連する概念を法律用語で定義することは困難であるため、更に哲学的ないし思想的論争を避けるためにも、国際法と人権法は、権利のカタログとそれらを保護する方法を規定する際に「思想、良心と宗教の自由」という合意された見出しを使ってきた。それら三種類の自由を別々に定義することはしてこなかったのである。すべての基本的文書は、これらの自由に言及している。更に、設定されたほとんどの国際人権基準は、宗教または信念の自由の**表明ないし表現**(強調原文)を保護している[4]。

西欧諸国と共産圏諸国との間の大きな政治的対立は、「宗教」の後に「信念」という言葉を入れることで回避された。この二つの言葉は、どちらも神学的世界観を意味すると同時に、無神論的、不可知論的、合理主義的その他の、宗教や宗教的規範を排した考え方をも含むことが意図されている[5]。本書のタイトルでも、「信念」の言葉の前に「世俗的(非宗教的)」(secular)という形容詞を置いて、宗教に関する非宗教的信念が含まれることを明らかにすることを意図した〔訳注：本書タイトルは、直訳すれば「宗教、非宗教的信念と人権」であるが、日本語版タイトルは「宗教と人権―国際法の視点から」とした〕。

歴史を見れば、宗教的自由の保護は他の権利に先行していた[6]。それは、クイウス・レギオ・エイウス・レリギオ(*cuius regio eius religio*)という伝統的ルール〔訳注：王または支配者の宗教が民衆の宗教になるというルール、後に宗教選択権を意味するようになる〕を修正した二国間条約の規定として始まった。つまり通常、互恵主義的に、締約国が保護を意図した特定の宗教的マイノリティに

---

4 新しい宗教運動や宗教的セクトに関しては様々な問題があり、国によっては感情的な議論を引き起こしたり、特別な立法措置に結びついたりすることもある。国連の特別報告者(複数)は、後述するように、報告書の中でその問題を取り上げてきた。欧州審議会は1992年6月22日、様々な宗教的セクトの違法行為に関する議会勧告1412 (Parliamentary Assembly Recommendation 1412)を採択した。欧州審議会は、宗教的セクトに関して主要な立法措置をとることは「望ましくない」と考え、良心と信仰の自由を保護する姿勢を再確認したのである。

5 Tahzib, *Freedom of Religion or Belief*, pp.1-3参照。

6 John P. Humphrey, "Political and Related Rights" in *Human Rights in International Law*, vol.I, ed. Theodor Meron (1985), 171, 176; Karl Josef Partsch, "Freedom of Conscience and Expression, and Political Freedom", in *The International Law of Human Rights* (1981), p.209; Paul Sieghart, *The International Law of Human Rights* (1983) 参照。

のみ恩恵を及ぼす、弱く、制限的でアドホックな制度として始まったのである[7]。他の国々は独自に、迫害された宗教的マイノリティに外交的保護を与えた。それでも諸国は宗教的寛容の原則を採用し、国内立法の中で宗教的自由に関する何らかのルールを普及していった[8]。アウグスブルグ条約(1555年)、ウェストファリア条約(1648年)、ウィーン条約(1815年)は、国際社会が人道的介入の原則を次第に受容してきた歴史における重要な発展段階を示している。ただ、そうした介入は、哲学的ないし法的正当化なしに現実的な理由に基づいておこなわれた。その頂点は、フランスと米国に起きた革命である[9]。

宗教的自由の保護に向かう次のステップは、第一次世界大戦後に国際連盟規約第22条(良心と宗教の自由を保障した規定)に基づいて発展した制度であり、不成功ではあったが興味深いものである。宗教的自由に関する当時の諸国による条約や単独声明は、民族的(national or ethnic)、宗教的、文化的および言語的マイノリティを保護することを目的としていた。保護の対象には、個人と集団の宗教的権利が含まれていた。しかしこの制度は、第二次世界大戦につながる全般的政治状況の展開の結果、国際連盟が崩壊すると共に失敗に終わった[10]。

宗教的権利の問題は、第二次世界大戦後、国際連合の下でまったく異なる扱いを受けるようになる。それについては本文中で詳述する。

---

[7] 当時(16世紀)、君主の宗教がその支配下のすべての人々の宗教になるという伝統的ルールの廃止は、宗教に関する一般的な自由の確立を意味しなかった。

[8] 初期の展開について、Alessandra Luini del Russo, *International Protection of Human Rights* (1971);およびEvans, *Religious Liberty and International Law in Europe*, p.42参照。宗教的権利とマイノリティについては、関連する各章を参照。

[9] 国内法上の宗教的権利について、Arcot Krishnaswami, *Study of Discrimination in the Matter of Religious Rights and Practices*, U.N. Doc.E/CN.4/Sub.2/200/rev.1, U.N. Sales No.60.XIV.2(1960)参照。

[10] この制度については後述する。

第2章　宗教と信念の法的意味

　現代人権法は、宗教と信念という言葉が、宇宙に関する有神論的見方だけではなく、無神論、不可知論、合理主義のように宗教も信心も含まれていない確信も意味することを肯定することによって、哲学的な論争の多くを避けようとしてきた。宗教を定義することが一般的にあまりにも困難なため、国連はあえて定義をせずに、「思想、良心および宗教の自由」の見出しの下に、宗教の領域に入る権利のカタログを採用してきた。地域的人権文書においても、類似のアプローチがとられてきた。宗教の自由を扱うどの国際的・地域的文書も、宗教を定義することを試みてはいない[1]。

1　宗　教

　いくつかの法学辞典には、宗教という言葉をより正確に定義する試みがなされてきた。例えば、シュラウドの司法辞典は、「宗教の本質的要素は、神を信じ、拝むことである」とする。そこでは、宗教と信念が区別されていない。同辞典は、更に「宗教的原則と倫理的原則は、混同されてはならない。宗教は人間と神の関係に関わることであり、倫理は人間同士の関係に関わることだからである」と断定する[2]。ブラックの法学辞典では、宗教を「人間と神の関係、畏敬、崇拝、恭順、命令への服従、超自然もしくは優越した存在の認

---

[1]　David Little, "Tolerance, Equal Freedom, and Peace: A Human Rights Approach," in *The Essence of Living in a Free Society*, ed. W. Lawson Taitte (1997), 151-90, は、1981年の宣言が扱うすべての基本的信念に言及する。

[2]　*Shroud's Judicial Dictionary*, 5th ed. (1986), 2218.

識」と定義する³。

　これらの定義には共通するいくつかの要素が含まれている。どれもが、通常「神」と呼ばれる超越したものの存在を認めていることである。ただ、そうした存在の性格と力については、宗教によって違いがある。すべての宗教において神は規範的な機能を持ち、信者は神の教えを守り、行動規範に従うことを期待される。それには、他の人々が神の教えを正しいものと認めるように、それらの教えや規範を広める義務も含まれている。また信者には、色々な形態の礼拝や儀式によってその信仰を表現することも期待される。必ずとは言えないが、一般的に礼拝や儀式を組織的に行うための教会やその他の施設が設立される。

　多くの裁判所、とくに米国の裁判所は憲法上の目的から、宗教の外郭を定義しようと試みてきた。合州国最高裁判所はその初期に、何らかの超越的な存在と人間が関係を持つことの必要性を強調した。同最高裁は、100年以上前に宗教という言葉が、「創造主と自分の関係についての個人の見解、およびそうした見解に基づいて創造主の存在と性質を崇敬する義務、創造主への服従の義務などに関連する言葉である」と定義し、「それは、しばしば特定の宗派の崇拝または礼拝の形態と混同されるが、後者とは区別可能である」とした⁴。

　1961年のトルカソ対ワトキンス事件（*Torcaso v. Watkins*）において同裁判所が、それ以前のものより広い定義を採用した結果、仏教、道教、倫理的・文化的人道主義などが保護される宗教的信念に含まれるようになった⁵。ただし、そうした傾向には限界が内在している。1972年のウィスコンシン対ヨーダー事件（*Wisconsin v. Yoder*）において同裁判所は、「要求された自由とは、社会全体の重大な利益に関わる事柄においてすべての個人が独自の基準を持つことまでを許すものではない」と断定した⁶。1965年の米国対シーガー事件（*United States v. Seeger*）と1970年のウェルシュ対米国事件（*Welsh v. United States*）

3　*Black's Law Dictionary*, 6ᵗʰ ed. (1990), 1292.
4　*Davis v. Beeason*, 133 U.S. 333,342 (1890).
5　367 U.S.488 (1961).
6　*Wisconsin v. Yoder*, 406 U.S. 205,215-216 (1972).

で同最高裁は、宗教の多様性と多元性に関する先の緩やかなアプローチを肯定した[7]。同裁判所はとくに、憲法改正第1条における宗教に関する条文が、「神の存在を信じることの上に築かれた宗教とそれ以外の宗教」とに法的区別を設けることを禁じていると断定した[8]。それ以後、最高裁は、宗教が究極的に個人的なことであることを強調する機能的定義の方向に移った。その結果としての二分化された宗教の定義は、確信的な世俗主義国家の枠組み内で個人の信念の自由を許容する適正なものになっている[9]。

1979年のマルナック対ヨギ事件（*Malnak v. Yogi*）において米国の控訴裁判所は、宗教の定義に合致するには、信念は(1)基本的かつ究極の疑問に答えようとすること、(2)包括的な性格を備え、孤立した教義ではないこと、(3)礼拝、儀式、聖職者、団体としての構造、布教の努力、宗教的休日の遵守、伝統的な宗教に類似した信仰の表明など、既存の認められた宗教に似た形式的かつ対外的表象があることなどの条件を満たす必要があるとした[10]。これらの条件を満たすか否かによって、一般的に受容された宗教と、宗教的であると自認する特定の信念や一定の思想であってもこれらの条件を満たさないものとが区別される。個々の宗教的伝統の性格とカバーする範囲によって、人間の存在と行動のどの側面を強調するかが決まる。すべての宗教は、信者が個人生活、家族生活、あるいは社会生活を送る上で守るべき規範を示す。そうした規範が個人と教義の深い一体化を示唆し、宗教の容易な変更を妨げる場合もある。

---

[7] それぞれ380 U.S.163 (1965); 398 U.S.333 (1970).
[8] *Torcaso v. Watkins*, 367 U.S. 488 495 (1961).
[9] "Towards a Constitutional Definition of Religion," *Harvard Law Review* 91 (1978), 1056-89, 1089. 宗教的権利に関する一般的な議論については、John Witte Jr., *Religion and the American Constitutional Experiment* (1999); Wojciech Sadurski, "On Legal Definitions of Religion," Australian law Journal 63 (1989) 834-843 (*Church of New Faith*事件におけるオーストラリア高裁判決に言及し、non-establishment and free exercise clausesに含まれる同一の言葉に異なる解釈を許す二分化された定義を肯定したもの) 参照。また、Michael S. Ariens and Robert A. Destro, *Religious Liberty in a Pluralistic Society* (1996), 947-995参照。
[10] *Malnak v. Yogi*, 592 F.2d 197, 207-210 (3rd Cir. 1979).

2 信念

　信念は宗教よりも広い概念である。信念の概念は宗教を含むが、伝統的な意味の宗教に限定されない。法的には、信念は「心の中に主観的に存在し、議論、説得、判断に向けた証明などによってその正しさが確信された仮説」と定義されてきた[11]。いくつかの国連文書では、信念という言葉は無神論者や不可知論者など、非宗教的な人々の権利を含む言葉として採用されてきた。そうした言葉を文書に含めた後に起きた議論は、その背後にある政治的動機を解明するのに役立つ。アーコット・クリシュナスワミ国連特別報告者は、論争を抑制するために、「宗教または信念」という表現が「不可知論、自由思想 (free thought)、無神論、合理主義」といった様々な神学的教義や信念を含むものであると考えた[12]。

　信念には、政治的なもの、哲学的なもの、社会的なもの、その他多種多様なものがある。それでも、信念という言葉は、しばしば宗教ないし宗教の不在との関連で使われる。例えば、個人または個人の社会的集団がその体制に完全に服従することを要求する全体主義的な体制があり得る。ナチズムは非宗教的かつ反宗教的であったにもかかわらず、ドイツ人がほとんど宗教的なまでにナチスの教義を完全に受け入れることを期待したことが、その一例である[13]。共産主義とその他の全体主義的体制も、その体制下の人々の信念をコントロールしようとする。国際人権法は従来、宗教が信念の概念を含むことを保証すること以外に、宗教を定義することを避けてきた。ジョン・ウィット・ジュニアが述べるように、「国際法が宗教の定義をこのように大容量なものにしてきたことは、宗教的権利の範囲の決定を個々の国家とその権利の要求者である個人に概ね任せてきた」のである。残念ながら、個々の司法制度

11　*Black's Law Dictionary*, 6th ed. (1990), 155.
12　Arcot Krishnaswami, *Study of Discrimination in the Matter of Religious Rights and Practices* (1960), 1 n.1. David Little, "Tolerance, Equal Freedom, and Peace: A Human Rights Approach", in *The Essence of Living in a Free Society*, ed. W. Lawson Taitte (1997), 10も参照のこと。
13　On the imposition of beliefs such as Folkish stateと*Fuhrerprinzip*といった信念の押し付けについて、William L. Shirer, *The Rise and Fall of the Third Reich* (1960)参照。

は「宗教の不明確な定義を容認している」[14]。

3　国連システム

　後述するように、世界人権宣言のシステムは他の法的な文書にも採用されてきた。それは、三つの基本的自由、すなわち思想、良心および宗教の自由に言及する。国際人権法の実定法は、特定の定義はおこなわずに、権利と義務、および権利を保護する方法のカタログ（一覧表）を備えている。宗教と信念に関する権利の範囲と限界を定め、宗教、教会、国家と個人の関係を規制するルールを定める。各憲法と法制度による裁量およびその国の司法による解釈と法的思考に任される部分が大きい。

　三つの基本的自由は、関連するすべての世界的および地域的な人権文書に明示されている。しかしながら[15]、それらの自由は、法的概念として同一の重みを持っているわけではない。思想の自由と良心の自由は[16]、法的というよりは、むしろ哲学的な性質を持つと考えることができる。そのどちらも、人間の存在の最も奥深い内心の領域から生じるものである。良心の自由は、時として法的に侵害ないし制限されることがあり得る。他方、思想の自由が脅かされたり侵害されたりするのは、人間の心に作用する、複雑かつ手の込んだ手段によってのみ可能である。宗教の自由は、厳密には、信念の自由と宗教からの自由を含む。後者は、宗教的規範や行動様式を受け容れることを強要されない権利と理解することができる。これらの自由と表現、結社、教

14　John Witte Jr., "Introduction," in *Religious Human Rights in a Global Perspective: Religious Perspectives*, ed. John Witte Jr. and Johan D. van der Vyver (1996), xxiv.

15　詳しい資料と議論については一章を参照のこと。

16　良心の自由は、宗教の領域を超える問題であり、多くの国で豊富な判例を生み出してきた「良心的兵役拒否」と呼ばれる問題に関連付けられることが多い。Kent Greenawalt, *Conflicts of Law and Morality* (1987); Rafael Palomino, *Las Objeciones de Conciencia* (1994)（これは、この問題に関する新しく、詳細な文献資料のリストを含んでいる）; Chaim Gans, *Philosophical Anarchism and Political Disobedience* (1992); Rafael Navarro-Valls and Javier Martinez Torron, *Las Objeciones de Conciencia* (1995) 参照。国連の自由権規約委員会は良心の自由を、自己の宗教と信念を表明する権利に関連付けた。General Comment No.22(48) (Article 18), U.N. GAOR Hum. Rts. Comm., 48th Sess., Supp. No.40, para.11, U.N. Doc. A/48/40 (1993) 参照。

導などの関連する自由は、合意された定義を生み出してはいないとは言え、これまでなされてきた宗教を定義する試みに照らして解釈されなければならない。

　宗教を法的に定義することの難しさについて合意ができれば、我々は、宗教の概念を明確化する上で権利と義務のカタログを作成することの重要性を理解することができる。そうしたカタログを念入りに作成するには、それらの権利の三種の行使形態を正確に概説する必要がある。言い換えれば、我々が扱うのは、個人の権利なのか、集合的権利(collective rights)なのか、それとも宗教的グループ、共同体ないし信者団体の権利なのかを問わなければならない。また、それらの権利が個人の権利であれ、集合的権利であれ、集団の権利(group rights)であれ、国内法と国際法による保護を保証するものか否かを問う必要もある。これらの問いに対する肯定的な答えは極めて重要である。宗教がどう定義されるにしても、宗教の自由が、どのような集団に属しているかに関わりなく、一人ひとりの人間にとって基本的権利であることは疑いを入れない。宗教の自由の権利を基本的権利のリストの上位に置くことは適切なことであろう。それでも、ある種の宗教的行為には集団の参加が必要であるから、個人の宗教的権利を孤立したものと見做すことはできない。例えば、祈るために一定の人数が必要なこともあろう。信者が個人では用意することができない宗教的用具を使用することが必要なこともあろう。教会、シナゴーグやモスク、特別の家具、祈禱書といったものは、組織として、あるいは集団的にのみ製作したり調達したりできる。言い換えれば、宗教は個人、数人のグループ、あるいは確立した団体に属する権利である。それらの権利は、補完的なこともあれば、対立的なこともある。対立する場合には、個人の宗教的権利が損なわれて一層の法的保護が必要になることもあろう[17]。

　したがって、宗教的権利のカタログは必要不可欠である。1948年の世界人権宣言18条、1966年の「市民的および政治的権利に関する国際規約」(自由権規約)18条、20条、26条と27条、および1981年の「宗教又は信念に基づくあ

---

[17] 個人の権利、集合的権利、集団の権利について、Natan Lerner, *Group Rights and Discrimination in International Law* (2nd ed., 2003) 参照。

らゆる形態の不寛容および差別の撤廃に関する宣言」(宗教的不寛容撤廃宣言) 6 条、またその他の世界的および地域的人権文書の関連条項に示されるように、国連は地球規模でそうした権利のカタログを提供している。国によっては、憲法にそうした規定あるいは修正された類似の規定が置かれていることもあろう。主要な国際法については後述する。

4 セクトと新宗教運動

国際人権文書が宗教を定義していないことは、セクトの概念と新宗教運動に関する混乱を生み出した[18]。国連の特別報告者アモールによれば、「セクト」の意味するものは元来中立的であり、一つの宗教集団の内部にあってその集団から離反することを決めた少数派の個人グループであった。ただ、「今では、軽蔑的なニュアンスを含んでおり、そのためにセクトは危険と同義語と見做されることがよくあり、時には営利企業と見做されるなど、非宗教的側面を含む言葉である」[19]。アモール教授は、宗教、新宗教運動、営利企業といった言葉の意味がより明確になるように、問題を継続して研究することを提案した。

1997年にドイツを訪問して「セクトや心理グループに関する西独連邦下院研究委員会」(Bundestag Study Commission)やセクトの被害者団体との面談を持ったアモール特別報告者は、報告書の中で、「宗教としての地位を獲得しようとする多くの新しいグループや共同体」と伝統的な宗教との間にある競合関係に触れている[20]。そうしたセクトによる信者の利用や虐待的扱いは、一般市民に警戒心を起こさせたこと、とくに集団自殺を含む複数の事件が明るみに出た時には警戒されたことが報告されている。そうした展開は、ドイツ、ベルギー、フランスやその他の国々の議会に関連する委員会が設置されたことを含め、国家の介入を誘発した。セクトであると同時に企業でもあると記

18　国連人権委員会の「宗教と信念の自由に関する特別報告者」Abdelfattah Amorの報告書、U.N. ESCOR, 54th Sess., Agenda Item 18, at 28, U.N. Doc. E/CN.4/1998/6 (1998) 参照。
19　同上。
20　Report by Amor, U.N. Doc. E/CN.4/1998/6/Add.2参照。

述されたサイエントロジー教会は、委員会の報告書の中でも特筆されてきた。特別報告者は、「セクト」と「心理グループ」を区別した。特別報告者によれば、セクトの中にも宗教を布教するものとそうしないものがある。特別報告者は、不寛容を避けるために、それらのグループを批判することにおいては慎重さが必要であることを勧告した。事実、セクトと同一視される危険性について不満を表明した宗教団体がある。そのことは、1970年代半ば以降のドイツで特別な問題となってきた。その対策としてドイツ政府は、自国の若者が反社会的な振る舞いをしたり、依存的になりがちなことを懸念して、情報と教育のキャンペーンをおこなった。セクトの犠牲者たちは、宗教と信念の自由の濫用防止を目的とする団体を設立した。また、「宗教的ラベルの下にしばしば経済的動機が隠されている精神療法市場を規制する必要」を確認した[21]。サイエントロジー教会の代表は、同団体が宗教であって、国連による研究の中で形成された宗教の国際的定義に該当すると主張した。更に、同団体は実際に差別と迫害の被害者であると主張した[22]。

アモール特別報告者は結論部分で、セクトと新宗教運動に関する国際的な議論がかなり感情的であること、また宗教と信念の分野におけるすべてのグループや共同体が一般的に危険で、経済的であれ犯罪的であれ、宗教以外の目的のために宗教を利用していると考えられているという大いなる混乱に言及した。それでも、ドイツのほとんどの宗教団体は、自己の宗教的権利を行使する自由があると考えている。特別報告者は、メディアが宗教と信念を含む話を捻じ曲げていると考えて、メディアを啓発するキャンペーンの実施を勧め、また、憎悪を煽るいかなる記述や声明も処罰の対象とする立法措置を講じることも提案した[23]。

本書執筆中に、フランス政府は「セクトに対する闘いのための省庁間委員会」を設立する法令を成立させた。その立法目的は、セクトの現象を分析し、更なる研究を奨励することである。法令は、一般市民に対して、意識を高め、

---

21 同、14.
22 同、16ff. 政府の側は、サイエントロジー教会が営利企業であると主張した。その主張は、ドイツ連邦労働裁判所で認められ、すべての措置は法に基づいておこなわれた。
23 同、21 ff.

公共の秩序を脅かすようなセクトの行動に対抗する必要な措置をとることを奨励する[24]。他のヨーロッパ諸国政府は、信念の自由を脅かさずにセクトの影響を抑える効果を持つ類似した措置を検討してきた。ヨーロッパ中で議論が巻き起こり、いくつかの国では裁判所が、特定のセクトに関する法的判断を求められてきた。欧州のほか、主として米国でも、法学者と神学者を巻き込んでそれに似た議論がおこなわれてきた[25]。

セクト、カルトや新宗教運動に関する議論は、明らかに微妙な問題である。そうした議論はすでに、かなりの混乱をもたらしてきたし、場合によっては、社会の中に猜疑心や潜在的あるいは顕在的不寛容の空気を作り出してきた[26]。ドイツがサイエントロジー教会に対してとった措置は、ナチスドイツの時代にユダヤ人に対して取られた措置と比較されてきた。そうした感情が高まることはそれだけで、宗教と信念の普遍的で実用的な法的定義に関して改めて議論をすることの十分な理由になるだろう。そうした時が訪れるまで、セクトは規制されやすいままであろう。ただ、そうした規制の実施は困難である[27]。

ヨーロッパ審議会は、「セクトの違法行為」と題する提案の中でそうした困難に留意した。ヨーロッパ審議会の総会は、「セクトに関する主要な立法は望ましくなく」、「良心と宗教の自由を妨げる」可能性があり、「伝統的な宗教にも打撃を与える」かもしれないと考えた[28]。

---

[24] Decree No.980-890. その問題の調査は、法令成立以前にすでにフランス議会内の委員会によっておこなわれていた。
[25] *Time* (January 27, 1997) は、この問題について複数の記事を載せている。
[26] Report by Amor, E/CN.4/1998/6/Add.2, at 23.
[27] 宗教または信念の自由に関するオスロ宣言は、1998年8月11日から15日までノルウェー政府主宰で開催された会議で採択されたが、セクトの問題には触れていない。同宣言全文は、*Helsinki Monitor* 9 (1998): 101, and appendix 16に所収。
[28] ヨーロッパ審議会の広報誌 "Official Gazette of the Council of Europe" に掲載された Recommendation 1412 (1999年6月22日採択) 参照。

第3章　国連における宗教的人権

　国連の時代には、宗教と信念に関する人権問題への世界的な対応として次の四つの主要な文書が策定されてきた。(1) 1948年の世界人権宣言、(2) アーコット・クリシュナスワミ (Arcot Krishnaswami) による1959年の研究報告、(3) 1966年の国際人権規約、および (4) 1981年の「宗教又は信念に基づくあらゆる形態の不寛容および差別の撤廃に関する宣言」(宗教的不寛容撤廃宣言) である。他にも、差別を禁止するいくつかの一般的な文書や関連文書がある。ここでは、いくつかの国内法と司法判断に言及しながら、これらの文書に置かれた宗教的人権に関する規定を分析する。

1　世界人権宣言

　1948年12月10日の国連総会決議217A(Ⅲ)によって採択された世界人権宣言には、宗教的人権に関連する多くの規定が置かれている。第2条は、同宣言が規定する権利と自由の享受における、宗教を含むあらゆる区別を禁止する。26条は宗教的集団に言及して教育の権利を規定する。宣明された諸権利の行使における制限を定める29条も、宗教的権利の保護に興味を持つ人々には関係がある規定である。
　とは言え、世界人権宣言において宗教的権利に関する最も重要な規定は、次の18条である。

　「すべての者は、思想、良心および宗教の自由についての権利を有する。

この権利には、宗教又は信念を変更する自由、ならびに、単独で又は他の者と共同して、また公にあるいは私的に、教導、行事、礼拝および儀式によってその宗教又は信念を表明する自由を含む」。

同条は、1966年の国際人権規約の内容に大きな影響を与え、以下に論じる1981年の宣言および地域的条約にも影響を及ぼした。同宣言の古典的逐条解釈を著したニァマイア・ロビンソン（Nehemiah Robinson）は、18条を二つに分け、前半は思想、良心および宗教の自由についての権利を保障し、後半は、それに含まれる特定の権利を列挙しているとする。ただし、列挙は網羅的ではない。それらは当時、普遍的に遵守されていなかったために、そこに含めることを国連が不可欠であると考えた権利を羅列しているにすぎない[1]。

ロビンソンは、思想の自由が広いカテゴリーであることを理解していた。彼の解釈によれば、それは宗教を表明する権利または無宗教を表明する権利、言い換えれば、信じる権利と同時に信じない権利を含む。ロビンソンにとって、思想の自由は、良心および宗教の自由という他の二つの自由を包摂していた。起草作業の記録（*travaux preparatoires*）から推定されるように、それらの自由は世界中の人々の心に「何の疑いも残さないために」特筆されたのである。当時、良心の自由は厳密に法的な概念とは見做されていなかったし、それを規定に含めることには反対もあった。他方、思想の自由の神聖かつ侵すべからざる性格は、ルネ・カサン（Rene Cassin）の言葉を借りれば、様々な司法制度が独自の言語で語るものの一部という理解を許すものなのである[2]。

「信念」（belief）という言葉は、同宣言において特別な意味を持っている。それが18条および他の文書における類似の条文に含まれているという事実は、

---

[1] Nehemiah Robinson, *Universal Declaration of Human Rights: Its Origin, Significance, Application, and Interpretation*（1958）, 128頁以下。Martin Scheinin, "Article 18," in *The Universal Declaration of Human Rights: A Commentary*, ed. Asbjorn Eide et al.（1992）, pp.263-274; Karl J. Partsch, "Freedom of Conscience and Expression, and Political Freedoms," in *The International Bill of Rights*, ed. Louis Henkin（1981）, pp.209-245; John P. Humphrey, "The Universal Declaration of Human Rights: Its History, Impact and Judicial Character," in *Human Rights*: Thirty Years after the Universal Declaration, ed. B. G. Ramcharan（1979）, p.21も参照のこと。

[2] 前掲Schenin, "Article 18," p.266.

「宗教」という言葉との関連において厳密に解釈されなければならない。それは、政治的であれ、文化的、科学的あるいは経済的であれ——それらはすべて、法に基づいて保護されるべきではあるが、普通、宗教と呼ばれる領域には属さない——異なる性格の信念を指さない。「信念」の語は、無神論や不可知論といった非宗教的信念を保護するために宣言に入れられた。また、その意味はその後、宗教的権利を扱う他の文書に関する議論の中で明らかにされた。

　世界人権宣言の起草におけるもう一つの困難は、自己の宗教を変更する権利の承認であった。それは、いくつかの宗教や国から否定されていた。それでも同条は、賛成27票、反対5票、棄権12票で採択された。ロビンソンによれば、その成立は、宣言は普遍的でなければならず、同条は特定の権利を表すものではなく、宗教と信念の自由の帰結であるという理解に基づいていた。宣言を起草した人々は、棄教、宣教活動、強要や教唆、改宗の勧誘とその限界、承認を受けようとする新しい（または歴史の浅い）宗教運動の地位、信者を獲得するためにあらゆる種類の人間操作法を利用する特定の宗派の活動に付き物の社会的な危険など、多くの論争的な問題が含まれていることに気付いていた。次章で私は、これらの論争的問題、とりわけ世界の多くの地域で一般市民と専門家の関心を引き続ける問題について詳述する。

　18条は、宗教的集団の権利については控えめな承認に留まる。同条は、すべての者が持つ「単独で又は他の者と共同して」自己の宗教又は信念を表明する権利に言及する。「共同して」という表現は、宗教的組織や団体を明示的には含まない。宗教的組織や団体を明示的に含める表現の採用は、当時の国連に支配的であった考え方から外れるものであったろう。それでも、18条の文言は、宗教的権利が厳密に個人的な問題ではなく、それ以上のものであることを示唆している。つまり、他の人々と共同して行使されるべき権利とは、単なる個人の権利の集合以上のものを意味するに違いない。

　世界人権宣言は疑いもなく、20世紀後半の法哲学と政治哲学の発展に重要な役割を果たしてきた。同宣言は、現在最も重要な法的文書の一つであり、今やその内容の大部分は慣習国際法と見做すことができる。それが国内法に及ぼす影響は、少なくとも西欧において今も強力である。

2　先駆的研究—クリシュナスワミ報告(1959年)

　宗教的人権の問題は、恐らく他のどんな問題よりも人類を分裂させてきた問題であると一般的に認識されていることの結果であるが、他のどんな類似した問題よりも避けられ、放置されてきた。そのことは正しく指摘されてきた[3]。国連の差別防止マイノリティ保護小委員会(以下、人権小委員会)〔訳注：2006年に人権委員会が人権理事会に改組されるまでは国連人権委員会の下部組織。2008年に廃止され、新たに「人権理事会諮問委員会」が設置される。〕は、最初に依頼する研究のテーマの一つを、宗教的差別を撤廃するための行動計画を含めて、宗教的人権の問題にすることを決めていた。1956年にインド出身のアーコット・クリシュナスワミが特別報告者に任命され、慎重に作成した包括的報告を1959年に提出した[4]。

　報告書は、特別報告者が分析した82カ国の研究に現れた情報に基づいていた。クリシュナスワミは、そうした宗教的権利の包括的研究が内包する困難を知っており、個人や集団に向けられる異なる処遇が必ずしも差別と同義ではないことを強調した。差別をなくす努力がおこなわれてきた国に差別的慣行があることは珍しいことではない。

　「宗教」の定義にまつわる困難を意識すればこそ、特別報告者は「宗教ないし信念」という語句に不可知論、自由思想(free thought)、無神論、合理主義(rationalism)や多様な有神論的信条を含めようとした。思想、良心と宗教の自由を法的権利と認識した上で、特別報告者は、宗教ないし信念を保持(または変更)する自由と宗教ないし信念を表明する自由を区別した。法的問題のほとんどを惹起するのは後者である。

　特別報告者は、宗教ないし信念を表明する自由から生じる問題のいくつかを予想していた。だからこそ、その権利に対する許容可能な制限、権利の個人的側面および集団的側面、また公的および私的に表明する必要性などの問

---

[3] Warwick McKean, *Equality and Discrimination under International Law* (1983), p.121.
[4] *Study of Discrimination in the Matter of Religious Rights and Practices*, U.N. Sales No. 60.XIV.2 (1960).

題を扱った。宗教ないし信念を表明する自由がしばしば国家による規制や制限の対象となるのに比べて、宗教ないし信念を保持（または変更）する自由が制約されることは多くない。

　特別報告者は、ほとんどの宗教と信念の信者・信奉者は、何らかの組織、教会ないし宗教的共同体のメンバーであることを強調した。したがって、そうした団体への加入を強要すること（あるいは脱退を妨害すること）は、思想、良心と宗教の自由の侵害になり得る。定められた宗教的手続きや規定が常にそうした侵害を含むとは限らないが、世界人権宣言18条は、強制からの防御を試みている。今日、背教・棄教に対する制裁がおこなわれることはまれではあるが、司法制度によっては特定宗教の法を採用しており、その問題はデリケートな法的問題に発展しかねない。

　宗教ないし信念を表明する自由には、宗教的言説、教導、行事、礼拝および儀式の保護が含まれると特別報告者は主張した。ただし、そうした表明行為が正当と見做されるためには、世界人権宣言29条の定める基準を満たす必要があり、宗教的マイノリティを尊重していなければならず、社会全体における自由の度合いを高めることに貢献するものでなければならない[5]。

　特別報告者は、集会の自由、結社の自由の形態をとる、宗教ないし信念を表明する自由の集団的側面がとくに重要であると結論付けた。国家による介入や規制を受けやすいからである。言うまでもなく、マイノリティとくに国境を越えて宗教的同胞と繋がるマイノリティはそうした介入や規制を受けやすい。

　クリシュナスワミ報告には、宗教ないし信念を表明する自由の構成要素の詳細なリストが含まれている。そのいくつかは、許容される制約の対象になりうる。例えば、人身御供、焼身自殺、手足の切断、奴隷、売春、破壊的行為、一夫多妻など、世界人権宣言29条の要請と矛盾する可能性のある行為である。その様な場合に国内法は、国際的文書で採用された最低基準を脅かさない限りにおいて、それらの基準から離れることができる。宗教ないし信念の表明に関する自由のリストには、礼拝、行列祈禱、巡礼、装置や象徴、葬

---

[5] 前掲、p.18.

式、休日や安息日、食事に関する実践、結婚と離婚、宗教ないし信念の普及、要員の研修などが含まれる。宗教ないし信念の表明には、宗教ないし信念の既存の規定と矛盾する行為をおこなう自由、例えば冒瀆、兵役、宗教的儀式への参加、告白や強制的医療措置なども含まれている[6]。

クリシュナスワミは、報告書の中で短い章を割いて宗教と国家の間に構築可能な関係を示している。それには、国教または確立した教会のある国家、複数の宗教を認めている国家、国家と宗教の分離を義務付けている国家など、様々な国家が含まれる。クリシュナスワミは同じ文脈で、宗教的な事柄の取扱い、国家と宗教の財政的関係、政府の義務などを論じている。国家と宗教の関係は、文化的伝統に強く影響される領域であり、また国内法（憲法）が国際的規則に優越しがちな分野である[7]。

報告書は、それが書かれた時期の状況を反映する当時の傾向と結論を述べる章で終わる。特別報告者は文末の脚注の中で、国際社会がその後さらなる措置を採用する直接的要因となった反ユダヤ主義の表明やその他の形態の人種主義的偏見と不寛容に触れている。特別報告者は彼自身、国連が認めるべきだと信じる16のルールを発表して報告書を締めくくっている[8]。それらのルールは、「宗教的権利と実践における自由と非差別に関する原則草案」の基になった。同「原則草案」は、前述の国連人権小委員会が作成したものである[9]。以下にその要旨を紹介しておこう。

「原則草案」は、思想、良心と宗教の自由を促進し、（宗教ないし信念に基づく差別を撤廃する）という文書の目的を宣明する前文に本文が続く。諸原則は、微小な修正を除き、基本的ルールに忠実に沿っている。

---

6 前掲、35頁以降。
7 John Witte Jr. は、国家と宗教に関して次の7つの主要なパターンを挙げる。(1) 国教、(2) 確立した教会、(3) 中立的国家、(4) 政府とカトリック教皇庁との間の政教条約（後述するように、2，3の他の宗教とも類似の協約がある）、(5) 正式認可した宗教がない、(6) 政教分離、および (7) 法的に承認された宗教団体の保護。John Witte Jr., *The State of Religious Human Rights in the World: A Comparative Religious and Legal Study*（1993）も参照のこと。
8 前掲注4、Study of Discrimination, pp.63-66.
9 同。pp.71-74.

本文は四つの部分に分かれる。1部では以下の三原則が再確認される。(1) すべての者が自らの良心に従って宗教ないし信念を持つ、あるいは持たない権利、(2) 子どもの最善の利益原則を指針として、父母または法定保護者が子どもの宗教的および道徳的教育を優先的に選択する権利、そして (3) だれも、自己の宗教ないし信念を維持あるいは変更する自由を損なうことを物質的または道徳的に強要されないことである。以上の表現は、クリシュナスワミ特別報告者が第1のルールの中で用いた表現とはいささか異なる。ここには4番目の原則、すなわち宗教ないし信念に基づくいかなる差別も禁止するという原則が入っている。

2部では、すべての人に保障されるべき権利のカタログともいうべき13の原則が掲げられる。それによれば、すべての人は自己の宗教ないし信念の教義や決まりに自由に従うことができるべきであり、それらの教義や決まりに矛盾することをおこなわない自由、とりわけ礼拝や礼拝場所、儀式に必要な物などに関して自己の宗教ないし信念の教義や決まりに反することをおこなわない自由を持たなくてはならない。こうした基本的ルールを反映する13の原則には、次の権利が含まれる。

1. あらゆる形態の礼拝、礼拝場所、儀式用具などに対して同等の保護が与えられることを含めた、礼拝の権利
2. 聖地に旅する権利
3. 宗教ないし信念に基づく食習慣を維持する権利
4. 食習慣を含み、規定の信仰実践に必要な物や材料を入手ないし作る権利。政府が製造手段と分配を管理している場合には、政府は当該宗教ないし信念のメンバーが必要な物や材料を入手できるようにしなければならない。
5. 自己の宗教ないし信念に従って結婚の儀式をおこなう権利。自己の宗教ないし信念と整合しない宗教的婚姻儀式を強要されない権利。いかなる差別もなく、適用可能な法のみに従って離婚を求める権利、また離婚する権利。

6. 埋葬、火葬あるいはその他の遺体処理方法、それらをおこなう場所、象徴、儀式などの関連する事項のすべてを、死亡した人の宗教ないし信念の決まりに従っておこなう権利。それには、部外者による冒瀆や干渉から平等に保護を受けることが含まれる。
7. 休日や安息日に関する各宗教ないし信念の決まりにしかるべき考慮が払われること。
8. 自己の宗教ないし信念を、公的にまたは私的に広め、布教する権利。また、自己の――子どもの場合には父母または法定保護者の――宗教ないし信念に反する宗教的または無神論的指示に従うことを強制されない自由。
9. 職員を訓練し、国外から講師を招聘する権利。また国外研修に対して恒常的な制約を課せられない自由。
10. 自己の信条に反する宗教的性格の冒瀆的呪いをおこなうことを強制されない権利。
11. 兵役に対する忌避が許される場合には、忌避によって宗教ないし信念に基づく否定的な区別がなされない方法で兵役を免除される権利。
12. 同様の理由で、特定の公的儀式の参列を免除される権利。
13. 司祭や牧師が、宗教的職務上知りえた秘密を情報提供しなくてよい権利。

　3部は規制を扱う。1部が宣明する諸原則と2部にある原則10と13は、どのような制約も受けない。他の自由や権利は、法律で定める制限であって、他の人々の権利と自由を確保する目的、または民主的社会における公の秩序と公衆の道徳、健康、福利を保護するために必要なものに限り、制限を加えることができる。それらは、国連の諸原則に一致していなければならない。
　4部によれば、公的機関は思想、良心と宗教の自由に関して区別を慎み、個人や集団による区別を防止しなければならない。複数の宗教ないし信念の要求が対立的である場合には、公的機関は、社会全体にできるだけ大きな自由を保障する方法でそれらの要求を和解させる解決策を見つける努力をしなければならない。公的補助の供与や免税において不利な区別があってはならない。他方、歴史的または芸術的価値のある宗教的建造物の保存費用や、私有

財の収容の補償費用を捻出するために、政府が一般税を課すことは許される。

上述のように、クリシュナスワミ特別報告者が作った規則と国連人権小委員会が起草した諸原則は、その本質において相違なく、部分的にはまったく同じである。公的機関の義務に関する規則16は、諸原則の4部より詳しいが、概ね同じである。

「クリシュナスワミ原則」の多くは、1981年の国連宣言と国連で今も未成立のままになっている1965年の条約草案に取り入れられた。クリシュナスワミ報告は疑いもなく、宗教的権利についての国連の活動における重要な段階を構成するものであり、国際社会が宗教の問題を放置していたことを正す最初のステップであった。同報告には、他章でも度々言及する。

3　国際人権規約(1966年)

「経済的、社会的および文化的権利に関する国際規約」(社会権規約)と「市民的および政治的権利に関する国際規約」(自由権規約)は、1966年12月16日に決議2200 A (XXI) として国連総会で採択された。前者は1976年1月2日に、後者は1976年3月23日にそれぞれ発効した[10]。世界人権宣言の採択から相当時間が経っていたが、1966年の両規約には世界人権宣言を生み出した精神が息づいている。他方、1965年の人種差別撤廃条約における集団的権利の発展に支配的だった法的思考は、両規約に影響しなかった。それは恐らく起草過程の形式が原因である。

自由権規約で最も関連のある規定は、18条、20条と27条である。18条は、4項からなる。第1項は、多少の変更はあるものの概ね世界人権宣言18条の文

---

[10] 両規約の全文は、United Nations, Human Rights: *A Compilation of International Instruments*, at p.8, p.20, U.N. Sales No. E.93.XIV.1 (1983) (以下 Human Rights) に所収。規約に関する多くの研究のうち、一般的には Henkin, *The International Bill of Rights*; Theodor Meron, ed., *Human Rights Law-Making in the United Nations* (1986); Philip Alston, ed., *The United Nations and Human Rights* (1992); Dominic McGoldrick, *The Human Rights Committee* (1991) などを参照のこと。また、自由権規約委員会の報告書 the reports of the Human Rights Committee, published as Official Records of the General Assembly (GAOR), Supplement No.40 も参照のこと。

言に従っている。同規約は、個人が自己の宗教ないし信念を変更する権利に触れていない。代わりに、妥協を反映した穏やかな表現が用いられている。具体的には、すべての人の持つ思想、良心と信念の自由に対する権利が、自ら選ぶ宗教ないし信念を保持あるいは受容する自由を含むことが明示されるに留まる。しかし、確定した文書が自己の宗教ないし信念を変更する、あるいは捨てて新しい宗教ないし信念を受け入れる権利を認めていることは疑いを入れない。このようなリベラルな解釈は、規約の起草過程における議論から導き出すことも可能である[11]。

　自由権規約18条2項は、何人も自ら選択する宗教または信念を受容ないし保持する自由を侵害する惧れのある強制を受けないとする。「強制」という言葉は定義されていないが、力や脅かしを使うことに加えて、道徳的圧力や物質的誘惑など、より不明確な形態の不当な影響力の行使も含まれると推測することは妥当であろう。1981年の宣言は、強制の概念についてより詳しく述べている。

　自由の制限について規定する18条3項は、公の緊急事態にあっても規定の効力停止を禁じる条項のリストを含む4条と合わせて読まれなければならない[12]。更に18条3項は、世界人権宣言29条2項および3項と比較する必要がある。18条3項は、法律で定める制限であって、公共の安全、公の秩序、公衆の健康もしくは道徳または他の者の基本的な権利および自由を保護するために必要なものに限り、宗教ないし信念を表明する自由に制限を加えることを許容する。国家の安全保障は含まれていない。宗教は非常に微妙な問題であるから、条文は制約的に解釈されなければならない。

　宗教の表明または宗教的行為のみが制限され得るのである。思想、良心の自由、および実行に移されていない宗教的信念にはいかなる制限も課されない。実際、十分に確立した主要な宗教の宗教的行為は問題にならない。しかし、ユダヤ教の伝統に則った動物の屠殺(shehitah)（そしてサンテリア教の類似

11　次章でさらに詳述する。
12　規約上の権利の制限について、Thomas Buergenthal, "To Respect and to Ensure: State Obligations and Permissible Derogations," in *Henkin, The International Bill of Rights*, pp.72-89, and Alexandre C. Kiss, "Permissible Limitations on Rights,"（同書）, pp290-310参照。

行為)には、ある種の困難がつきまとってきた[13]。ターバン、スカルキャップ(頭蓋帽)、ベールなどの着用や顔髭を伸ばすことなどを含む問題には司法判断が要請されてきた。ある種の宗教的儀式、習慣や行動様式が、一般社会の規範、健康、倫理観などとぶつかることは避けられず、司法の介入が必要となる。道徳が社会によって異なる文化的、歴史的要因がもたらすものであることに議論の余地はなく、一定の国際的最低基準を設定することは、あらゆる宗教、文明と国々が等しく受容できることではないだろう[14]。

18条4項は、父母および法定保護者が、子どもの宗教的および道徳的教育が自己の信念に合致することを確保する自由を規定する。これも、非常に微妙な問題である。国連は、宗教と教育の相互作用が重要であることを認めてきたがそれでも、ユネスコの「教育における差別を禁止する条約」と前述の1981年宣言、および子どもの権利条約を含めて、数種の国際文書の内容を一致させることには困難がつきまとった[15]。この問題には、国際法と国内法(憲法)の両方が関係する。司法判断も、往々にして国内と国際の双方のレベルでなされる必要があった。例えば自由権規約委員会は1978年に、フィンランドの「自由思想家協会」(Union of Free Thinkers)の事務局長から自国政府に対する苦情の通報を審査しなければならなかった。問題には、公立学校で宗教の歴史を教えることが含まれていた[16]。委員会は、そうした授業が「中立的で客観的な方法」でなされ、いかなる宗教も信じない父母と法定保護者の信念を尊重するものであれば、規約18条に違反しないという見解をとった。

---

13 サンテリアの儀式による動物の生け贄に関する米国最高裁判決について、*Church of the Lukumi Babalu Aye, Inc. v. City of Hialeah*, 508 U.S. 520(1993)参照。

14 とりわけ Donna J. Sullivan, "Gender Equality and Religious Freedom: Toward a Framework for Conflict Resolution," *New York University Journal of International Law and Politics* 24 (1992): pp.795-856, at pp.819-820; Leon Sheleff, "Tribal Rites and Legal Rights," *Israel Yearbook on Human Rights* 18(1988): pp.153-172; Aviam Soifer, "Freedom of Association: Indian Tribes, Workers, and Communal Ghosts," *Maryland Law Review* 48(1989): pp.350-383.

15 上記3条約は、Convention against Discrimination in Education, in *Human Rights*, 1:pp.101-107; Declaration on the Elimination of All Forms of Intolerance and of Discrimination Based on Religion or Belief, 同書 pp.122-125; Convention on the Rights of the Child, 同書 pp.171-173に所収。

16 *Hartikainen v. Finland, Communication* No.40/1978, in *Selected Decisions of the Human Rights Committee under the Optional Protocol*, 1:74-76, U.N. Doc.No. CCPR/C/OP/1, U.N. Sales No. E.84.XIV.2(1985) [hereafter *Selected Decisions*].

更に自由権規約20条2項は、「差別、敵意または暴力の煽動となる民族的(national)、人種的または宗教的憎悪の唱道は、法律で禁止する」と規定する。20条は、行為の意図を要件としていない。条文の文言は批判され、いくつかの国は留保を付した。故パーチ(Partsch)教授は1953年以来条約草案に導入された複数の変更について論じ、確定した文書はそれ以前に国連人権委員会で合意された「バランスの取れた妥協」を反古にしたものだと述べた[17]。自由権規約委員会は20条に関する「一般的意見」の中で、国家には同項に羅列された行為を禁止するのに必要な立法措置を講じる義務が課せられていることを明らかにした。20条による禁止は、19条が保障する表現の自由の権利と完全に両立する。表現の自由の行使には特別な義務と責任が伴うのである[18]。

20条2項および地域的条約やその他の近年成立した文書に盛り込まれた類似の規定は、人種差別撤廃条約4条と比較する必要がある[19]。同4条は、煽動を禁止する立法措置を講ずる明確な義務を国家に課しており、実際、多くの国がその義務を履行してきた[20]。

人種的または宗教的憎悪の唱道を禁止することは表現と結社の自由に関わる他の権利を損なうかもしれない、といくつかの国が危惧したように、この問題には複数の権利の衝突が含まれる可能性がある[21]。そうした危惧は、最

---

17 Partsch, "Freedom of Conscience and Expression," pp.453-454 n.75.
18 Report of the Human Rights Committee, U.N. GAOR 38th Sess., Supp. No. 40, Annex VI, at 110, U.N. Doc. No. A/38/40(1983).
19 同条約は、sec International Convention on the Elimination of All Forms of Racial Discrimination, *Human Rights*, 1:pp.66-79に所収。
20 Committee on the Elimination of Racial Discrimination, Positive Measures Designed to Eradicate All Incitement to, or Acts of, Racial Discrimination, U.N. Doc. No. CERD/2, U.N. Sales No. E.85.XIV.2(1983)参照。また、Natan Lerner, *The U.N. Convention on the Elimination of All Forms of Racial Discrimination*(1980)も参照のこと。人種差別と煽動に対する国内法のモデルは、Elimination of Racism and Racial Discrimination, U.N. GAOR, 48th Sess., Agenda Item 107, U.N. Doc. A/48/558(1993)に所収。ただし、宗教的な事由に基づく煽動については、同文書では明示されていない。
21 Colloquium, "International Colloquium on Racial and Religious Hatred and Group Libel," *Israel Yearbook on Human Rights* 22(1992)参照。とりわけ、Natan Lerner, "Incitement in the Racial Convention: Reach and Shortcomings of Article 4," 同書 pp.1-15, Rudolf Bernhardt, "Human Rights Aspects of Racial and Religious Hatred under Regional Human Rights Conventions," 同書 pp.17-29. Kevin Boyle, "Religious Intolerance and the Incitement of Hatred," in *Striking a Balance: Hate Speech, Freedom of Expression and Non-discrimination*, ed. Sandra Coliver(1992), pp.61-71も参照のこと。人種差別撤廃委員会は1993年に、人

近の憎悪犯罪の問題にも現れている。例えば米国最高裁判所は、人種的または宗教的憎悪を動機とする犯罪に対する処罰を強化する州法の合憲性を認める判断を示した[22]。

4　自由権規約委員会の「一般的意見」

「市民的および政治的権利に関する国際規約」の実施機関である自由権規約委員会も、宗教的権利に関する問題を扱ってきた。1993年に委員会は、規約18条に関する同委員会の見解を要約した「一般的意見22/48」を発表した[23]。

委員会は、思想と良心の自由が宗教と信念の自由と同等に保護されている事実に締約国の注意を喚起する必要を感じていた。18条は、有神論的、非有神論的、無神論的信念を持つ権利、またどのような宗教や信念も持たない権利を保護している。委員会は、「信念」(belief)や「宗教」の言葉が広義に解釈される必要を強調した。新興集団であるとか、支配的な宗教的集団の敵意の対象でありうる宗教的マイノリティの教義であるといった事実を含めて、いかなる理由によっても、どのような宗教や信念であれ、差別する傾向を許容しないことを明らかにしたのである[24]。委員会は、十分に確立した宗教団体が、新たに結成された集団よりも広い法的承認と保護を受けるといった状況を防止しようとした。委員会は同時に、法の定める限界を超えない限りは、社会の多数派から支持されない宗教的思想を広める権利も保護しようとしたのである。ただ、「信念」という言葉が、どこまで広義に解釈可能かということを問う必要がある。

思想と良心の自由、および自ら選ぶ宗教ないし信念を持つあるいは受容する自由は無条件の保護を受ける。何人も、自己の思想を明らかにすることを

　　種主義的思想の普及の禁止が、意見と表現の自由に対する権利と両立すると述べた。Report of the Committee on the Elimination of Racial Discrimination, U.N. GAOR 42nd Sess., Supp. No.18, at pp.115-116, U.N. Doc. No. A/42/18 (1987).

22　*Wisconsin v. Mitchell*, 508 U.S. 478 (1993).
23　Report of the Human Rights Committee, U.N. GAOR 48th Sess., Supp. No.40, Annex VI, U.N. Doc. A/48/40 (1993).
24　同書、para.2.

強要されることはなく、宗教または信念を保持することを強制されない。この点で、18条に規定される権利は、19条1項が認める、干渉されることなく意見を持つ権利と比較される必要がある。それは、単独であれ他の者と共同であれ、宗教ないし信念を表明する自由とは異なる。条文にあるように、この自由は礼拝の場所を設置すること、儀式で式文や物を使うこと、象徴を表示すること、祭日や安息日を守ることなどの広範囲の儀式的な行為、およびそうした儀式等をおこなうのに不可欠な行為を包摂する。食や服装に関する決まりも含まれる[25]。特定の言語の使用や、人生の特定の時期に結び付けておこなわれる儀式なども含まれる。この自由には、宗教的指導者や教師を選ぶ権利、神学校や宗教的学校を設立する権利、宗教の教科書や出版物を作り、配布する権利が含まれる。委員会は、1981年の宣言とクリシュナスワミ報告に引き続き、宗教ないし信念を表明する権利の内容を列挙しておく必要があると考えたのである。ただし、リストは詳細であるが網羅的であることを意図しておらず、18条3項の制約と関連付けて読まなければならない。

[25] これらの問題は、いくつかの国で興味深い司法判断を生み出した。Leon Shaskolsky Sheleff, "Rabbi Captain Goldman's Yarmulke, Freedom of Religion and Conscience, and Civil (Military) Disobedience," *Israel Yearbook on Human Rights* 17(1987): pp.197-221参照。米国最高裁判所は、*Goldman v. Weinberger*, 475 U.S. 503(1986)事件において、エールフランスの服装規定が宗教的伝統に優位するという判断を示した。この問題は、立法措置によって解決された。10 U.S.C.A. sec. 774(1988)参照。また、シーク教徒に関する有名な事件として、*Mandla v. Dowell Lee*, 1108 All E.R.(Eng. C.A. 1982) *and Panesar. Nestle* Co. Ltd., 1980 I.C.R. 144(Eng. C.A.).がある。フランスでは、Conseil d'Etatと教育省による矛盾した決定── 後者は教員組合に支持されたものであったが──がなされた後、公立学校でイスラーム教徒の女子学生が伝統に従ってスカーフを頭にかぶることを1994年に禁止した。禁止されたのは、宗教的なアイデンティティを示すすべての目立つ物であり、小さな十字架、ダビデの星(ユダヤ教のシンボル)やアッラーの名前など控えめな象徴物とは区別された。この事件は、一国を巻き込んだ心理劇として新聞に報道された。Robert Sole, "Derrier le foulard islamique," *Le Monde* (September 13, 1994): 1参照。イスラエルでは最高裁判所が、ナザレにあるキリスト教の私立学校が伝統的スカーフの着用にこだわるイスラーム教徒の女子学生の入学を拒否したことを肯定する判断を示した。ヨーロッパの人権機関に通報された事件もいくつかある。欧州人権委員会が扱った*X. v. United Kingdom*事件(App. No. 7992/77, 14 European Commission of Human Rights Decisions and Reports 234(1978))では、オートバイ乗りのシーク教徒の男性にターバンを脱いでヘルメットを着用することを義務付けたことが、公共の健康のためとして正当化されようとしたが、その男性の宗教的自由に対する干渉であると見做された。この関連では、トルコ・ヘッドスカーフ事件に関する第10章も参照されたい。

「一般的意見」の第5段落は、人が現在持つ宗教を他の宗教または無神論的な見方に変更する権利を侵害する恐れのある強制は、どのようなものであれ規約が禁止しているという考え方を繰り返している。この宗教「変更の権利」は、宗教を扱う国際文書の起草過程のあらゆる段階で困難をもたらした。委員会は、「強制」の定義に(1)身体的な力または制裁の行使または行使の脅し、(2)教育、医療、雇用へのアクセスまたは規約が保障する他の権利に対する制約を含めた。非宗教的信念の保持者にも同じ保護が与えられる。

自由権規約委員会は、教育に関する18条4項の適用範囲も明らかにした。公立学校で宗教や倫理に関する一般的な歴史を教えることは、そうした授業が中立的で客観的な方法でなされる場合には許容される。他方、公立学校教育の中で特定の宗教または信念を教えることは規約に反する。ただし、そうした授業を受けたくない学生や他の授業を望む学生に対して非差別的に別の授業が提供される場合にはその限りではない。宗教または信念を教える自由の保障には、父母または法定保護者が、子どもの宗教的および道徳的教育が自己の信念に合致することを確保する自由が含まれる。

1993年の「一般的意見」は、規約20条によって締約国は差別、敵意または暴力の煽動となる民族的(national)、人種的または宗教的憎悪の唱道を法律で禁止する義務を負うとした1983年の「一般的意見11/19」に言及している。委員会は、宗教的憎悪の唱道の禁止は、他の基本的自由と完全に両立することを強調した。

委員会は、18条3項が厳密に解釈されるべきであることも強調した。つまり、同項に明示されていない制限は、たとえそれが他の権利を保護するためにおこなわれる場合でも許されないのである。それに加えて、制限は特定の目的に限って適用され、その制限の具体的な必要性に直接関連し、均衡していなければならない。差別的な目的のために制限が用いられたり、差別的に適用されたりしてはならない。強制からの自由、および父母または法定保護者が子どもの宗教的および道徳的教育を確保する自由に制約を課すことはできない。許容され得る制限は、法で規定されていなければならず、規約が保障する諸権利を保護する観点から解釈されなければならない[26]。刑務所での収監

---

[26] Report of the Human Rights Committee, para.8.

といった正当な制約も、無理のない限り、宗教的権利を損なってはならない。

委員会は同じ箇所で、道徳というデリケートな概念を扱っている。道徳は、多くの社会的、哲学的、宗教的伝統から生まれる概念である。宗教ないし信念を表明する権利は、道徳を保護する目的を持つが、特定の単一の伝統だけから導き出される原則に基づくべきではない。

規約によれば、特定の宗教が国教とされていたり、あるいは人口における多数派の宗教であったりする事実が、その宗教を信じない人々や他の宗教の信者の権利を損なうことに繋がってはならない。支配的な宗教の構成員が享受する特権は、差別的なものと見做されるべきである。委員会は、締約国が宗教的マイノリティの権利を保護するために規約とその27条に基づいて講じた措置について報告することを望んでいる。締約国は、冒瀆として処罰される行為についても情報提供することを求められる。現存する国際的人権文書は冒瀆の問題に言及してはいないが、国内立法過程においては論争を引き起こしてきた[27]。

「一般的意見」の第11段落は、規約が明示的に規定していない良心的兵役拒否の権利を扱っている。委員会は、殺人的暴力の使用は良心の自由および自己の宗教ないし信念を表明する自由と深刻に対立する可能性があることから、そうした権利が18条から導き出せると確信している。良心的兵役拒否者に対して、軍務を遂行しなかったことを理由とする差別があってはならない。良心的兵役拒否の問題は、時には宗教的権利の範囲外にある。平和主義を一つの信念と考えることはできるが、一般的には非宗教的性格のものである。欧米の判例が明らかにしているように、「良心的」と「宗教的」は必ずしも同一のものではない[28]。

---

[27] 同上、para. 9-10. いくつかの国（例えば英国、エジプト、イラン）において犯罪とされる冒瀆の問題は、1988年に英国でSalman Rushdieの著書 *The Satanic Verses* が出版されたことを契機に一般社会を巻き込む論争を引き起こした。著者は1989年にホメイニ政権から死刑判決を言い渡された。英国教会に対する冒瀆と見做された出版物に対する制約は、欧州人権委員会によって欧州人権条約10条2項に違反しないと判断された。*Gay News v. U.K.*, 5 E.H.R.R. 123 (1983) 参照。バングラデシュ政府は、著述家であるTaslim Nasreemを冒瀆の罪で刑事告訴した。冒瀆に関する概論として、Leonard W. Levy, *Blasphemy: Verbal Offense against the Sacred, from Moses to Salman Rushdie* (1993) がある。

[28] 一般論として、Rafael Palomino, *Las Objeciones de Conciencia* (1994); Chaim Gans, *Philosophical*

私が委員会の「一般的意見」について長く述べたことには以下の三つの理由がある。(1)「一般的意見」に備わる重要性、(2)「意見」を書いた委員会メンバーの権威と影響力、そして(3)「一般的意見」が及ぼす影響によって他の人権文書に宗教的権利が含められる可能性である[29]。その上「一般的意見」が、国内法と司法による解釈の範囲の決定において一定の役割を果たす可能性は高い。

　自由権規約は、宗教を扱う唯一の世界的人権条約であり、履行確保措置を備えている。1999年6月1日現在、144カ国が規約を批准または規約に加入しており、95カ国が個人通報制度に関する選択議定書の締約国になっている。締約国が提出する定期的報告書（および個人がおこなう通報または苦情）は、（規約の実施を担当する）自由権規約委員会が宗教に関連する広範囲の人権問題を扱うことを可能にしてきた。18条に関する1993年の「一般的意見」は、この問題における委員会の主要な見解を要約したものである。

　国連総会の正式な記録（GAOR）の補足的文書第40号として発行される、委員会の年次報告書は宗教的権利に関する明確な情報を含んでいる。定期的政府報告書の審査の際、委員会のメンバーはそうした権利に関する立法措置について政府代表に質問し、付加的な情報の提供を求めることができた。例えば、モロッコ政府の第2回定期報告書が審査された際、委員たちからは宗派の承認手続き、バハーイ（Baha'i）信仰の地位、異なる宗教団体のメンバー間の結婚、「国教」、「啓示宗教」（revealed religions）、「異端宗派」（heretical sects）といっ

Anarchism and Political Disobedience (1992); Kent Greenawalt, *Conflicts of Law and Morality* (1987); Joseph Raz, *The Authority of Law* (1979); Rafael Navarro-Valls and Javier Martinez Torron, *Las Objeciones de Conciencia* (Torino, 1997). 欧州人権委員会は、「良心的拒否」の意味を扱った。とりわけ、*Grandrath v. Germany*, 1967 Yearbook of the European Convention on Human Rights 626. ヨーロッパ人権条約は4条で良心的拒否に言及するが、宗教との関連においでではない。米国最高裁判所は、宗教理由以外の理由に基づく兵役免除を認めてきた。例えば、*Welsh v. United States*事件 398 U.S 333 (1970) において最高裁は、非宗教的な理由に基づく兵役免除を認めている。

[29] 「一般的意見」は学問的研究でも二次的立法でもなく、文字通り一般的な意見として書かれている。しかしそれには、規約の視点から様々な事柄を検討することにおいて蓄積された重要な経験が現れている。Torkel Opsahl, "The Human Rights Committee," in Alston, *The United Nations and Human Rights*, 369-443, at p.415.

た言葉の意味に関する質問が出された[30]。オーストリア政府の第2回定期報告書審査においては、良心的兵役拒否、エホバの証人の地位、冒瀆に関する刑法規定などの問題に関する質問がなされた[31]。コロンビア政府の第3回定期報告書には、新憲法と整合させるためにカトリック教皇庁との政教条約を修正することに関する情報が提供されていたが、委員会はそれを慎重に検討した[32]。委員たちは、英国における冒瀆[33]、スーダンにおける棄教と宗教的マイノリティに対する差別[34]、アルゼンチン、リトアニア、イスラエルにおける複数の教会に対する別異処遇[35]、旧ソビエト連邦における宗教的権利の制約[36]などについて討議した。定期報告書を提出したほとんどすべての国が何らかの精査を受けた。1988年にジンバブエの第1回報告書が審査された時には、委員会は一方で伝統的な行為と慣習法との衝突、他方で規約の規定との衝突を検討しなければならなかった[37]。委員会は、規約に合致しない行為は法によって禁止されるべきであると勧告した。タンザニアについても同様の議論がなされた[38]。

　個人通報または苦情については、宗教的権利を含む事案を自由権規約委員会が扱った件数は、他種の権利に較べるとかなり少ない。1998年までに出された56カ国に対する823通の通報のうち、宗教的人権の侵害を訴えていたのはわずか2、3通に過ぎない。そのほとんどは、良心的兵役拒否、教育、教会

30　Report of the Human Rights Committee, U.N. GAOR 47th Sess., Supp. No.40, at pp.15-16, U.N. Doc. No. A/47/40 (1994).
31　同上、pp.24-25.
32　同上、p.89.
33　Report of the Human Rights Committee, U.N. GAOR 46th Sess., Supp. No. 40, at 100, U.N. Doc. No. A/46/40 (1991).
34　同上、p.127. ; Report of the Human Rights Committee, U.N. GAOR 53rd Sess., Supp. No.40., at 25, U.N. Doc. No. A/53/40 (1998).
35　For Argentina, see Report of the Human Rights Committee, U.N. GAOR 45th Sess., Supp. No.40, at 49, U.N. Doc. No.A/45/40 (1990); for Lithuania, see U.N. GAOR 53rd Sess., Supp. No.40, at 32, U.N. Doc. No.A/53/40 (40); for Israel, Ibid., 49. In this respect the committee expressed concern regarding the application of religious law to matters of personal status.
36　Ibid., 26. In its last report before this writing the committee dealt with discrimination on religious grounds in Iraq. Ibid., 21.
37　CCPR/C/74/Add.3.
38　A/53/40, pp.38-39.

間の平等に関するものであった[39]。

　経済的、社会的および文化的権利に関する国際規約も、より一層限られた形式ではあるが、宗教的権利に言及している[40]。13条1項は、「すべての…宗教的集団の間の理解、寛容と友好」を確保する必要を指摘する。同条3項は、子どもの宗教的および道徳的教育が自己の信念に合致することを確保する自由が父母にあることを述べる。2条2項は、宗教的差別を含むすべての差別を禁止する。

　従来、社会権規約の履行確保制度は有効ではなかった。1976年に同規約が作られて間もなく、独立した専門家によって構成される社会権規約委員会が設立され、締約国から提出される報告書を審査するために定期的な会合を開いてきた[41]。ただ、これまでのところ同委員会は、宗教的権利とその侵害に関する対話にはほとんど貢献してこなかった。

5　「宗教的不寛容撤廃宣言」

　「宗教又は信念に基づくあらゆる形態の不寛容および差別の撤廃に関する宣言」は、1981年11月25日に国連総会決議36/55によって採択された。同宣言は現在、宗教的権利と宗教または信念に基づく不寛容と差別の禁止に関する最も重要な国際文書である[42]。同宣言と、国連で今も未処理となっている同旨の条約草案は、1959年と1960年に各地で勃発した反ユダヤ主義の事件に応えて生まれたものである。それらの事件はカギ十字の流行と呼ばれ、多くの人々がナチズムの再来を恐れた。

39　*Selected Decisions*, vols.1 and 2, in Selected Decisions of the Human Rights Committee under the Optional Protocol, U.N. Doc. CCPR/C/OP/2, U.N. Sales No. E.89.XIV.1 (1990).
40　条約の全文は、*Human Rights*, 1:pp.8-19に所収。
41　Philip Alston, "The Committee on Economic, Social and Cultural Rights," in Alston, *The United Nations and Human Rights*, pp.473-508参照。
42　宣言の全文は、*Human Rights*, 1: pp.122-125に所収。同宣言の分析に関する先行研究として Natan Lerner, *Group Rights and Discrimination in International Law* (2003), pp.84-108; Donna J. Sullivan, "Advancing the Freedom of Religion or Belief through the U.N. Declaration on the Elimination of Religious Intolerance and Discrimination," *American Journal of International Law* 82 (1988): pp.487-520.

それらの襲撃に対する国連の対応および様々な国連機関が採択した決議が、1962年12月8日の国連総会決議1780と1781（XVII）に結実した。それらの決議は宗教的および人種的差別と不寛容の表明を扱う、一対ではあるが別々の二つの宣言と条約の策定を求めていた。二つの問題の分離は、第三世界諸国によるロビー活動の結果であった。それらの国々は、人種主義に関する文書の採択を求めながら、宗教に基づく差別、国際政治、冷戦、アラブ・イスラエル紛争、ソ連における反ユダヤ主義といった事柄については概ね無関心であった[43]。いくつかの国の代表は、宗教的な感情と、異なる人種あるいは皮膚の色の人々に対する偏見、憎悪や差別とは、理論的に異なるものであるという見解をとっていた。いずれにせよ、人種に関する文書は速やかに作成されたが、宗教的差別と不寛容の問題に関する作業は遅々として進まないという結果となった。

　1965年に国連総会は関連する国連機関に対して、宗教に関する宣言と条約の起草を完了するように要請した。しばらくは二つの文書に関する作業が並行しておこなわれたが、1972年に総会は宣言の起草を優先することを決定した。そのことは事実上、それまで起草作業が進行していた義務的条約の採択が無期限に延期されることを意味していた。その内容については後述する。

　粘り強い努力の結果、1981年に人権委員会が起草作業を終えた宣言草案は、同委員会で賛成33に対して反対ゼロ、棄権5という投票で採択された。国連総会第三委員会では、賛成45に対して反対ゼロ、棄権5で採択された。いずれの場合も、棄権したのは共産圏諸国の代表である。その後、同文書は国連総会で投票なしで採択されたが、それは実に20年にも及ぶ先送りの後のことである。その成立は、宗教的人権に関心を持つ非政府組織（NGO）による集中的ロビー活動と圧力がもたらしたものであり、数カ国の政府が支持していた。最後の最後まで修正案が提出され続け、複雑な交渉がおこなわれた。そのことは、この問題に内在する複雑さと機微を示している。

43　Lerner, Group *Rights and Discrimination*. 国連において、宗教の問題が他の人権問題とは異なる扱いを受けてきた理由について、Antonio Cassese, "The General Assembly: Historical Perspective 1945-1989," in Alston, *The United Nations and Human Rights*, pp.25-54, at p.37参照。

宣言の起草に伴う主要な問題の一つは、「宗教」という言葉の意味であった。共産圏のスポークスパーソンたちは、「宗教」という言葉の使用が〔自動的に〕、寛容の原則が無神論的信念に及ぶことを明確にするものではないと主張した。彼らは、信じる人々と信じない人々に完全に同等の扱いを保障することが必要であり、提案された草案は偏っていると主張した。他方、西欧諸国の代表、とくに米国の代表は、宣言は宗教的人権の保護を意図するものであるが、物質主義者、無神論者、不可知論者といった無宗教の人々の権利に対する適切な保護も草案の文言から引き出せるという見解であった。双方の面子を立てる解決策は、かなり単純ではあったが、前文と1条1項において「信念」の言葉の前に「いかなる」の語を挿入して「いかなる信念（も）」とすることであった。

　もう一つの困難は、宗教の変更の問題であるが、それについては4章で詳述する。この問題は、すでにそれ以前に、世界人権宣言と国際人権規約の策定に困難をもたらしていた。主たる反対は再度、イスラーム圏の代表からなされた。イランのスポークスパーソンは、自由権規約18条2項に含まれる関連規定を拒絶した。インドネシアは、説得の結果としての変更と強制による変更を明確に区別することに固執した。その問題は結局、二つの妥協を重ねることで解決された。自己の宗教を変更する自由に関する明示的規定を宣言草案の前文と1条から削除することで、世界人権宣言と国際人権規約に使われた表現から離れたのである。そのことは規定の性格を弱めたが、変更を西側に受け容れられるものにすると同時に、先延ばしされていた20年間に困難な交渉を通じて獲得された成果を無駄にしないために必要であった。調整策の一部として、新たに8条が付け加えられた。同条は、宣言のいかなる規定も、世界人権宣言と国際人権規約に定める権利を制限し、またはそれに違反するものと解釈してはならないと述べる。この妥協がなされた結果、宗教を変更する権利は世界人権宣言の複数の規定に含まれているにもかかわらず、国際人権規約を批准していない国家は、その権利が慣習国際法の地位を与えられるべきではないと主張できるようになった。それでも草案の採択にかける望みは大きかったし、宗教を変更する権利は、新しい文書に明示的に規定されなくとも、制約や逸脱の対象にならないことが明確であったからこそ妥協が

得られたのである。

6 宣言の規定

　宣言を起草する上での困難は、文書の名称に関する議論にすでに現れていた。当初は「あらゆる形態の宗教的不寛容の撤廃に関する宣言」となるはずであった。しかし1973年に、第三委員会でなされたモロッコによる提案に従って変えられた。その変更の目的は、宣言草案の名称を条約草案の名称に合わせ、世界人権宣言の文言と整合させることであった。そこで挿入された二つの言葉、「差別」と「信念」が意味を持つ。

　「差別」という言葉は、あらゆる反差別条約や宣言に使われており、明確な法的意味を持っている。「不寛容」といった曖昧かつ精確な法的意味を欠く言葉とは違う。「不寛容」は、差別行為や、他の宗教的自由の侵害、異なる宗教ないし信念を持つ人々または集団に対する憎悪の表明や迫害を誘発する可能性のある感情的、心理的、哲学的、かつ宗教的な姿勢を表現するのに使われてきた言葉である[44]。それでも、定義をおこなう2条2項の文言は、「差別」と「不寛容」の二つの言葉が事実上同じ意味で使われていることを示している。宣言の起草において不適切な表現が使われたのはこの件だけではない。そのことを正当化することはできないとしても、長期にわたる起草作業、多くの修正、妥協の試みなどによって説明することができる。

　「信念」(belief) という言葉の追加は、合理主義者、自由思想家 (free thinkers)、無神論者、不可知論者、非伝統的哲学の支持者など、信仰を持たない人々

---

[44] *Webster's Third New International Dictionary* (1986) は、「不寛容」を「他の人々が自己の意見を保持したり礼拝することを許容することを拒むこと」と定義し、「偏狭」と同義とする。Elizabeth Odio Benito, *Study of the Current Dimensions of the Problem of Intolerance and Discrimination Based on Religion or Belief*, U.N. ESCOR 39th Sess., Agenda Item 13, at 3, U.N. Doc. E/CN.4/Sub.2/1987/26 (1986) は、不寛容の表明が、多くの場合、差別以上のものであって、異なる宗教や信念を持つ個人や集団に対する憎悪の煽動や迫害さえも含むと述べる。1995年を「寛容の年」と定めた国連総会決議48/126 (1993年12月20日) は、「寛容」を「他の人々を認め評価すること、他の人々の意見を聞き共に生きる能力、平和とすべての市民社会の健全な基盤となるもの」と表現した。U.N. Press Release GA/8637, January 20, 1994, at pp.382-384.

(nonbelievers)の権利の保護を望む人々を満足させるためになされたことである。反宗教的プロパガンダをおこなう権利を明示することも提案されたが、その提案は維持されなかった。

　宣言の名称の変更のほかに、前文の草案にも多くの修正が加えられた。そうした変更の多くは、語義に関するものであったが、原則や実体に関する論争的な事柄に関するものもあった。「信仰」と「信念」の二つの言葉がまたしても議論の的となった。信仰を持たない人々を保護しようとする主張に対しては、異なる宗教間の平等を保障することと宗教的権利を保護することが文書の当初の目的であるという主張がなされた。いかなる超越的ないし規範的宗教をも信じない人々は、民主的社会に普及した一般的自由によってすでに保護されているという議論もあった。信仰を持たない人々に対する強制が常に禁止されるべきであるということについては合意があった。確定した文書には、煽動に関する規定が置かれなかった。そうした規定は、国連の差別防止マイノリティ保護小委員会(国連人権小委員会)が準備した初期の草案には置かれていたが、残らなかったものである。しかるに、未成立の条約草案には今も残っている。

7　保護される権利

　宣言1条と6条には、宗教的人権の領域における普遍的に合意された最低基準を示す権利のカタログが含まれている。1条は、国連総会第三委員によって修正された宗教の変更に関する箇所を除いて、世界人権宣言18条と救済に関する同8条の形式に従っている。その結果、国際人権規約の有権的解釈がこの宣言にも適用可能となった[45]。宣言1条には、国民、外国人、定住者、非定住者を問わず保護を及ぼすために「すべての者」(everyone)という言葉が使われている[46]。同条1項は、思想、良心の自由、および選ばれる信仰がど

---

[45] とりわけ、Partsch, "Freedom of Conscience" および自由権規約委員会の報告書と規約18条の有権的解釈である「一般的意見」(前述)を参照のこと。
[46] Odio Benito, E/CN.4/Sub.2/1987/26, at p.37参照。

のようなものであれ、宗教の自由という基本的な自由を宣明する。礼拝、儀式、行事および教導といった宗教の対外的表明の保護については、自由権規約と同じ文言が使われており、宣言6条に列挙された権利と関連付けて解釈されなければならない。

1条2項は、宗教の自由を侵害する強制を禁止する。しかし1条3項は、自由な社会で理解されているように、法律で定める制限であって、公共の安全、公の秩序、公衆の健康もしくは道徳または他の者の基本的な権利および自由を保護するために必要なものに限っては、宗教ないし信念を表明する自由に制限を加えることを許容する。いくつかの国が解釈したように、宗教的権利が道徳の概念と矛盾する場合には、深刻な困難が生じる可能性がある。また、許される裁量の範囲は国によって異なるかもしれない。これらの制約に関する人権法に導入された一般的原則は、この文書にも適用する[47]。自由権規約4条が言及する同規約18条は、公の緊急事態にあっても違反が禁じられる権利の一つであることに留意する必要がある。

6条は、思想、良心および宗教の自由の具体的なリストを提供する。このリストは、承認された最低基準に該当する権利を詳しく、明確にしたものである。いくつかの権利が抜けているが、それでも全体的に包括的リストとなっている。リストには、下記の自由が含まれる。

(a) 宗教又は信念に関して礼拝又は集会する自由、及びそれらの目的のための場所を設置し、維持する自由
(b) 適当な慈善的又は人道的機関を設置し、維持する自由
(c) 宗教又は信念の儀式又は慣習に関係する必要な物品及び材料を製作し、取得し、使用する自由
(d) これらの分野において関連のある出版物を著し、発行し、普及させる自由

---

[47] 自由権規約委員会と欧州人権裁判所は、許容される制約の範囲を何度か扱ってきた。欧州人権裁判所は、*Handyside*事件（24 European Court of Human Rights (ser A) (1976)）で、道徳の概念を明確にした。トルコ・ヘッドスカーフ事件に関する後続章も参照されたい。

(e) これらの目的に適した場所で宗教又は信念を伝え教えること。
(f) 個人及び組織から財産その他の自発的な寄付を要請し、受領する自由
(g) 宗教又は信念の要件及び基準によって必要とされる適当な指導者を訓練し、任命し、選出し、又は世襲によって任命する自由
(h) 自己の宗教又は信念の教義に従って安息日を守り、休日及び祭典を祝う自由
(i) 国内的及び国際的平面で、宗教又は信念について個人及び共同体との交流を確立し、維持する自由

言うまでもなく、これらの権利は1条3項に示される制約を受ける。いくつかの権利は国家の憲法秩序に結びついており、その国における国家と宗教の関係の性格によって影響を受ける。

6条は、国連人権小委員会〔当時の正式名称は「差別防止マイノリティ保護小委員会」。以下、小委員会〕が準備した初期の草案にあったいくつかの権利を含まない。削除された権利には、6条(b)に規定される権利を完全なものにする、連合体を設立する権利、6条(e)に自動的に含まれるわけではない各宗教独自の言語を教授・学習する権利（および教師を国外から招聘する権利）、国家が生産と配分を管理する場合に国家の支援を受ける権利——食に関する規則を実施する宗教にとっては非常に重要な権利——、宗教的な物品や材料を入手する権利、国内・国外を問わず宗教的な場所に巡礼する権利、自己の信仰に適合しない宗教的な結婚式をおこなわない権利、死者の宗教に合致した葬礼をおこなう権利などがある。小委員会の草案には、墓地の法的地位、宗教的冒瀆、公的補助の供与や課税における国家による差別に関する規定が含まれていた。削除された権利のいくつかは、未成立の条約草案にあるリストには含まれている。

6条は、1989年に開催された「欧州の安全保障と協力に関するウィーン会議」の成果文書が掲げる原則16と17と比較する必要がある。同文書には、上述の削除された権利がいくつか含まれている。

小委員会が作成した宣言草案は、「クリシュナスワミ原則」の影響を強く受けていた。確定した文書は、長期にわたる起草作業から生じた複数の修正、妥協や譲歩によって大きく変化した。例によって、政治的配慮は非常に重要な役割を果たし、非政府組織の活動家たちは精力的なロビー活動をおこなった。とりわけ、宗教教育や、ある種の儀式や習慣（例えば輸血）の保存などの問題は長時間にわたる議論を引き起こした。

　宣言6条が、個人の権利、集団的権利、および集団的にしか行使できない権利を扱っていることは、それ以前の文書に較べて重要な進歩であり、強調する必要がある。とくに、宗教的共同体や信者集団のニーズを予測したことが進歩である。個人の権利にのみ焦点を当ててきた多くの国連文書は、礼拝所や宗教的組織の設立、宗教的指導者の選出や連合体の結成などは、集団でなければおこなえないという事実を扱ってこなかった。

8　差別と不寛容の禁止

　宣言2条と3条は、宗教と信念に基づく不寛容と差別を扱う。それらは、人種差別撤廃に関する宣言と条約の影響を受けてはいるが、同様の困難、とくに「差別」と「不寛容」の言葉の使い方に関する困難によって損傷されている。国際法と人権法において、「差別」は明確な法的意味を持っているが、「不寛容」はそうではないことをすでに述べた。そのことは文書の起草に影響を与え、曖昧で一貫性を欠く文案を生み出す。例えば、2条1項は差別のみに触れ、2条2項は不寛容と差別に言及する。不寛容の言葉は、3条や国家が取るべき措置を定める4条1項には現れない。4条2項は差別禁止の必要と不寛容と闘うことの必要を区別することで、それらの行為の形態も区別する。宣言は、それらの二つの言葉の定義についても人種差別撤廃条約を踏襲している。2条2項の下では、宗教と信念に基づく不寛容と差別は、宗教と信念に基づくあらゆる区別、排除、制限または優先であって、平等の立場での人権及び基本的自由を認識し、享有または行使することを妨げまたは害する目的または効果を有するものを指す。宗教的差別と不寛容は、人種差別撤廃条約の場合と同

様、公的生活に限定されない。

　宣言には、全体的に不完全な文章が多い。とりわけ2条1項が、国家、団体、個人の集団または個人による差別を禁止していることが問題である。クリシュナスワミ報告が示したように、宗教と信念に基づくあらゆる優先を差別と見做して禁止することはできない。例えば、人口の大多数がカトリックである国とバチカン教皇庁との政教条約締結は、適当な行為であろう。さらに、多くの国は、国民の多数派にとっての宗教的祝日を国の休日に定めている。マイノリティにとって神聖な日を祝うことが、できる限り適切に保護されていれば、そうしたことは差別には当たらないであろう[48]。更に困難なのは、特定の宗教の信者にだけ特定の公務、例えば大統領職への就任を許す国家の場合である。いくつかの国には、国教会あるいは国教さえある。そうした状況が差別を構成するのはどのような場合か？[49]　どの個人あるいは集団についても、基本的な自由の享受が損なわれることがあってはならないというのが一般的なルールである。さもなければ、優先は差別を構成することになろう。個別ケースにおける事実と社会的現実、および常識が決定要因である。

　組織または個人による差別の禁止も問題を生む。例えば、宗教的な組織は、職員の採用、服装に関する規則の実施、または特定の習慣の遵守を組織的におこなうことなどに関して一定の自由を与えられるべきである。特定の状況下で特定の宗教のメンバーに特権を与えることは、必ずしも他の人々の基本的な人権を損なわないし、宣言に抵触もしないであろう。

　別の懸念は、宗教的権利の承認と社会の規範がぶつかる可能性についてである。例えば、宗教的権利とジェンダーに基づく差別の禁止との対立を解決することは不可能かもしれない。実際、その対立は、往々にして司法判断と

---

[48] 特定の宗教的マイノリティ集団にとって聖なる日であり、労働や旅行が禁じられている日に選挙がおこなわれるといった場合には、困難が生じる。そうした、予測困難な状況では、柔軟性と善意が必要である。

[49] クリシュナスワミは、国家と宗教の間の正式な関係まったく同じでも、ある場合には差別となり、別のケースではならないことを指摘している。**Krishnaswami study, 46** 参照。他方、**Odio Benito**は、国家が宗教または信仰を確立することは優先と特権〔の付与〕に当たり、差別を構成する可能性があると主張する。E/CN.4/Sub.2/1987/26, at

いう結果を招いてきた。宣言が明らかにした権利の遵守を保障するには、国家による行為がしばしば必要となる。宣言4条によれば、すべての国家は、市民的、経済的、政治的、社会的、文化的生活のあらゆる分野における宗教または信念に基づく差別を撤廃するために、必要な立法または法令の廃止等、実効的な措置をとらなければならない。また国家は、宗教または信念に基づく不寛容と闘うためにあらゆる適切な措置を講じなければならない。

「差別」と「不寛容」の言葉の不正確な使用から生まれる問題についてはすでに述べた。「闘う」(combat)という言葉の意味については説明がないが、宗教的不寛容の実践を煽動する団体に対して刑事司法的措置を取る義務を指すと考えられる。事実、特別報告者のエリザベス・オディオ・ベニート(Elizabeth Odio Benito)は刑法の適用を勧めたが[50]、それは、どのような形にしても表現と結社の自由を制限することに消極的な国々の政策とは相容れないであろう。

7条は、宣言が定める権利と自由をすべての人が享受できるようにする国内立法について規定する。曖昧さを批判されてきた本条を適用することには困難がつきまとってきた。

子どもの権利に関する5条は、宣言の中で最も論争的な規定の一つである。宗教と教育の間には密接な関係があり、特定の宗教がおこなってきた、子どもに影響を与えようとする試みは、その子どもを育てる親の試みと対立する可能性がある。5条は長いが、子どもとしての資格を持つのは誰か、といった重要な事柄を明確にしていない。5条は確かに、父母(または法定保護者)が自己の宗教または信念に従って家族を形成する権利を認める。5条は更に、子どもが、父母または法定保護者の希望に合う宗教的教育を受けることができなければならないという考え方を促進する。「子どもの権利宣言」と「子どもの権利条約」に現れているが[51]、国際人権規約には示されていない考え方である「子どもの最善の利益」が、指針となるべき原則である。

---

50 Odio Benito, E/CN.4/Sub.2/1987/26, at 25.
51 宣言と条約の全文はそれぞれ、*Human Rights* 1:p.171 and p.174に所収。一般的にこの問題について、Geraldine Van Bueren, *The International Law on the Rights of the Child*(1995); Lawrence J. LeBlanc, *The Convention on the Rights of the Child: United Nations Lawmaking on Human Rights*(1995)参照。

「子どもの最善の利益」という条件は、父母と法定保護者の権利を制限することを意図して付されている。しかし宣言は、父母の希望が子どもの最善の利益と対立する場合に恐らくなされる多くの問いを扱ってはいない。しかも、全体主義的国家あるいはイデオロギー的国家においては、「子どもの最善の利益」について教育関係者とその子どもの父母の間に解釈の違いがあり得る。父母の権威に対する制限はしばしば、国内と国際のレベルにおける司法判断を必要としてきた。

一般的に、子どもは宗教的差別から護られなければならない。子どもがその中で養育される宗教または信念の実践は、子どもの肉体的または精神的健康に有害であってはならない(5条5項)。宣言の1条3項が定める制限、すなわち、公共の安全、秩序、公衆の健康もしくは道徳または他の人々の基本的な権利と自由が考慮に入れられなければならない。

9 宣言の評価

1981年の宣言は、宗教に対する国際的保護を拡大する取り組みにおいて重要な前進を画すものであった。もちろん、宣言は条約ではなく、したがって法的拘束力を備えていない。それでも、国連が厳粛におこなった声明としての重みを持ち、支配的な国際的傾向の表現でもある。宣言はある種の法的効果を持つのであり、慣習国際法の規則を文書化したものと見做すことが可能なほど、国際社会のメンバーが遵守することへの期待が示唆されている[52]。

宣言にある権利のカタログは不完全ではあるが有用である。個人の権利または集団的に行使される権利だけではなく、集団(あるいは宗教的共同体や信者団体)の権利にはっきりと言及したことは画期的な意義を持つことであり、他の国際的文書の抱える限界に比較した場合、とりわけ重要である。妥協が必要であったとは言え、8条の存在が宣言を普遍的に受容されるものにした。

---

[52] Stephen Schwebel, "The Effect of Resolutions of the U.N. General Assembly on Customary International Law," *American Society of International Law, Proceedings of the 73rd Annual Meeting* (1979) : p.301参照。Odio Benitoは、国家と個人がなすべき具体的義務に言及している(E/CN.4/Sub.2/1987/26, at 49)。

いくつかの条文の文言は、長引いた交渉を反映して不満足なものである。それでも宣言が、人権分野において、他種の権利に比してなおざりにされていた微妙な領域における進歩であることは確かである。

10 条約の必要性と可能性

　宣言があることで、宗教的人権に関して法的拘束力のある条約を策定することが不必要になったかどうかという問いがあろう。その答えは、とくに条約が結局、宗教を尊重する重要な権利を十分に規定しないとすれば確定しにくい。それでも、関心のある非政府組織は条約の採択を求めてきた。複数の国連特別報告者、国連人権小委員会、および1984年に開催された「差別または信念の自由に関係する事柄における理解、寛容と尊重の奨励に関するセミナー」も、同じ立場をとってきた[53]。あらゆる形態の宗教的不寛容の撤廃の問題を毎年扱う国連総会は、条約の必要性の問題を直接扱っては来なかった。ただし、本書を執筆する前に採択された最後の決議では諸国に対して、宗教的過激主義を動機とするものを含めて、憎悪、不寛容、暴力的行為などと闘い、思想、良心、宗教又は信念の自由を保障するための措置を講ずることを強く促した。国連総会は同時に、宣言を実施するための措置を歓迎し、人権委員会にもそうすることを奨励した。それでもなお、条約化の問題への言及は全くなされなかった[54]。1993年に開催された「人権に関するウィーン会議」も、この件については沈黙を守った[55]。

　国連人権小委員会の依頼によって作業用ペーパーを作成したテオ・ファン・ボーヴェン(Theo van Boven)は、条約の問題について慎重な見方をしてきた。

---

[53]　同セミナーについては、Kevin Boyleによる報告書(United Nations Seminar on the Encouragement of Understanding, Tolerance, and Respect in Matters Relating to Freedom of Religion or Belief, U.N. Doc. ST/HR/Ser.A/16(1984))参照。とくに、条約の可能性については、para.102(q)参照。

[54]　例えば、U.N. Doc. A/54/100(June 15,1999)を参照のこと。国連総会は、1986年12月4日の決議41/20では正式に、基準設定は適切な準備がなされた上でおこなわれるべきであると述べている。

[55]　ウィーン宣言と行動計画について、32 I.L.M. 1661(1993)参照。

そうした文書(条約)を起草する前に、十分な準備作業がなされるべきであると言うのである[56]。他方、ヨーラム・ディンスタイン(Yoram Dinstein)といった人々は、宗教の自由を促進する上で条約が果たし得るすぐれた役割を強調してきた。しかしディンスタインは、条約が成立する見込みは小さく、新たな実施手続きを立ち上げようとする熱意はほとんど見られないという事実を認識している[57]。

国連人権委員会が入念に起草し、同委員会で採択されたが現在未処理状態にある条約草案は[58]、前文と12の条文から構成される。草案は、それが宣言草案と同時に議論されていた当時支配的であったムードを反映している。宣言の実体規定と条約草案のそれとの違いは、宣言起草過程の後期になされた修正がもたらしたものである。条約草案は、1981年宣言にはないいくつかの権利を列挙している。例えば、条約草案9条は、人種差別撤廃条約4条の形式を踏襲しているから、条約起草作業が継続することになれば論争の種となろう。条約実施措置は、他の反差別条約に導入されたものに似て、主として個人通報を含む報告制度に基づいている。

11　宣言の実施

条約化作業の継続の見込みが疑わしい以上、1981年宣言の実施を監視する方法を検討することが有用であろう(非政府組織は、それに協力すると共に、独

56　Theo van Boven, Elimination of All Forms of Intolerance and Discrimination Based on Religion of Belief: Working Paper, U.N. SCOR 41st Sess., Agenda Item 11, U.N. Doc. E/CN.4/Sub.2/1989/32(1989). ファン・ボーヴェンは、自由権規約の選択議定書の形式で新しい、法的拘束力のある文書を作成することを提案した。その場合は、自由権規約委員会が実施機関となる。新しい条約機関を設立することに伴う現実的な困難も指摘した(同文書、27)。Theo Van Boven, "Advances and Obstacles in Building Understanding and Respect between People of Diverse Religions and Beliefs," *Human Rights Quarterly* 13(1991): pp.437-449も参照のこと。同稿は、1991年にニューデリで開催された、1981年宣言を促進する方法についての専門家会議(Project Tandem)におけるArcot Krishnaswami の講演を下敷きにしている。

57　Yoram Dinstein and Mala Tabory, eds., *The Protection of Minorities and Human Rights*(1992), p.179.

58　Elimination of All Forms of Religious Intolerance: Note by the Secretary-General, U.N. GAOR 25th Sess., Agenda Item 56, U.N. Doc. A/7930(1970).

自の監視をおこなうことができよう）。自由権規約委員会は規約の関連規定に従う義務があるから、その役割を補助するための作業部会の設置が、正式な形式ではなかったとは言え提案されてきた。いずれにしても宣言が掲げる諸原則は、各国政府にとって、国内法を国際的最低基準に合わせるための指針となるべきである。

国連の人権委員会と人権小委員会は複数の特別報告者を任命して、宣言の実施に関して研究をおこない、報告書を提出することを依頼した。1986年に人権委員会から任命されたアンヘロ・ヴィダル・ダルメイダ・リベイロ (Angelo Vidal d'Almeida Ribeiro) は、7通の報告書を提出した[59]。アブデルファター・アモール (Abdelfattah Amor) は、1993年に任命された。1983年に任命されたエリザベス・オディオ・ベニート (Elizabeth Odio Benito) に与えられた仕事は、宗教または信念に基づく不寛容に関する諸問題の範囲を包括的に研究することであった。オディオ・ベニートは、宣言を考慮すべき文書として使いながら、クリシュナスワミ報告の知見を更新することに成功した[60]。

特別報告者たちが提出した報告書は、宗教的権利がおかれた状態に関して地球的な観点を提供する。特別報告者たちは多くの国に質問書を送り、得られた回答に基づいて報告書を作成した。さらに、いくつかの国の状況を分析し、個々の回答に反映された問題についてコメントし、それぞれが達した結論に基づいて提案をおこなった。

オディオ・ベニートは研究を通じて、「宗教または信念に基づく不寛容と差別」という文言は、差別だけではなく、他の宗教的自由の侵害、異なる宗教ないし信念を持つ人々または集団に対する憎悪の表明や迫害を誘発することを意図した行為も含むと結論付けた。同氏は、宗教を変更する、あるいはまったく持たない権利に関して、世界人権宣言、国際人権規約と1981年宣言が一致していることを強調した。オディオ・ベニートによれば、他のすべての人権の完全な実現は、思想、良心および宗教の自由に深く結びついている。宗

---

[59] U.N. Doc. E/CN.4/1987/35; E/CN.4/1988/45 and E/CN.4/1988/45/Add.l; E/CN.4/1989/44; E/CN.4/1990/46; E/CN.4/1991/56; E/ CN.4/1992/52; E/CN.4/1993/62 revised by E/CN.4/1993/62/Corr.l and E/CN.4/1993/ 62/Add.l.

[60] Odio Benito, E/CN.4/Sub.2/1987/26.

教的権利の侵害は、生命に対する権利を含む、他の多くの基本的権利の侵害を含むことが多い。同氏の報告書には、そうした侵害のリストが地域ごとに載せられ、教会と国家の多様な関係に関する調査も含まれている。現存する憲法上の措置のいずれかが、それ自体または実施において宗教的不寛容を誘発するかどうか、あるいはどの程度誘発するか、ということについて同氏は確定的な結論を出さなかった。しかし同氏は、現実状況が、どういうときに概して1981年宣言の定めた基準を下回るかを指摘した。

　オディオ・ベニートは更に、国際社会が条約の採択に向けた努力を継続することを提言した。それは、1984年の「差別または信念の自由に関係する事柄における理解、寛容と尊重の奨励に関する国連セミナー」が出した結論と一致している。オディオ・ベニートは、教会組織や宗教内部における女性差別、主要な宗教のカテゴリーには属さないが世紀にわたる歴史を持つ宗教に対する差別、新しい宗教の発生や宗派の行動などの問題に関する研究がなされるべきであると提案した。履行確保措置を備えた条約が採択されるまでは、どのような人権問題が最も顕著であるかを適切な機関が判断するのを支援することにおいて、この種の研究は非常に重要な役割を果たす。人権諸機関は、そうした判断を下すために国連憲章64条の下で経済社会理事会（ECOSOC）が取り得る措置を講じることができる。

　国連人権委員会の特別報告者であったアンヘロ・ヴィダル・ダルメイダ・リベイロは、宣言の規定からの逸脱の可能性のある行為をした特定国政府に対する非難についても報告した。同氏は、詳細な調査と証拠に基づく7通の報告書を作成して、それらの非難をそれぞれ当該国政府に通知した。それらの報告書には、当該政府のコメントも収録されている。特別報告者は、宣言の実施と情報の収集を妨げる可能性のある要因を特定しようとした。同氏は関係国政府に質問状を送り、回答に基づいてそれらの政府との連絡を確立した。また、非難を受けた政府に直接接触することもしている。報告書には、宗教的集団や組織を含む非政府組織から得られた情報も含まれている。

　報告された事例は、異なる法的・政治的制度の下で宗教を持つ人々の様々な状況を現している。事例の起きた場所も、世界のほとんどの地域にわたっ

ている。特別報告者は、苦情の大多数が、宗教選択の権利、宗教変更の権利、公的および私的に礼拝する権利、またいかなる理由によっても差別されない権利を含んでいることを明らかにした。宣言の規定の侵害は、他の基本的な自由と権利の侵害の反映であり、原因であり、それらの権利侵害には頻繁に暴力が伴ってきた。時に暴力は、旧ユーゴスラビアで見られたように、大規模に勃発する。

　ダルメイダ・リベイロ特別報告者は、いくつかの望ましい展開に注目し、異なる宗教間の対話の重要性を強調した。同氏は、テオ・ファン・ボーヴェンが国連人権小委員会に対しておこなった提案をとくに考慮に入れた上で、法的拘束力のある文書の作成を支持した。

　ダルメイダ・リベイロの辞任後、人権委員会はアブデルファター・アモールを特別報告者に任命した。アモール教授は、1994年以来、複数の報告書を提出してきた[61]。同氏はとりわけ、特定国に対して(宗教的権利に関して)なされた非難の申し立てを要約して当該国に送った。それらの苦情は、宗教的不寛容の犠牲者に対する様々な形態のいやがらせ、逮捕、拷問または虐待などに関係していた。報告のいくつかは、宗教的に神聖な場所や墓地の冒瀆や破壊に触れていた。特別報告者は、自己の考えと観察とを確かめるために現地を訪れ、政府と非政府組織の両方を情報源とすることによって宗教団体から提供された情報も考慮してきた。同氏はまた、自己の任務に属す事柄についてのアンケートを複数の政府に送り、バングラデシュ、イラン、イラク、パキスタンとサウジアラビアから出された緊急声明に回答した。

　任務を遂行する中でアモールは、宗教的な迫害や差別の多くの事例を見つけてそれらに取り組んだ。そうした事例には、イスラームの武装グループによる殺人、ドイツにおけるサイエントロジー教会(Church of Scientology)のような集団に対する差別、信仰の表明を理由とする投獄、宗教的マイノリティ、

---

[61] E/CN.4/1994/79; FVCN.4/1995/91; E/CN.4/1996/5 revised by E/CN.4/1996/95/Corr.l and E/CN.4/1996/95/Add. 1 and E/CN.4/1996/95/Add.2; E/CN.4/1997/91 and E/CN.4/1997/91Add.l; E/CN.4/1998/6 and E/CN.4/1998/6/Add.l, E/CN.4/1998/6/Add.2,/CN.4/200/65, E/CN.42001/63, E/CN.4/2002/73, E/CN.4/2003/66, and E/CN.4/2004/63.

とくにサウジアラビアにおけるキリスト教徒とシーア派イスラーム教徒に対する差別、オーストリアにおいてエホバの証人に対して課せられた制約、作家タスリマ・ナスリン(Taslima Nassrin)〔訳注：イスラーム原理主義的な傾向に対して批判する声明を発表したことでイスラーム過激派の怒りを買い死刑宣告を受け亡命生活を送っているバングラデシュ出身の女性作家〕に対する迫害、バングラデシュにおけるヒンドゥ教徒、キリスト教徒、仏教徒などの宗教的マイノリティに対する不寛容の行為、ベラルーシのプロテスタントに対する制約、ヒンドゥ教と仏教のみが認可された宗教であるブータンにおけるキリスト教徒とキリスト教宣教師に対する迫害、ブルガリアにおける多くの宗派に対する禁止と肉体的暴力を含む迫害、キプロスでの良心的兵役拒否の権利の侵害、キューバにおけるエホバの証人、安息日再臨派、バプティストの宗教活動に対する制約および宗教の自由に対する攻撃、エジプトのイスラーム原理主義グループによる暗殺を含む暴力の行使、ロシア連邦における制約的国内法、ギリシャにおける良心的兵役拒否者の投獄と宗教団体に対する嫌がらせ、インドにおける特定宗教を対象とする殺人と暴力、イランにおけるバハーイ教徒、ユダヤ教徒、キリスト教徒に対する迫害、イラクでのシーア派イスラーム教徒に対する迫害、イスラエル、ケニア、レバノン、リベリアによる占領地域での事件、マレーシアとモロッコにおける宗教変更を禁止する国内法、メキシコにおけるプロテスタントに敵対的な事件、モンゴルにおけるキリスト教徒に対する差別、ビルマ(ミャンマー)におけるキリスト教徒とイスラーム教徒の共同体に対する迫害、パキスタンにおけるに宗教的マイノリティに対する迫害、フィリピンでのキリスト教徒殺害、ルーマニアにおける不寛容、ルワンダにおける聖職者の集団殺害、スーダンとスリランカにおける重大な権利侵害と暴力、トルコ、ベトナム、イエメン、ジンバブエにおける宗教的マイノリティの権利の侵害が含まれる[62]。

　アモール特別報告者は、できるだけ完全に全体像を把握するために、中国、パキスタン、イラン、インド、ギリシャ、スーダン、オーストラリア、ドイツを含む多くの国を訪問した。その上で、結論と提案を伴う報告書を提出し

---

[62] U.N. Doc. E/CN.4/1995/91.

たのである[63]。

　アモール特別報告者は、それぞれの政府に説明を求め、各政府の枠組み内で差別対策となるアプローチを提案した。アモールは、宗教的寛容と非差別の実現は、人権全体の実現と同時におこなわれなければならないという見解をとっていた。また、同氏が目指した宗教的過激主義とテロリズムの抑制という目標は、教育を通じて実現すると信じていた。状況によっては、宗教的紛争と民族紛争、またそうした紛争と政治的迫害を明確に区別することが困難であることを認めてはいたがそれでも、改宗の勧誘、冒瀆、礼拝所や宗教的場所への攻撃、宗派に関する問題、良心的兵役拒否の問題などに特別の関心を寄せた。報告書の結論と提案では、旧ユーゴスラビアにおける民族浄化の問題やアルジェリアにおける民族的問題も扱った。特定問題を扱いつつも、アモールは調査対象国に、信念の自由に関する法的文書を共有することを提案した。関連する国内立法の概要をリストアップすることを望んだのである。

　1996年の報告書では[64]、宗教的権利の侵害が六つに分類された。それらは、同氏が受け取った通報に基づいて、(1)宗教と信念に関する非差別原則の侵害、(2)寛容の原則の侵害——このカテゴリーは、宗教的過激主義に対する懸念を反映したものである、(3)宗教変更の自由を含む、思想、良心および宗教の自由の侵害、(4)宗教または信念を表明する自由の侵害、(5)宗教的な所有物を破棄する自由の侵害、(6)生命への権利、身体の保全、安全の侵害である。同氏は、宗教的不寛容と差別の撤廃に関する国際条約の入念な起草作業は、必要ではあるが現状に照らせば時期尚早であるという結論に達した[65]。

　1996年の報告書では、アモールは、寛容の文化を発展させることに特別な関心を寄せ、不寛容や差別と闘う上で不可欠かつ優先的手段としての教育の

---

[63] それらの訪問につき以下を参照のこと。U.N. Doc. E/CN.4/1995/91, E/CN.4/1996/95/Add.1 and E/CN.4/1996/95/Add.2, E/CN.4/1997/91/Add.1, as well as Human Rights Questions, Including Alternative Approaches for Improving the Effective Enjoyment of Human Rights and Fundamental Freedoms: Note by the Secretary-General, U.N. GAOR 51 st Sess., Agenda Item 110(b), Add.1, U.N. Doc. A/51/542/Add.1 and ibid., Add.2, and U.N. Doc. E/CN.4/1998/6/Add.1 and E/CN.4/1998/6/Add.2. 近年の実施状況については後述する。
[64] U.N. Doc. E/CN.4/1996/95.
[65] 同、14.

役割を強調した[66]。同氏は、宗教と信念の自由に関する諸問題に関する、小中学校のカリキュラムと教科書に焦点を当てた質問状に対して77カ国から受け取った回答を検討した。その結果中間的に得られた知見には、国教または神権政治に基づく国家と世俗主義に基づく国家との間に大きな違いがあることが含まれていた。アモールはとくに、宗教教育の強制的性格、免除される権利を与えずに他の宗教の信者に特定の種類の宗教教育をおこなうこと、マイノリティである宗教が独自の宗教施設を持たない場合に生じる困難、宗教の比較教育が十分おこなわれていないことなどに関連する問題を強調した。その上で、宗教的過激主義、改宗の勧誘、宗教の自由と貧困、宗派と新宗教運動などをさらに研究することを奨励した。

12 宗教的マイノリティ

　宗教の権利は、(1)個人の権利、(2)集団的に行使する権利（自由権規約27条が規定するように、他の人々と一緒に行使する権利）、(3)宗教的集団または共同体の権利を包摂する。3番目のカテゴリーは、通常宗教的マイノリティと表現される集団の権利を含んでいる。「宗教的マイノリティ」の一般的に受容された定義がないことから、この問題を分析することは容易ではない。多くの定義が提案されてきたが、支持されているのは、マイノリティに関する国連特別報告者であったフランセスコ・カポトルティ（Francesco Capotorti）教授のものである。カポトルティによれば、マイノリティとは一国の人口において他の集団より劣勢にあり、被支配的な地位にあり、その構成員が人口の多数派を占める集団のそれとは異なる、民族的、宗教的または言語的独自性（アイデンティティ）を持っており、また黙示的ではあっても、構成員間に連帯感があり、自己の文化、伝統、宗教または言語の維持を志向する集団である[67]。

　多くの定義があるのと同様に、「マイノリティ」という語を別の言葉で置き

66　U.N. Doc. E/CN.4/1998/6.
67　UNP Sales No. E.91. XIV.2.

換える提案も多くなされている[68]。宗教的マイノリティまたは集団の場合、自己認識および周りの社会による認識の内容が非常に重要である。一般的に国家は、組織された宗教的集団またはマイノリティの権利を認めることについて、領土的に集中している場合や政治的緊張がある場合を除き、承認の有無による影響は大きくないと信じるために、抵抗感をそれ程持たない。多くの国は、(1)信者に自己を代表する団体を組織することを許すこと、(2)それらの組織に、所属する信者と交渉する一定の権威を与えること、(3)国外の類似の集団と自由に接触を維持することを信者に許すこと、といった条件が満たされない場合には、宗教または信念の自由を尊重することが事実上不可能であると考える。言うまでもなく、これらの条件の多くが満たされるかどうかは、その国の憲法秩序による。国家と特定の教会または宗教との間に特別な取決めもおこなわれてきた。それについては後述する。

宗教的マイノリティとその他のマイノリティの地位の歴史的発展を分析するには、次の四つの主要な段階を検討する必要がある。(1)国際条約に特別な保護的条項を置くことや、影響力のある大国による人道的介入を通じて、非制度的に宗教的集団を保護した初期、(2)特別な条約や、一般的な条約の中の特別な条項、または国家による単独行動などに基づく、国際連盟の下での保護制度、(3)自由権規約27条の規定(および、それをいくらか下回る1992年のマイノリティ権利宣言)に現される、国連が採用した方式、(4)個人の自由、国家の権利、および組織化された宗教団体のニーズを調和させる必要性を認める近年の傾向である。

初期の条約は、往々にして領土変更の結果として、特定の宗教的マイノリ

---

68 マイノリティに関しては膨大な量の論考がある。初期のものについて、Definition and Classification of Minorities, at 26-51, U.N. Doc. E/CN.4/Sub.2/85, U.N. Sales No. E.50. XIV.3参照。カポトルティ研究以外の近年の著作としては、特にFelix Ermacora, "The Protection of Minorities Before the United Nations" 182, vol.4, *Recueil des Cours*(1983): pp.247-370; Louis B. Sohn, "The Rights of Minorities," in Henkin, *The International Bill of Rights*, 270-289; Lerner, Group Rights; Patrick Thornberry, *International Law and the Rights of Minorities*(1991); Dinstein and Tabory, eds., *The Protection of Minorities and Human Rights*; Catherine Brolman et al., eds., *Peoples and Minorities in International Law*(1993); G. Pentassuglia, *Minorities in International Law, An Introductory Study*, published by the Council of Europe, 2002.

ティに保護を与えた。通常、それらの条約は、当事者団体の一つが他国の人口の一部と結びついていることに基づいていた。そうした条約の範囲が拡大したのは、1815年のウィーン会議以後のことである[69]。人道的介入が効果的であった事例もいくつかあるが、明確な仕組みを欠くそれらの条約には限界があった。

　国際連盟の下での宗教的およびその他のマイノリティの保護制度は、完璧には程遠いものであった。しかし、制度の失敗は、制度上の欠陥がもたらしたものではなく、第一次世界大戦後のヨーロッパにおける政治的混乱、とくにナチスおよびファシスト国家による民主主義と法の支配の蹂躙がもたらしたものであった。連盟規約は、マイノリティに関する一般的規定を置かず、宗教的迫害に関する包括的な条項を含めようとする試みは成功しなかった。マイノリティに関する条約や宣言に署名した国には、ポーランド、オーストリア、チェコスロバキア、セルビア人・クロアチア人・スロベニア人王国、ブルガリア、ルーマニア、ハンガリー、ギリシャ、トルコ、アルバニア、リトアニア、ラトビア、エストニア、イラクが含まれていた。ダンチヒ、オーランド諸島、上部シレジア、メメールに関する複数の条約には、マイノリティの権利に関する規定が盛り込まれた[70]。

　国際連盟のマイノリティ保護制度では、多くの権利が保障された。それらの権利には、いかなる信条、宗教または信念も自由に、私的に公的に実践すること、差別の禁止と共に、法と現実における平等の処遇、公的雇用と職業への平等な機会、宗教的儀式や活動におけるマイノリティ言語の使用、施設や学校を設立する権利、宗教的・教育的ニーズ、慈善のために公的財源の配分を受ける権利が含まれる。連盟理事会の承認を得ずに、それらの権利の保障を国内立法によって停止することは許されない。理事会は、違反について検討し、適切な行動をとる権限を与えられていた。紛争は、強制的管轄権を備えた常設国際司法裁判所に付託されなければならなかった。マイノリティ

---

69 当時のことについて、Thornberry, *International Law and the Rights of Minorities*, 25ff.; Malcolm D. Evans, *Religious Liberty and International Law in Europe* (1997), pp.42-74参照。
70 国際連盟のマイノリティ保護制度に関する権威ある解釈とそれが運用された状況について、Jacob Robinson et al., *Were the Minorities Treaties a Failure?* (1943)参照。

を代理する個人または団体による苦情申立て(petitions)制度がつくられ、理事会は各事件に基づいて勧告をおこなうことができた。例えば、上部シレジアに関する1922年のドイツ・ポーランド条約に基づいて申立てがなされた1933年のベルンハイム(Bernheim)事件では、ナチスは、民族的・宗教的・言語的マイノリティと見做されていたユダヤ人に対する措置をとることが一定期間できなくなった[71]。

常設国際司法裁判所は、マイノリティに関連する問題を何度か扱った。アルバニアのマイノリティ学校に関する勧告的意見は、アルバニアのギリシャ系マイノリティの言語的権利を主に扱ったものだが、すべてのマイノリティ(特に宗教的マイノリティ)が、自己の伝統や特性を維持するための適当な手段を持つことの必要性を認めたことで、世界全体から尊重されるものとなった[72]。

国際連合の時代における支配的見解は、個人の権利と非差別原則とが、マイノリティの構成員を含めてあらゆる人を保護するのに適当な方法であると主張するものであった。主として歴史的・政治的理由から、いかなる種類であれ集団的権利を認めることに対して一般的に躊躇があった。事実、国際連合憲章は、マイノリティにまったく触れていない。世界人権宣言にマイノリティに関する条文を入れるという提案は、受け入れられなかった。26条は、人種的集団または宗教的集団の間の理解、寛容と友好を促進することに触れているが、言及の仕方は曖昧である。国連人権小委員会〔当時は「差別防止マイノリティ保護小委員会」の名称〕は、自由権規約27条を生み出した。同条は、論争と多くの批判の的となったが、それでも、マイノリティの問題への国連の対応の基盤となってきた。27条は、宗教的マイノリティおよびその他のマイノリティの構成員が、自己の宗教を、所属する集団の他の構成員と共に信仰し実践する権利を否定されないと規定する[73]。27条に対する批判は、マイノ

---

71 この興味深く、珍しい事件について、Stephen J. Roth, "The Impact of the Holocaust on the Legal Status of Jews and Jewish Communities," *Israel Year-book on Human Rights* 9 (1979): pp.121-139, at p.128参照。
72 *Minority Schools in Albania*, 1935 P.C.I.J. (ser A/B) No. 64, at 17.
73 27条の解釈は、学者の間に論争を引き起こした。Thornberry, *International Law and the Rights of Minorities*, 149ff.; Francesco Capotorti, "Are Minorities Entitled to Collective International Rights?" *Israel Year-book on Human Rights* 20 (1990): 351-357; Lerner, *Group*

第3章　国連における宗教的人権　59

リティの権利に対する規約のアプローチにある欠点を露呈させ、1992年の「民族的(national or ethnic)、宗教的、言語的マイノリティに属する者の権利に関する国連宣言」の成立を導いた。同宣言は、マイノリティの権利の受容における一定の前進を表すものである[74]。

名称が示すように、同宣言は、民族的(national or ethnic)、宗教的、言語的マイノリティを対象とするものである。「民族的(national)マイノリティ」という言葉はしばしば、他民族またはいわゆる「民族的本国(kin-state)」の一部に相当するマイノリティを含む。(同様の定義は、宗教的マイノリティにも適用できよう。)[75] しかし、宣言では、「民族的(national)マイノリティ」は民族的(ethnic)、宗教的、言語的マイノリティと同等に扱われている〔訳注：日本政府公定訳は、"national"を「国民的」と訳し、"ethnic"を「種族的」とするが、訳者としてはその妥当性に疑問があり、その両方に「民族的」という日本語を当てる方がより正確であると考える。結果的に煩雑な訳文になったことが遺憾ではあるが、了承されたい〕。宣言前文は、「宗教または信念に基づくあらゆる形態の不寛容および差別の撤廃に関する宣言」が示す原則を促進しているが、宣言各部は説明を要する。

1992年の宣言は、宗教的マイノリティの存在と独自性(アイデンティティ)を保護するための措置をとることを国家に要請する。集団的権利ないし個人の権利の範囲を超える権利が、黙示的に認められている。2条は、マイノリティに属する人々に、自己の宗教を信仰し、実践する権利および宗教的生活に効果的に参加する権利を与える。それらの人々は、自己の結社を設立し維持する権利、他国に居住する人々を含み、自己の集団の他の構成員との自由かつ平和的な接触を樹立しかつ維持する権利を持つ。これ以外の面での、マイノリティに関する宣言と宗教的人権との関係は限られている。それでも同宣言

Rights, 14ff.; Lerner,"The Evolution of Minority Rights in International Law," in Brolman et al., *Peoples and Minorities in International Law*, 88ff.; Yoram Dinstein, "Freedom of Religion and the Protection of Religious Minorities," in Dinstein and Tabory, *The Protection of Minorities and Human Rights*, 154ff 参照。

74　マイノリティ権利宣言の分析について、次章を参照のこと。

75　Dusan Janjic et al., eds., *Democracy and Minority Communities, Theses for the Law on Freedoms and Rights of Minority Communities and Their Members*(1993), p.34　参照。「民族的本国」〔訳注：国外同胞が民族的に帰属する国〕につき、Council of Europe, *The protection of national minorities by their kin-state*, Strasbourg, 2002参照。

は、自由権規約との比較において、宗教または信念の自由の分野における一定の進歩を現すものである。

13　他の関連文書における宗教的権利

　国連の下で採択された、いくつかの法的文書には宗教的権利に関する規定が含まれている。広く批准された1949年の四つのジュネーブ条約にまとめられた人道法は、宗教又は信仰に基づく否定的な区別の禁止を含んでいる[76]。捕虜の待遇に関する条約は、宗教的義務の実行、儀式への参加、牧師の役割およびその職務を果たすのに必要な設備の使用といった、宗教関連の問題を取り扱う。とくに、第四条約(文民保護条約)は、保護される人々の宗教的信条と行為を尊重することを求める。同条約は、牧師の仕事、宗教的必要に基づく書籍や記事の利用、宗教的儀式のための適切な場所の必要性なども扱う。

　1979年の女性に対するあらゆる差別の撤廃に関する条約は、一般的に国内法で認められている宗教的伝統の実行とぶつかる規定を含んでいる[77]。宗教的伝統と矛盾すると見做された条項について留保した国が数カ国あった。自由権規約委員会と女性差別撤廃委員会は、女性に対する平等の問題、とくに家族法に関連するものを扱ってきた。司法的ないし準司法的介入が、特にヨーロッパでは必要とされてきた。この宗教的伝統に基づく法とジェンダーを重視する法との矛盾は、人権の普遍性に関する議論という、より広い視点から検討されるべきである。

　宗教的権利と教育は密接に関連しているから、教育を扱う国際的文書は、宗教的権利の分析に関係がある。自己の宗教を教導する権利、(また、子ども

---

[76] 1949年の人道法条約について、International Committee of the Red Cross, *The Geneva Conventions of August 12, 1949* (1949)、および Jean S. Pictet, *International Committee of the Red Cross, Commentary: Geneva Convention* (1952) 参照。

[77] 　女性に対するすべての形態の差別撤廃宣言と条約は、*Human Rights*, 1:145-149 and 1:150-163に所収。同条約に関する議論として、Theodor Meron, *Human Rights Law-Making in the United Nations* (1986), pp.53-82; Donna J. Sullivan, "Gender Equality and Religious Freedom: Toward a Framework for Conflict Resolution," *New York University Journal of International Law and Politics* 24 (1991-92): pp.795-856; Kathleen E. Mahoney and Paul Mahoney, eds., *Human Rights in the Twenty-First Century* (1993).

の宗教教育に対する父母の望みが尊重されることを保障すること)、および国家がどの程度、宗教教育を支援するかという問題は、異なる人権間のバランスを慎重にとることによってのみ解決することができる複雑な問題を引き起こす。1960年に採択され、1962年に発効したユネスコ「教育における差別を禁止する条約」は、宗教に基づく差別を禁止する試みの一つであった[78]。同条約においては、宗教的目的を持つ別々の教育制度は、そうした制度への参加が任意であり、授けられる教育が権限のある当局によって定められる基準に合致する場合には許容される(2条)。全体として、教育は宗教的集団間の理解を促進するためのものと考えられた。ただし、宗教教育と道徳教育が、子どもの信条に合致する形で授けられることが重要である。つまり何人も、自己の信念と相容れない宗教教育を受けることを強制されてはならないのである(5条)。

教育と宗教の関係を完全に理解するためには、ユネスコ教育差別禁止条約の規定を1948年の世界人権宣言および1966年の社会権規約と合わせて読む必要がある。さらに、宗教と教育に関する規定を置く子どもの権利宣言および子どもの権利条約も考慮に入れられるべきである。それらの文書の関連規定も、子どもの最善の利益が最優先される必要を強調している[79]。しかし、教育と宗教に関する問題に取り組むための適切な枠組みを設定しようとするこうした努力にもかかわらず、それらの関係は決して単純ではなく、国内、地域、国際のレベルにおける司法的介入を誘発してきた[80]。

国際労働機関(ILO)は、1958年に雇用と職業における差別に関する(111号)条約——1960年に発効——を採択し、宗教に基づく差別禁止に取り組んできた[81]。ILOは、宗教を理由に平等が与えられなかったとする被雇用者からの

---

78 条約は、Convention against Discrimination in Education, *Human Rights*, 1:101に所収。
79 1章の脚注51を参照。
80 米国の判例につき、M. Glenn Albernathy, *Civil Liberties under the Constitution* (1993), pp.172-220, pp.345-376参照。ヨーロッパの判例のいくつかにつき、*Case of Kjeldsen, Busk Madsen and Pedersen*, 23 European Court of Human Rights (ser. A) at 25 (1976), and *Angelini v. Sweden*, European Commission on Human Rights, App. No.1049,10 E.H.R.R. 123 (1988); on the global level, *Hartikainen v. Finland*, Communication No.40/1978, in Selected Decisions, 1:74. This case was also considered by the European Human Rights Committee.
81 条約は、*Human Rights*, 1:96に所収。

苦情を専門に扱う機関を設立した。そうした苦情は、宗教上の義務が労働条件とぶつかる場合、特に休暇や休日に関して衝突する場合にしばしば起きた。司法介入に発展したケースも多い[82]。

　宗教的権利を扱う別の重要なILO条約は、1989年の「先住民族および種族民に関するILO169号条約」である。同条約は、同じ主題に関する1957年の条約を一部改正したものである。新条約は、集団により親和的であり、先住民族が自己の独自性と宗教を維持・発展させようとする意思を認め、彼らの宗教的かつ精神的価値観と行為に対する保護を保障する。国連もその問題に取り組み、1993年を国際先住民年と宣言した。国連総会決議45/164（1990年）は、文化的独自性と宗教的習慣に言及している[83]。

　移住労働者の置かれた状況に関する国際文書も、そうした人々の文化的・宗教的ニーズを考慮してきた。1990年に採択された、国連の「移住労働者とその家族の権利保護に関する条約」は、移住労働者の宗教的権利を保障する条項を含んでいる。同条約12条は、明らかに自由権規約18条を基にしている[84]。

82　とりわけ、以下の事件におけるEC裁判所の判断を参照のこと。Case 130/75, *Preis v. Council of the European Communities* [1976] 2 Common Market Law Reports 708(1976). 裁判所は、応募者または宗教団体が、宗教的理由から、採用試験の日程の変更を前もって要請する場合は、可能であれば、考慮されるべきであるとした。ヨーロッパ委員会による異なる見解について、*M. v. Austria*, 1993 CD 25参照。委員会は、宗教的動機に関する公聴会開催が拒否されたことに対する苦情を、その事案の複雑さを理由に棄却した。

83　1989年の「先住民族および種族民に関する169号ILO条約」全文は、*Human Rights*, 1:471に所収。その分析については、Lerner, *Group Rights*, pp.99-114参照。国連の宣言草案について、Commission on Human Rights, Discrimination against Indigenous Peoples: Technical Review of the United Nations Draft Declaration on the Rights of Indigenous Peoples: Note by the Secretariat, U.N. ESCOR 46th Sess., Agenda Item 15, U.N. Doc. K/CN.4/Sub.2/1994/2(1994) and U.N. Doc. E/CN.4/Sub.2/1994/2/Add.l; Work Group on Indigenous Populations, Commission on Human Rights, Discrimination against Indigenous Peoples, U.N. FSCOR 46th Sess., Agenda Item 5, U.N. Doc. E/CN.4/Sub.2/1994/30 revised by U.N. Doc. E/CN.4/Sub.2/1994/30/Corr.l(1994) 参照。

84　「すべての移住労働者とその家族構成員の権利保護に関する国際条約」全文は、*Human Rights*, 1:550に所収。その分析については、Ved P. Nanda, "The Protection of the Rights of Migrant Workers," *Asian and Pacific Migration Journal* 2(1993): pp.161-177参照。

14 結　論

　以上のことから、次の結論に達することができる。
　第一に、宗教的人権を扱う国連の文書のどれも、「宗教」を定義していない。論争の原因となり、人間の行動というデリケートな領域で諸国が合意に達することをより困難にしかねないイデオロギー的ないし哲学的定義を避けようとする傾向が一般的であることがその原因である。しかし、国連法と現代人権法においては、「宗教」という言葉は——通常、「信念」という言葉がそれに続くが——、超自然的宇宙観や行動規範を含む有神論的な確信、および無神論的、不可知論的、合理主義的、また超自然的宇宙観や行動規範を含まないその他の考え方を意味する。
　第二に、宗教的人権の保護のための国連システムは、今のところ、宗教的人権に関する義務を規定する特定の条約を欠く。自由権規約18条と同規約上の他の条文のうち宗教的問題に関連するもの、さらに国連とその他の国際機関が策定した諸条約にある関連条項はもちろん、それらの条約を批准した国家に対して義務を課している。それらの規定の多くは、今日、慣習国際法を反映するものと見做され、宗教を事由とする差別や宗教的集団に対するジェノサイド（集団的殺害）の禁止といったいくつかの規定は、強行規範（jus cogens）という限定された範疇に入る。宗教の自由は、国家の緊急事態においても停止され得ない権利である。18条について自由権規約委員会が作成した「一般的意見」は、規約の諸規定の解釈において権威ある文献である。
　第三に、宗教的権利と自由に関する強制力のある条約の必要性と（または）利点についての議論は完結していない。条約を支持する主要な議論は、言うまでもなく、他の基本的権利に与えられているのと同様の保護を宗教的権利にも与えようとする一般的な望みである。比較的効果的な監視と履行の制度を備え、広く批准されている人種差別撤廃条約の例は、条約を推進するアプローチを正当化するものとされる。条約反対論は目新しいものではなく、宗教の領域に限られたものでもないが、非常に低い保護の共通基準に妥協せざるを得ない危険性と、主として家族法、個人の地位や宗教の変更などの領域

で長年確立してきた法制度と整合しない可能性のある条約を批准することに躊躇する国々があるかもしれないという主張である。

　法的拘束力のある文書に関する議論が未完結とはいえ、国連機関が任命する特別報告者による研究や報告という形態をとる現行の監視制度が、もちろん条約が国家に課す義務と同じではないが、控えめなレベルにしても宗教的権利の保護を提供している。この制度の改善を目指す様々な提案が、主として非政府組織からなされてきた。中には、1981年宣言の精神をもって宗教的権利の実現状況を監視する国内機関を設立すること、加盟国から経済社会理事会への定期的報告書の提出、および義務的条約を示唆しない類似の手続きなどがある。

　第四に、1981年の「宗教又は信念に基づくあらゆる形態の不寛容及び差別の撤廃に関する宣言」は、宗教的人権の保護制度を希求する上で力強い一歩となった。宣言は、アーコット・クリシュナスワミが、発展の可能性を秘めた研究報告の中で明確化した諸原則の、すべてではないとしても多くを取り入れた。そこには、良心、宗教と信念、およびその実行行為に関する権利の包括的かつ詳細なカタログが含まれている。宣言は、国際人権規約に採用された極めて個人主義的なアプローチを超えて前進し、宗教的人権の集団的側面を認める近年のいくつかの文書に近づいている。宗教的人権は、宗教団体、共同体や信者組織の諸権利がそのまま認められ、純粋に個人主義的な自由を超えて保障されない限り、適切に保護され得ない。このことには宗教的起源があるが、宗教的要素は民族的、文化的独自性と結びついているように見える集団や共同体にとって非常に重要な事柄である。

　第五に、論争を誘発し続ける非常に複雑な問題が複数ある。例えば、宗教の変更、特定の宗教または認知された宗教的共同体から自発的に脱退すること、冒瀆、女性と子どもの権利、良心的兵役拒否の問題——それは常に宗教的問題とは限らないが——などである。主な論争は、宗教的権利のみに影響を与えているわけではないが、自由権規約20条が明示する宗教的憎悪の禁止と表現または結社の自由との調整を図るという問題についてである。この問題に関しては、各国の憲法制度によって異なる意見が出されてきた。人種差

別撤廃条約の例、および宗教的権利に関して現在支配的な傾向は、表現または結社の自由の濫用から重要な社会的価値を護る必要についての理解が増していることを示しているようである。

第六に、1990年代以降、宗教や民族的独自性によって認識される集団を含み、何百万人もの人々の生命と福祉を脅かす悲劇的な事件が起きてきたことである。集団の性格を問わず、宗教的、民族的、文化的集団の保護を確保する必要は、数カ国の司法によって認められてきた。旧ユーゴスラビアとルワンダにおける「民族浄化」という衝撃的行為が、その必要性の認識を促進した。

国連の時代における宗教的人権の保護は、このように極めて限定的であるが、そこにある積極的な規定は国内立法に一定の影響を与えてきた。それらが不十分であるという主張は、とくに国際的および国内的緊張が高い時期においては、起きている事象に根拠を見出せるように見える。宗教的人権は、人権の保護と尊重を確保する全世界的な努力における放置された領域に留められるべきではない。

15　近年における実施状況

アモール特別報告者による宣言の実施努力については前節で概観した。アモール教授は2004年に任期を終え、アスマ・ジャハンギル（Asma Jahangir）がその後任となった。アモールは、国連人権委員会の決議1999/78に従って、人種差別、宗教的不寛容と教育についての研究報告を作成し、「人種主義、人種差別、外国人排斥および関連のある不寛容に反対する世界会議」の準備委員会に提出した[85]。そこでは、教育の役割と人種差別や宗教的不寛容との関係が分析され、教育における人種差別や宗教的不寛容の法的および現実的側面が分けて考察されている。また、教育の分野における国家の一般的義務、分離制度の問題、マイノリティ、先住民族や移住労働者の子どもの教育に関する特定の義務、言語の使用、それらの権利の行使のための条件、特定の宗教的共同体の構成員であることを示す物を身に付けるという論争的な問題を

85　Doc. A/CONF.189/PC.2/22

含めて、教育の自由や宗教教育と宗教的不寛容の間の関係などの問題も扱っている。

　同研究報告は、多文化教育と異文化間教育の発展を目指す、一連の国内的および国際的措置を提案している[86]。

　最近もアモール教授は、宗教的不寛容を含む、市民的政治的権利に関する定期的報告書を提出し続けてきた[87]。一般的報告のなかで現地訪問に言及したことに加え、アルジェリア、グルジアやルーマニアといった数カ国への訪問については特別報告書も出している。同氏は最後の報告書で、任務を遂行した11年間における進歩と後退を明らかにした。政治的イデオロギーの名の下に宗教的事柄を完全にコントロールする政策や、反宗教的政策における「進行性の退行」は明らかであるものの、「近年、非国家主体がより重要な役割を果たしてきている」ことを認めるべきだと述べる。なおかつ、「現在、どの社会にも見られる、宗教的不寛容の無数の事象に加えて、宗教的──または、宗教として通用しているものの──過激主義の現象が、1990年代の終わりには著しく減少したものの、新たに急増している」と指摘する[88]。

　アモールは、人権や宗教または信念の自由とはかけ離れた目的に宗教を利用する過激主義の傾向に言及する。同氏は特に、過激主義者がその根拠をイスラームであると主張することや、イスラーム嫌悪が過激主義を生んだと主張することに触れている。特別報告者は、テロリズムとの闘いにおいて、国家が「目標を間違えることなく、テロリズムの実行と闘い続ける中で、テロを生む根源と、偏向や選択性を排除して、人権の保護と促進を確保する必要性に再び努力を集中すること」を希望すると述べる[89]。

　2002年の報告書では報告者は、1981年宣言採択20周年に当たる2001年11月にマドリッドで開催された「宗教又は信念の自由、寛容と非差別に関連する学校教育に関する国際諮問会議」に注目している。同会議で採択された成果

---

[86] 同、page 29以下。
[87] 　Doc. E/CN.4/2000/65. E/CN.4/2001/63, E/CN.4/2002/73, E/CN.4/2003/66, and E/CN.4/2004/63.
[88] 　E/CN.4/2004/63, para. 146 以下。
[89] 　同、para. 151-153。

文書の全文は、報告書に再録添付されている[90]。

　後任のアスマ・ジャハンギルは、2004年7月に3年の任期で任命された。同氏は、同年12月に最初の報告書を提出した[91]。諸国から寄せられた情報のほかに、改宗、特に改宗の強制、礼拝場所への攻撃といった状況、宗教的出版物、登録、反テロリズム立法、宗教的標章への制限といった問題を扱っている。新報告者は活動の手法について、主として個人の権利を扱うが、与えられた任務は、とりわけ国家と宗教的共同体の関係、宗教的共同体間の非差別、宗教間および宗教内部の寛容といった問題を扱うことを求めていると述べている。21世紀は、宗教的信念の政治的目的への利用や宗教的不寛容といった、一連の新しい課題を提起している。

---

[90] E/CN.4/2002/73, page 41以下。
[91] E/CN.4/2005/61.

第4章　1992年「国連マイノリティ権利宣言」

1　はじめに

　1992年12月18日、国連総会はその47会期において、投票なしで「民族的(national or ethnic)、宗教的、言語的マイノリティに属する者の権利に関する国連宣言」を採択した[1]。起草作業は、人権委員会が決議1988/64に基づいて任命した作業グループによっておこなわれた。人権委員会が草案を議論し、いくつかの変更をおこなった後、最終文書は国連総会決議1991年12月17日の46/115および1992年7月20日の経済社会理事会決議1992/4に従って経済社会理事会を通じて総会に提出された[2]。

　全体として、同宣言は1966年の自由権規約27条に基づいており[3]、従ってマイノリティに属する人々の個人としての権利を強調する。同時に、集団としてのマイノリティの存在と独自性（アイデンティティ）を保護する必要が認められている。この点で、自由権規約の厳密な個人主義的アプローチに比べて、いくらか進歩したことに留意する必要がある。

　現代国際社会とマイノリティの関係を強調することは、現在ほとんど不必

---

[1] 宣言全文は、A/C/3.47/L.66(1992)に所収。
[2] Commission on Human Rights, *Report on the Forty-Eighth Session*, ECOSOC, Official Records, 1992 Supp.(No. 2), 317-20; A/47/501(1992), note by the Secretary General参照。
[3] 自由権規約27条は、「民族的、宗教的又は言語的マイノリティが存在する国において、当該マイノリティに属する者は、その集団の他の構成員とともに自己の文化を享有し、自己の宗教を信仰しかつ実践し又は自己の言語を使用する権利を否定されない」と規定する。999 *U.N.T.S.* 171, 179.

要なことである[4]。ソビエト連邦と旧ユーゴスラビアの解体とそれに続く悲劇的事件が国際社会の中心舞台に登場するとともに、マイノリティを含むがそれほど目立たず、おそらくそれほどには悲劇的ではない、その他の複雑な状況は従来ほど注目されなくなった。しかし、マイノリティ問題が今日の主要問題の一つであることには異論はなかろう。冷戦終結以後、限定的な(広義の)民族間紛争が主要な、熱い国際問題である。暴力が発生しない場合でも、特定の集団に対する他のグループ(それは、必ずしも多数派とは限らない)による差別が、不安定、反感、政治的混乱の恒常的かつ深刻な原因である。そうした状況を羅列すれば長いリストになるし、事実上すべての大陸と地域に及ぶ。多くの場合、国家は、マイノリティの要求への適切な対応を見つける必要さえ認識していないことを告白したがらない。要求の内容によっては、一般に受容された、伝統的な法的対応方式に則って解決策を見つけることが国家にとってかなり困難な場合もある。自決の要求と、国家の領土的一体性を維持することを均衡させることは容易なことではない。

　この新しい国連文書は、一つの妥協の産物であるように見える。後述する最近の他の文書には、マイノリティの現実状況と要求に対するより明確な姿勢が現れている。そうした背景を考慮しながら、同宣言を分析しなければならない。

---

[4] 研究者たちは、マイノリティ問題に大いに興味を示してきた。テルアビブ大学法学部は1990年に、マイノリティ保護と人権に関する国際法セミナーを開催した。その際提出された研究報告は、*The Protection of Minorities and Human Rights*(Y. Dinstein & M. Tabory eds., 1992) および 20 *Israel Yearbook on Human Rights*(1990) に収録されている。アムステルダム大学国際法・国際関係学部は、1992年6月に、国際法における人民とマイノリティに関する会議を開催した。提出された研究報告は、*Peoples and Minorities in International Law*(C. Brolmann, R. Lefeber & M. Zieck eds., 1993) として出版された。マイノリティに関する文献は膨大な数にのぼる。とりわけ以下を参照。F. Capotorti, *Study on the Rights of Persons Belonging to Ethnic, Religious and Linguistic Minorities*, UN Doc. / CN.4/Sub.2/384/Rev.l; N. Lerner, *Group Rights and Discrimination in International Law*(2003); P. Thornberry, *International Law and the Rights of Minorities*(1991). 後者は、詳しい文献リストを含む。大部のEuropean Yearbook on Minority Issues(eds. Arie Bloed et al.) が2001/2年に発行され始めた(Kluwer, The Hague)。ヨーロッパ審議会の出版物(初学者向け)として、G. Pentassuglia, Minorities in International Law(2002). コロンビア大学出版局による出版物として、Protecting the Human Rights of Religious Minorities in Eastern Europe(eds. P. G. Danchin and E. A. Cole).

2 成立に至る経緯

　マイノリティ問題に関する国連の姿勢は、国際連盟が設立したマイノリティ保護制度とはまったく異なるものであった[5]。第二次大戦後、特定のマイノリティに関していくつかの特別な協定が締結されたことはあるが[6]、初期の国連における支配的な考え方は、一般的な人権法と非差別原則とが、マイノリティの構成員を含むすべての人々の保護にとって適切な方法であるというものであった。人種的、宗教的または言語的集団の構成員は、それを理由に必ず差別されるという事実が無視されたわけではないが、それが、集団またはマイノリティの権利を承認する十分な理由になると考えられたわけでもなかった。多くの国家は、政治的または歴史的理由から、あるいは出入国、同化、およびその他の人口関係の問題に関する国家政策から、マイノリティを集団として扱う提案にはどのようなものであれ強く反対した。国家は、どのような集団への帰属をも正式に認めずに、すべての市民を厳密に個人として、国家に包摂すべきであるという考え方は現在も支持されている[7]。米国のある著作家は、こう述べる。

　　「欧州安全保障協力会議(CSCE)によるマイノリティの文化的・言語的権利の定義はより広く受容されてきており、ついに米国の硬貨に記された"*e pluribus unum*"（多州からなる統一国家）というアメリカの理想に挑戦し始める段階に達した」[8]。

---

[5] 国際連盟の制度については非常に多くの文献があるが、その一部が*Definition and Classification of Minorities*, UN Doc. E/CN.4/Sub.2/85 (1949), Sales No. 1950. XIV.3 26-51にリストアップされている。また、前掲注4の文献とJ. Robinson *el al.*, *Were the Minorities Treaties a Failure?* (1943) も参照。

[6] K. Hailbronner, "The Legal Status of Population Groups in a Multinational State under Public International Law", in Dinstein & Tabory eds., 前掲注4, at pp.117-44.

[7] P.L. van den Berghe, "The Modern State: Nation-Builder or Nation-Killer", 22 *International Journal on Group Tensions* p.191, p.206 (1992).

[8] R. Cullen, "Human Rights Quandary", 71 *Foreign Affairs*, 79, 84 (1992-93). 異なる見解について、M. W. Hughey & A.J. Vidich, "The New American Pluralism. Racial and Ethnic Sodalities and Their Sociological Implications", 6 *International Journal of Politics, Culture and Society* 159 (1992)参照。そこでは、「米国の歴史にとって初めて、社会的、政治的、法

国連憲章にも世界人権宣言にも、マイノリティへの言及はない。国連人権委員会によって1946年に、差別禁止マイノリティ保護小委員会(人権小委員会)が設置された。人権小委員会は、マイノリティが特別扱いに値するという考え方を促進することに役立った。小委員会は、いくつかの重要な文書を公表し、自由権規約27条の起草に加わり、後にマイノリティに関して非常に価値ある研究報告をおこなったフランセスコ・カポトルティ (Francesco Capotorti) を特別報告者に任命し[9]、マイノリティ権利宣言の策定を提案した。同時に小委員会は、マイノリティの定義にも取り組み、J・デシェン (J. Deschenes) によって作成された文書を人権委員会に提出した[10]。

　人権委員会は決議1988/64によって、ユーゴスラビアが提出した宣言草案 (UN Doc.E/CN.4/Sub.2/L.734) を検討するための、一般参加者に開かれた特別作業部会を設置した。作業部会が作成した草案は、1992年2月21日に人権委員会によって承認された (決議1992/16)。人権委員会は、「マイノリティに属する人々も、国際法または国内法の下で、宣言草案に規定されている権利以外の権利を享受することができる」という事実を認識していることを示した。その上で、宣言が採択された場合、実効性を持たせるための措置を考案することを視野に入れて、宣言を議題の一つとして維持することを決定した。人権委員会が承認した草案は、変更されずに国連総会によって投票なしで採択されて成立した[11]。

　　的および文化的な承認が現在、世系に基づいて多くの集団に与えられている。それは、価値に基づく可変性と個人主義という米国の伝統的な思想に起きた大きな変化である。」(p.165) とされる。
9　前掲注4。
10　E/CN.4/1986/43, para. 12. マイノリティの定義と関連する用語について、前掲注4、Lerner, pp.8-11, pp.28-30. とりわけ、前掲注4、M.N. Shaw, "The Definition of Minorities in International Law", in Dinstein & Tabory eds., pp.1-31.
11　前掲注1。

3 宣言の内容

　国連総会は、宣言採択決議の中で、「民族的(national or ethnic)、宗教的、言語的マイノリティに属する者の権利」を扱う人権文書の「より有効な実施」を達成することの重要性に留意した。決議は、自由権規約27条の規定を強調した。したがって宣言は、国連が「マイノリティの保護に関してますます重要になっている国連の役割」を同規約の限られた枠組みの中で果たそうとする試みであるように見える。ただし決議は、地域的、小地域的、二国間等、国連以外の枠組みにおいて「重要な成果」が達成されてきたこと、またそれらが「国連の活動に有用な刺激を与え得る」ことを無視してはいない[12]。

　自由権規約が採用した方式を宣言が踏襲していることは、そもそもその名称に現れている。宣言は、「マイノリティに属する人々の権利」を扱うとすることで、規約のアプローチからわずかにしか離れていない。規約27条の範囲と、その解釈をめぐる論争については別の機会に述べた[13]。このことに関しては、宣言を起草した人々が、国連の初期に確立された方針から離れる意志をまったく持たなかったことが、極めて明白である。宣言は、いくつかの条項で、集団の権利そのものを十分に考慮する必要を認めてはいるが、集団的保護を志向してはいない。

　宣言の名称といくつかの条文は、「民族的(national)マイノリティ」という言葉を、「民族的、宗教的、言語的(ethnic, religious and linguistic)マイノリティ」と同等に扱うことを求めている〔訳注：第3章で述べたように訳者としては、"national"を「国民的」と訳し、"ethnic"を「種族的」とする日本政府公定訳に対する疑問があり、その両方に「民族的」という日本語を当てる方が妥当であると考える。結果として、この部分の論述が分かりにくいことが遺憾ではあるが、了承されたい〕。同様の表現は、「民族的(national)マイノリティに関する欧州安全保障協力会議(CSCE)専門家会議」の1991年報告書にも使われており[14]、そうした表現への回帰傾向が認

---

12 UN Press Release, 1 February 1993 (GA/8470).
13 前掲注4, N. Lerner, "The Evolution of Minority Rights in International Law", in *Peoples and Minorities in International Law*, pp.77-101; 前掲注4, Lerner, *Group Rights* 参照。.
14 30 *I.L.M.* 1692, 1694 (1991).

められる。自由権規約27条の方式を踏襲しながら、「民族的(national)マイノリティ」という言葉を使うことは、演繹的に矛盾する。この問題は純粋な語義論ではない。「民族的(national)マイノリティ」という言葉は、「明らかに政治的な要素」を導入すると考えられていたのであり、その理由から使用は回避されるべきであった[15]。用語の側面は、言うまでもなく、本質に関する傾向を示すものであり、それが含む問題については他書で論じた[16]。

3-a. 前文

宣言の前文は、人権の分野における国連の基本的な目的を再確認することから始まる。前文は次に、国連憲章、世界人権宣言、ジェノサイド条約、人種差別撤廃条約、国際人権規約、宗教または信念に基づくあらゆる形態の不寛容および差別の撤廃に関する宣言(宗教的不寛容撤廃宣言)、子どもの権利条約およびその他の関連する国際文書の実現を促進する希望を述べる。

すでにいくつかの文書には、集団指向的傾向とも見做し得るものを強調する規定が含まれているにもかかわらず、宣言は、民族的(national or ethnic)、宗教的、言語的マイノリティに「属する人々」の権利という構成の仕方に関して、自由権規約27条の規定に「鼓舞」(inspire)されている。そうした人々の権利の促進と保護は、「それらの人々が居住する国家の政治的および社会的安定」に寄与し、国家間の友好および協力を強化し、法の支配に基礎を置く民主主義の枠内で社会全体の発展の「不可欠な部分」であると捉えられている。

マイノリティの保護について国連が果たすべき役割と、国連諸機関のそれまでの活動への言及がある。マイノリティの保護とマイノリティに属する人々の権利の伸張と保護について政府間および非政府間機構がおこなう作業が考慮されている。前文は更に、マイノリティに「属する人々の権利に関して、国際文書のより一層効果的な実施を確保する必要があることを」認める。

15　C. Tomuschat, "Protection of Minorities under Article 27 of the International Covenant on Civil and Political Rights", in *Volkerrecht als Rechtsordnung, Internationale Gerichtsbarkeit, Menschenrechte, Festschrift für Herman Mosler* (R. Bernhardt et al. eds., 1983) 参照。
16　前掲注4, Lerner, *Group Rights*, p.30.

前文は革新的でないことが分かるであろう。それは、自由権規約27条の不十分な規定、とくに、権威ある研究者が主張するような同条のリベラルな解釈に付加すべきものを何も提供してない。その問題については、私はすでに他書で論じた[17]。前文はマイノリティを定義しない[18]。また、なぜ自由権規約27条にはない「民族的(national)マイノリティ」という言葉が挿入されたのかも説明しない。そうした説明が不在である以上、宣言の全体的傾向に照らせば、「民族的(national)マイノリティ」という言葉は、「民族的、宗教的、言語的(ethnic, religious and linguistic)マイノリティ」と同等なものに見えるであろう。"national"と"ethnic"をつなぐ「または」という言葉の使用が、この解釈が正しいことを示している。あるいは、宣言が特定の政治的な目的を持って、特定のマイノリティと多数派または人口のその他の部分との間に区別をもうけようとしたという別の解釈もあるかもしれないが、そうした区別は、宣言の文言との整合性を欠く。

3-b. 国家の義務

宣言には九つの条文が置かれ、そのほとんどが国家の義務を示している。1条は、宣言全体の一般的でむしろ保守的な精神に比べると、多少の前進を含んでいる。国家は、マイノリティの存在並びにその民族的、宗教的、言語的アイデンティティ(独自性)を「保護」しなければならない。国家は更に、そうしたアイデンティティを促進するための条件を「助長」しなければならない。そのために国家は、立法その他の適当な措置をとらなければならない。これは確かに、自由権規約27条に表現された受動的かつ消極的な姿勢よりも積極的なアプローチである。

1条は、人々の権利には言及しないが、マイノリティのアイデンティティ、つまり集団の権利に言及する。もちろん、集団的アイデンティティの保護は、その集団の構成員である個人の保護を含意する。自由権規約27条は、集団の他の構成員と共に集団的に行使されるべき特定の権利のみを扱っている。マ

---

17 同、pp.15-16.
18 マイノリティの定義について前掲注10参照。

イノリティのアイデンティティの保護とは、個人の権利や複数の個人の持つ権利の集合を認める以上の権利を持つ集団の存在を認めることを意味する。いくつかの権利は、その性格上、集団的にしか行使できない。他の人々と共に共同体を形成する権利が個人に認められないとしたら、人は宗教的共同体に属することができない。加えて、共同体はその構成員の性格とは別の、集団としての独自の性格をもち、メンバーの権利の集合とは別に、それ自身の権利を持つ資格がある[19]。

1条は、マイノリティのアイデンティティを促進するための条件を助長することを国家に求める。このことは、宣言を他のいくつかの国際文書と調和させる積極的な展開である。本条は、マイノリティのための積極的差別是正措置（affirmative action）を奨励するものと広げて解釈することができる。とりわけ1965年の人種差別撤廃条約[20]、1989年の「先住民族および種族民に関するILO169号条約」[21]、1978年の「人種と人種的偏見に関するユネスコ宣言」[22]は、以下に触れる最近の文書に現われた方向性を持っている。

マイノリティのアイデンティティの保護は、そのアイデンティティを維持する権利をマイノリティに認めることを含んでいる。そのアイデンティティを促進するための条件をつくることは、その社会的価値を認めることを意味する。したがって1条は、明示的ではないものの、マイノリティを強制的に同化しようとするいかなる行為をも排除する。

「アイデンティティ」の概念は定義されていない。したがって、社会の他の集団からマイノリティを差異化する性質、保護と促進に値する性質というように、広義に解釈することが許される。常設国際司法裁判所がアルバニアのマイノリティ学校に関して示した有名な見解は[23]、このことに明らかに関係

[19] この関連では、Article 6 of the 1981 United Nations Declaration on the Elimination of All Forms of Intolerance and of Discrimination Based on Religion or Belief参照。また前掲注4、Lerner, *Group Rights*, p.75以下も参照のこと。
[20] 同条約は、1966年に署名解放された。
[21] 28 *I.L.M.* 1382 (1989).
[22] United Nations, *Human Rights, A Compilation of International Instruments* 135 (UNP Sales No.E. 88. XIV. 1).
[23] [1935] *P.C.I.J.* Ser. A/B, No.64, at 17. 同勧告的意見は、M.O. Hudson, 3 *World Court*

がある。

4条は、マイノリティに関して国家がとるべき措置を詳細に規定する。国家は、マイノリティに属する人々がそのすべての人権および基本的自由を、いかなる差別もなしに、かつ法の前で完全に平等に、十分に行使できるように確保することを期待される。それらの人々は、その特性を示し、その文化、言語、宗教、伝統と習慣を発展させることができなければならない。ただし、特定の活動が国内法に違反し、なおかつ国際基準に反する場合は除かれる。国家はそれらの人々に、自己の母語を学び、またはその母語を教えるのに「適した機会」を提供しなければならない。また、国家は、その領域内に生きるマイノリティの歴史、伝統、言語と文化についての知識を助長するために措置を講じなければならない。こうした文言は、新しい移民とは違う「古い」マイノリティのみを保護するものと解釈されるかもしれない[24]。ただ、マイノリティに属する人々が「社会全体についての知識を得る」権利を排除してはならない。

国家の政策と諸計画および国際協力と援助においても、「マイノリティに属する人々の正当な利益」には、妥当な考慮がなされなければならない(5条)。相互の理解と信頼を促進するために、国家は、それらの人々に関連する問題について(6条)、および宣言の規定する諸権利の促進において(7条)、他国と協力する義務を負う。

3-c. 権利のカタログ

2条は5項からなり、「民族的、宗教的、言語的マイノリティに属する人々」に与えられる権利のカタログが置かれている。3条によれば、それらの人々は、

Reports 484, 496(1969)に引用されている。裁判所は、マイノリティには、多数派と差異化する特徴を維持し、それに伴う特別なニーズを満たしながら、多数派と共に「平和に生きる」可能性が与えられるべきであると判断した。そのためには、「マイノリティの人種的特性、伝統や民族的特徴を維持するのに適合する措置を保障する」ことが必要である。

[24] 「新しいマイノリティ」について、とりわけ前掲注4、R. Wolfrum, "The Emergence of 'New Minorities' as a Result of Migration," in *Peoples and Minorities in International Law*, pp.153-66参照。

いかなる差別もなしに、自己の権利を個別的に、また集団の他の構成員と共同して行使することができる。宣言に定める権利の行使または不行使の結果、それらの人々に対していかなる不利益も生じることがあってはならない。

2条がマイノリティに属する人々に与える権利には、以下のような権利がある。1項は、

「私的かつ公的に、自由に、干渉を受けずに、またいかなる形態の差別もなく、自己の文化を享有し、自己の宗教を信仰・実践し、自己の言語を使用する権利を有する」。

と定める。

この条項は、明らかに自由権規約27条から着想を得ている。とは言うものの、いくらかの改良が加えられた。規約27条の、「人々は…権利を否定されない」という否定的な表現と「マイノリティが存在する国において」という表現に誘発された、新旧のマイノリティに関する議論を回避する。権利が私的空間でも公的空間でも行使できることを明言し、干渉や差別を禁止している。

2項は、「文化的、宗教的、社会的、経済的および公的活動に効果的に参加する」権利である。この権利が、「マイノリティに属する人々」に認められる権利であることを再度強調する必要がある。そうした参加を調整し、導く上で、国家が集団を法人と認めない場合、参加が「効果的」になり得るかどうかを問うことは適当なことであろう。その問いには、続く3項が部分的に答えている。

3項は、「自らが属するマイノリティ(集団)や自らが居住する地域に関する、全国的また適当な場合には地域的レベルにおける決定に、国内法に反しない方法で、効果的に参加する」権利である。

効果的参加を可能にする方法と、マイノリティである人々の集合体をどの範囲で認めるかは、各国の憲法制度が決定するであろう。その点では、歴史と伝統が一定の役割を果たす。

4項と5項は、そうした参加を可能にする措置を検討する。4項は、「自己の結社を設立し、維持する」権利。5項は、集団の他の構成員および他のマイノ

リティに属する人々との自由かつ平和的な接触、ならびに自己が民族的、宗教的、または言語的紐帯によって関係を有する他国の市民との国境を越えた接触を、いかなる差別もなしに樹立し、かつ維持する」権利である。

　この二つの条項は重要である。条文は、集団そのものの権利に触れることまではしていないが、集団的側面を導入している。国内および国際のレベルにおける結社および外部との接触は明らかに、組織と集団意識がなければできない活動である。その意味で、3条を制限的に解釈することは合理的ではない。しかも、宣言の起草者たちが、組織や共同体のレベルではなく、個人のレベルに限ってそうした接触の権利を認めようとしていたとは考えにくい。さもなければ、宣言は不必要なものになってしまう。結社と通信・連絡の権利は、どんな民主主義社会にも不可欠であるからだ。もちろん、文言をもっと明確なものにすることもできたであろうし、それらの権利がマイノリティに属する人々のものであると同時にマイノリティ集団のものでもあることをはっきりと承認すべきであった[25]。

　5項は、多くのマイノリティが他国の類似する集団、および自らが「民族的本国」(kin-States)〔訳注：国外同胞が民族的に帰属する国〕と見做す国々との緊密な接触を保つという事実を認めている。

　8条は、他の国際文書との関係を調整する。宣言のいかなる規定も、国家が負う国際義務および国際条約上の義務の誠実な履行を妨げない(1項)。宣言に定められた権利の行使は、人権と基本的自由の享受を妨げない(2項)。宣言に定められた権利の効果的な行使を確保するために国家がとる措置は、ただちに平等原則に反するとは見做されない(3項)。最後の規定(3項)は、積極的差別是正措置(アファーマティブ・アクション)を含む措置の承認を含意している。

　8条4項には、起草者たちの慎重な姿勢が現れている。宣言のいかなる規定も、国家の主権平等、領土保全や政治的独立を含む、国連の目的と原則に反する活動を許すものと解することはできないとされる。言いかえれば、現存する国家の分裂や国家からの分離を鼓舞するかのように宣言を解釈してはならな

---

[25] 前掲注4、Lerner, p.34以下を参照のこと。

いということである。同じ制約は、他の国際文書にも明記されている。国際社会は、現存する諸国の存在や国境を危うくすることは好まないのである。

最後の9条は、宣言に定める権利と原則の完全な実現に専門機関とその他の国際機関が貢献することを扱う。それには、特に問題は含まれない。

4 宣言と現代におけるマイノリティの権利

この国連宣言の影響を評価するには、最近の他の国際文書との比較が必要である。とりわけ注目されるのは、1991年7月にジュネーブで開催された「民族的(national)マイノリティに関する欧州安全保障協力会議(CSCE)専門家会議」の報告書である[26]。どちらの文書の草案も、「民族的(national)マイノリティ」を、CSCEの報告書の表現を借りれば、「民族的(ethnic)、文化的、言語的、宗教的アイデンティティ」を持つ人々を指す言葉として採用した。両文書とも、そのアイデンティティを保護し、「促進」するための条件を助長する必要に言及している。しかし、自由権規約27条から着想を得た国連宣言は、マイノリティに「属する人々」の権利を強調するのに対し、CSCEの報告書は、民族的(national)マイノリティが居住する国の社会の不可欠の部分を構成し、国家と社会を豊かにする要素である」という事実認識を示している。言い換えれば、マイノリティは社会生活における積極的事実である。国連宣言の場合は、否定的傾向を減じているとは言え自由権規約27条を踏襲しており、マイノリティに対するアプローチは良くても中立的ないし受動的である。前述のように宣言1条は、規約27条にはないマイノリティのアイデンティティの促進に触れており、その点で規約27条よりもリベラルである。

CSCEの報告書も、民族的(national)マイノリティに関する諸問題は「正当な国際的関心事項であって、各国の国内問題であるとは言いきれない」と明言することによって、規約27条から一歩前進した。両文書とも差別を禁止し、

---

26 前掲注14. CSCE Helsinki Processと1990年のCharter of Paris for a New Europeについて、S.J. Roth, "The CSCE 'Charter of Paris for a New Europe', a New Chapter in the Helsinki Process", 11 *Hum. Rts. L.J.* pp.373-89 (1990) 参照。

マイノリティの構成員がその国の公的生活に参加することを奨励する。ただ、CSCEの報告書は、民族的(national)マイノリティに属する人々が自己の意思に反する同化の企てから自由である権利を明確に謳う。その点でCSCEの報告書は、民族的(national)マイノリティに属する人々の民族的(ethnic)、文化的、言語的、宗教的アイデンティティを保護する措置、およびその独自性を促進する条件を助長する措置を要請する。

　CSCEの報告書は、制度、選挙、教育、言語に関する措置、民族的(national)マイノリティによる領土的自治、また領土的自治が適用しない場合にはマイノリティのアイデンティティに関する側面における自治、それらを含む他の措置について明確に述べた点で、国連宣言を超えている。自治に関するこの規定は、特定地域に集住していない宗教的または言語的マイノリティにとって重要である。国連宣言は、「民族的、宗教的、または言語的紐帯によって関係を有する他国の市民との国境を越えた接触」の権利を規定するが、CSCEの報告書は、「国際的NGO」への参加に言及している。

　国連宣言は、マイノリティの構成員に対する差別の禁止を除いて、マイノリティに対する具体的な悪意の問題を扱っていない。CSCEの報告書は、「民族的(national)、人種的、民族的(ethnic)または宗教的差別、反ユダヤ主義を含む敵意や憎悪に基づく」暴力の煽動を構成する行為を、立法によって禁止することを国家に要請している。また、「偏見と憎悪の存在が明らかな犯罪に関して」協議(consultations)を要求する。同報告書は、反ユダヤ主義に言及するとともに、ロマ(いわゆるジプシー)の置かれた特別な状況にも言及している。

　国連宣言は、CSCEの報告書ほど野心的ではないように見える。ただ、後者は地域の現状と願望を反映するものであるのに対し、前者は世界的な文書であることに留意する必要がある。また、専門家による報告書は、政府代表によって採択される正式な宣言よりも柔軟であることが期待される。特に、過去に論争的であった敏感な領域について、そう言うことができよう。厳密にヨーロッパのレベルでは、欧州審議会の「法を通じた民主主義(確立)のための委員会」によって起草された「マイノリティ保護のための欧州条約」も、

個人主義的アプローチと集合的アプローチを組み合わせている[27]。

　広範囲に渡るもう一つの文書は、マイノリティ・ライツ・グループ〔訳注：ロンドンに本部を置く国際的NGO。現在の正式名称は、Minority Rights Group International〕がInternationales Institut fur Nationalitatenrecht und Regionalismusと協力して作成した「民族的(national or ethnic)集団またはマイノリティの保護に関する国際条約」草案である[28]。しかし、近い将来に、マイノリティの問題に関する法的拘束力を備えた条約が世界的なレベルで慎重に検討される兆しはまったくない。

　1993年6月にウィーンで開催された「世界人権会議」の最終成果文書には、マイノリティに関する記述が一文節あった[29]。それは上述の国連宣言よりも保守的な文章であり、「マイノリティに属する人々は、国連のマイノリティ権利宣言に従い、そのすべての人権および基本的自由を、いかなる差別もなしにかつ法の前で完全に平等に、十分に行使できるように」確保するという国家の義務を確認するに留まる。その文節は、「マイノリティに属する人々の権利の促進と保護の重要性、および促進と保護がそれらの人々が居住する国の政治的・社会的安定に寄与すること」に留意し、自由権規約27条の文言を繰り返す。ウィーン会議の成果文書では、国連宣言がマイノリティの集団的権利を承認したことは無視されている。

5　結　論

　マイノリティに関する新たな国際文書、少なくとも国連宣言が必要とされていた。自由権規約27条は、リベラルな解釈をしたとしても不十分である。冷戦後の国際社会は、世界の安全保障と平和を脅かす多くのマイノリティ問題に注目すべきである。状況の多様性は、柔軟なアプローチを求める。ある

27　前掲注4、Thomberry, p.299以下、およびM. Nowak, "The Evolution of Minority Rights in International Law", in *Peoples and Minorities in International Law*, pp.103-18参照。欧州条約については、次章を参照。
28　UN Doc. E/CN.4/NGO/231 (1979).
29　UN Doc. A/CONF.157/DC/1 (25 June 1993).

場合には、第二次世界大戦後に採用された、基本的人権を強調する個人主義的アプローチが今も有効かつ有用であろう。他の状況では、緊張や暴力を避けようとするならば集団的アイデンティティの承認を求め、そのアイデンティティに必然的に結びついた権利を主張するマイノリティ集団の要求を認めることをこれ以上遅らせることはできない。それは、国内立法者および国際法の立法者に緊急に求められる課題として見るべきである。

　適切な文書を起草しようとするならば、異なる状況を区別することが念頭に置かれていなければならない。顕著な例をあげれば、特定集団が一定地域に集住している場合のルールとして自決権の要求や政治的独立を希求する状況と、散在するマイノリティまたは宗教的集団や言語的マイノリティの状況との区別である。異なるタイプのマイノリティが持つ願望は異なるのであって、当然、異なる対応が必要である。

　1992年に採択された国連宣言は、マイノリティに関する領域における現在の諸問題に対して限られた答えしか提供しない。それでも自由権規約27条に比較すれば、一歩前進ではある。宣言は、個人の人権と集合的人権、また集団自体の権利の区別を明確化することにも役立つ。

　宣言は、野心的ではない。その名称と規定のいくつかは明確さを欠く。宣言は、どのような場合にマイノリティが「民族的(national)マイノリティ」と呼ばれるのかという問いに答えていない。他方、宣言に法的拘束力がないとは言え、2条に明示された権利のカタログおよび同文書に規定された国家の義務のリストは重要であり、今後より精緻化するための出発点ともなろう。その点で、マイノリティ権利宣言の役割は、基本的人権の分野における国際的関心の発展の有用な段階を形成してきた他の意義深い国際文書、例えば「宗教的不寛容撤廃宣言」にも比すべきである。

第5章　宗教的人権の地域的保護

　前章までは国連の下での宗教的人権の保護を分析してきたが、ここでは主要な地域的人権保障システムにおける宗教的人権の保護について論じよう。主要な地域的人権保障システムの発展においては、地域内の親和性が重要な要素を果たして来た。その意味で、最良の人権保護システムがヨーロッパのものであることは驚くに値しない。欧州人権委員会と欧州人権裁判所は、宗教的人権に関連する問題をたびたび扱ってきた。それらの機関の下した判断には他の章でも言及する。人権状況の監視に関するヨーロッパの制度的な措置は現在、基本的な変化を遂げつつあり、それが保護の改善につながることが期待されている。加えて、欧州安全保障協力会議(CSCE)を前身とする欧州安全保障協力機構(OSCE)は最近、宗教的自由に関する重要原則を定めた。

　米州では従来、宗教的人権に関する監視や司法的活動はほとんどなく、米州人権裁判所は関連性のある重要な判断を下す機会に恵まれてこなかった。アフリカでも、「人と人民の権利に関するアフリカ委員会」(アフリカ人権委員会)は、独創性をあまり発揮してこなかった。本章では、地理的な意味での地域的システムではないが、宗教的人権に対するイスラームのアプローチや、いくつかの特別な二国間協定についても簡単に触れることにする。

1　ヨーロッパ

　欧州における、宗教的人権を含む人権の地域的保障システムについては

すでに多くの本が書かれている[1]。そのいくつかは、特に欧州人権委員会と欧州人権裁判所の活動に関するものである[2]。それらの機関が改宗の勧誘(proselytism)に関して下してきた判断は、後述するようにかなりの議論を誘発してきた。それらのいくつかはとくに、宗教的権利に触れている[3]。

　ヨーロッパの主要な地域的人権文書は一般的に、1948年の世界人権宣言と1966年の国際人権規約の方向性を踏襲している。多少の変更や拡大を伴うにしても、それらの文書の基本的な規定は、以下の文書に繰り返されてきた。(1)「人権および基本的自由の保護のための条約」(1950年)(以下、欧州人権条約)[4]、(2)欧州安全保障協力ヘルシンキ会議(1975年)の最終合意書(Final Act)の第7原則、(3)CSCEのウィーン会議(1989年)の最終文書、(4)CSCEの「人間的側面に関するコペンハーゲン会議」(1990年)の文書、(5)新欧州のためのパリ憲章(1990年)である[5]。

　基本的な保障は、欧州人権条約(1950年)9条に規定されている。同条1項は、世界人権宣言18条と同じである。次のように規定する2項は、市民的・政治

1　欧州の地域的人権保障システムに関する概論としてMark W. Janis et al., *European Human Rights Law* (1995); Mirielle Delmas-Marty, ed., *The European Convention for the Protection of Human Rights* (1992); Peter Van Dijk and G. J. H. Van Hoof, *Theory and Practice of the European Convention on Human Rights* (1998); Donna Gomien et al., *Law and Practice of the European Convention on Human Rights and the European Social Charter* (1996)を参照のこと。

2　とりわけ、J. G. Merrills, *The Development of International Law by the European Court of Human Rights* (1993); Arie Bloed et al., eds., *Monitoring Human Rights in Europe* (1993) を参照のこと。

3　歴史的展開を含む包括的かつ更新された調査結果については、Malcolm D. Evans, *Religious Liberty and International Law in Europe* (1997); Malcolm N. Shaw, "Freedom of Thought, Conscience and Religion," in *The European System for the Protection of Human Rights*, ed. Ronald St. J. Macdonald et al. (1993), 445-463; 9(3) *Helsinki Monitor* (1998), a special issue on freedom of religion or beliefを参照のこと。

4　213 U.N.T.S. 211. 本条約は、1949年にヨーロッパ運動(European Movement)が起草した草案に基づいている。それは、宗教的信念、実践、教導の自由への言及を含んでいた。

5　CSCEの文書については、Directorate of Human Rights, Council of Europe, *Human Rights in International Law*: Basic Texts (1992) を参照のこと。CSCEの活動一般については、Arie Bloed, ed., *The Conference on Security and Cooperation in Europe: Analysis and Basic Documents* (1993)、OSCEの民族的マイノリティに関する高等弁務官の活動については、Walter A. Kemp (ed.), *Quiet Diplomacy in Action : the OSCE High Commissioner on National Minorities*, 2001を参照のこと。

的権利に関する国際規約(自由権規約)18条3項に比較する必要がある。

「宗教又は信念を表明する自由は、法律で定める制限であって公共の安全のため又は公の秩序、健康もしくは道徳の保護のため、又は他の者の権利及び自由の保護のために民主的社会において必要なもののみに服する」。

自由権規約では、「民主的社会において必要な」という文言は消えている。欧州人権条約の場合、その文節は早期の草案にあった、国家の安全のための制約への言及の代わりに挿入されたのである。同条約には、特定の宗教の権利を制約する国内的ルールの維持を意図する規定は導入されなかった[6]。

欧州人権条約は、プライバシー、家族生活、表現の自由とその限界、集会と結社の自由と限界、結婚、宗教を理由とする差別の禁止なども規定している。

1952年に採択された同条約第一議定書の2条は、両親が子どもに自らの宗教的・哲学的信念に合う教育を確保する権利を尊重する必要を明らかにしている。同条は、論争を引き起こし、いくつかの国は同条について留保した[7]。

OSCEについては、欧州安全保障協力ヘルシンキ会議の1975年最終合意書の第7原則が、思想、良心、宗教と信念の自由を含む基本的自由と人権を、人種、性別、言語または宗教の区別なく、すべての人に対して尊重することを参加国が約束したことに言及している。

1989年に開催されたCSCEのウィーン会議の最終文書には、宗教的人権に関する二つの重要な原則(16と17)が含まれている。参加国は、宗教または信念を表明し、実践する自由を保障するために、個人または共同体に対する、

---

[6] スエーデンやトルコにはその種の国内的規制があった。その問題は、条約と整合しない国内法と条約との矛盾がある場合には、留保を許容するということで解決された。起草過程について、Evans, *Religious Liberty and International Law in Europe*, 264-272参照。

[7] 同書 272以降。Gomien et al., *Law and Practice of the European Convention*, 264は、同9条が、類似の構造を持つ規定の中で、国家の安全を権利制約事由として認めていない唯一の規定であることを指摘している。

宗教または信念に基づく差別を防止し、撤廃し、また信仰を持つ人々と持たない人々の平等を確保するために効果的な措置を取る(16a)。参加国は、異なる信仰を持つ共同体間、および信仰を持つ人々と持たない人々との間に相互の寛容と尊重の雰囲気を育てる(16b)。宗教的共同体は、礼拝と集会の場所を設けて維持する権利、自己の集団の組織構造と序列に従って組織化する権利、担当者を自由に任命・交替させる権利、寄付やその他の支援を要請し、受ける権利を持つ(16d)。参加国は、様々な宗教団体や宗教的組織などのニーズを理解するために、それらと協議しなければならない(16e)。自らの選択する言語で宗教的教育を施しまたは受ける権利、および子どもの宗教的教育と道徳教育に関する両親の権利が認められる(16fと16g)。原則16には、宗教的団体のスタッフの研修、書籍や出版物に関する規定も含まれている。

原則17は、原則16によって保護された権利が、国内法に基づき、国際法に整合する場合にのみ制約されると言明することによってそれらの権利を強化している。原則17によれば、国内の法と諸規則は、思想、信条、宗教または信念の自由の完全かつ効果的実施を確保するものでなければならない[8]。

1989年のウィーン会議の最終文書は、1990年6月29日にCSCEの「人間的側面に関するコペンハーゲン会議」で採択された。その9条4項は、宗教または信念を変更し、表明する権利を含めて、思想、良心、および宗教の自由に対する権利がすべての人の権利であることを宣明している。18条は、良心的拒否を扱う。24条と25条は、権利の制約と義務違反を扱う。40条は、全体主義、人種的・民族的憎悪、反ユダヤ主義、外国人嫌悪、宗教的を理由とする迫害を非難する。40条1項は、「反ユダヤ主義を含む、民族的、人種的または宗教的差別、敵意または憎悪に基づく、個人または集団に対する暴力の煽動からの保護を提供する」国内法を持つことを参加国に強く要請する。

欧州審議会、OSCEと欧州連合(EU)による人権監視活動は、宗教的権利に関する重要な判例法を生み出してきた。宗教の問題を直接扱うものもあれば、

---

[8] 原則16と17について、W. Cole Durham Jr., "Perspectives on Religious Liberty: A Comparative Framework," in *Religious Rights in Global Perspective: Legal Perspectives*, ed. Johan D. van der Vyver and John Witte Jr. (1996): 1-44, 33以降参照。

教育、宗教的権利の行使と表明、表現の自由、良心的拒否、医療に関する問題、両親の権利、雇用といった関連問題を扱うものもある[9]。そのいくつかには、他の章でも言及する。ヨーロッパの判例法は、常に一貫しているものではなく、欧州人権委員会と欧州人権裁判所の間にも意見の相違が見られた。

本書では、欧州人権委員会と欧州人権裁判所が扱った多数の事件を詳細に検討することはできないが、いくつかの判例、とくに現在支配的な傾向を反映している判例は、注目と言及に値する。改宗の勧誘(proselytism)に関する二つの代表的な事件は、コッキナキス(*Kokkinakis*)事件とラリシス(*Larissis*)事件であり、それらについては後述する。他の判例は、宗教と信念、強要、「民主的社会において必要な」とか、「評価(解釈)の余地」(margin of appreciation)、「信念の実践と表明」といった頻出する言葉の意味を論じてきた。その他、良心の権利と信念、表現の自由と宗教といった重要な概念を扱った判例もある。つまり、欧州の人権保障システムは、宗教的権利と自由の範囲を明確化することに役立ってきたのである。

最も注目される事件のひとつは、アロウスミス対英国事件(*Arrowsmith v. UK*)である。同事件では欧州人権委員会が、信念を表明する権利には平和主義のような非宗教的性格のものも含まれると判断した[10]。ただし委員会は、あらゆる考え方や見解が、ヨーロッパ人権条約9条の保護の対象であるわけではないとした。「信念」という言葉は、必ずしも宗教として組織されていないとしても、識別可能な何らかの形の整った内容を持つ精神的または哲学的な信念を意味する。当該事件では、平和主義的見解を内包するリーフレット

---

9 宗教的自由に関するヨーロッパの判例法の詳細かつ新しい調査について、Evans, *Religious Liberty and International Law in Europe* 参照。欧州人権委員会と裁判所が、中立的法令の個人の良心に対する絶対的優位を認めようとする傾向を持つこと、および著者が「世俗的非寛容」とか「攻撃的・強制的世俗主義(*laicite*)」と呼ぶものの否定的側面に関する批判的解説については、Javier Martinez-Torron and Rafael Navarro-Valls, "The Protection of Religious Freedom in the System of the European Convention on Human Rights," in 9(3) *Helsinki Monitor* (1998) 参照。また本書、トルコ・ヘッドスカーフ事件における欧州人権裁判所の決定に関する章も参照のこと。欧州司法裁判所の役割については、Iris Canor, *The Limits of judicial Discretion in the European Court of Justice* (1998), emphasizing security and foreign affairs issues 参照。

10 *Arrowsmith v. United Kingdom*, App. No.7050/75, 8 Eur. Commn H.R. Dec. &Rep. 123 (1978).

の配布は、同条約9条1項に規定される「表明」に相当する可能性があるとされた。

　キャンベルとコサンズ対英国事件(Campbell and Cosans v. UK)において欧州人権裁判所は、「信念」とは、一定の説得力、まじめさ、まとまりと重要性を獲得した見解であると判示した[11]。したがって、すべての意見、考え方が第一議定書2条の文脈における「信念」に該当するわけではない。非宗教的信念は、それが無神論や平和主義のように確立した思想に関連する場合は、欧州人権条約9条の範囲に入ると考えてよいだろう。マルコム・エヴァンズ(Malcolm Evans)によれば、キリスト教、ユダヤ教、イスラーム、ヒンドゥ教、シーク教、仏教といった主要な宗教的伝統が明らかにその範囲に入るが、エホバの証人、サイエントロジー教会、統一教会(いわゆるムーニーズ)などは、概ね認められてきたという範疇である[12]。チャペル対英国事件(Chappel v UK)では、委員会はドルイド教が9条の対象の宗教に入るかどうかの判断を避けながら、9条2項の下での制約を正当と認めた[13]。中絶反対論を支持する医師の団体は9条の範囲に入ると判断されたが、囚人服の着用に反対した政治囚のグループは入らないと見做された。

　オットー・プレミンガー協会対オーストリア事件(Otto Preminger Institute v. Austria)では、表現の自由、冒瀆、他者の宗教的信念の尊重といった問題に関して委員会と裁判所の見解が分かれた[14]。委員会は、風刺的であるに過ぎない映画の没収は10条違反であるとしたが、裁判所は、論争的な見解を表明

---

[11] Case of Campbell and Cosans, 48 Eur. Ct. H.R. (ser. A) (1982).

[12] 関連のある判例を引用しているEvans, *Religious Liberty and International Law in Europe*, 290参照。Evans は、非難された宗教の状況に関する疑義がある場合は、通報者がそうした状況の存在を明らかにしなければならないと指摘する。ハザール対トルコ事件(*Hazar v. Turkey*, App. No. 16311/90, 16312/90 and 16313/90, 72 Eur. Commn H.R. Dec. & Rep. 200(1991))で委員会は、通報の受理可能性判断の目的において、共産主義が9条の範囲に入ることを認めた。

[13] *Chappel v. United Kingdom*, App. No.12587/86, 53 Eur. Commn H.R. Dec. & Rep. 241 (1987).

[14] 委員会について、*Otto Preminger lnstitut v. Austria*, App. No.13470/87, 69 Eur. Commn H.R. Dec. & Rep. 173 (1993); for the court, see *Otto Preminger lnstitut v. Austria*, 295 Eur. Ct. H.R. (ser. A) (1994)参照。

する権利は、他の者が持つ、そうした見解にさらされない権利と衡量されなければならないと判示した[15]。

当初は多少の躊躇が見られたものの、9条の恩恵は、直接またはその構成員に代わって申し立てをおこなってきた複数の教会やその他の法人にも及んできた。委員会によれば、教会はその構成員の代表として、自ら9条1項に含まれる権利を享有し、行使することができる。ただ、その種の権利は、宗教的ないし哲学的な目的を持つ団体のみに認められるのであり、企業には認められない。とは言え、その境界線上のケースもあり得る。例えば、自由思想家の団体が所有する有限会社が、教会と国家の分離のために活動するといったケースである。したがって、団体が行使できる宗教の自由と、団体による行使が認められない良心の自由とを区別する必要性が生じる。この区別は批判されてきた[16]。権利や反論資格(*locus standi*)を宗教的団体やマイノリティには認めず、個人の権利のみが認められるべきであると考える政府もある。こうした見解は、1992年の国連「民族的(national or ethnic)、宗教的および言語的マイノリティに属する人々の権利宣言」や、1995年の欧州審議会の「民族的(national)マイノリティ保護枠組み条約」やCSCEの複数の文書に反映している。

宗教的権利と教育の関係も、ヨーロッパの様々な裁判が下した多くの判断のテーマとなってきた。例えば、キェルドセン、バスク・マドセン、ペダーセン対デンマーク事件(*Kjeldsen, Busk Madsen and Pedersen v. Denmark*)で欧州人権裁判所は、両親の宗教的・哲学的信念を尊重しないと見做され得るような考えを植え付ける目的を国家が追求することは禁じられていると判示した[17]。

15 　裁判所の決定は、それが国家に大きすぎる自由裁量の余地を与える上に、他人の宗教を尊重する必要に関する明示的規定が条約にないことを理由に批判された。Evans, *Religious Liberty and International Law in Europe*, 337-339参照。また、ゲイ・ニュース、X会社対英国事件 (Gay News case, X Ltd. v. United Kingdom, App. No.8710/79, 28 Eur. Commn H.R. Dec. & Rep. 77(1982))およびウィングローヴ対英国事件(*Wingrove v. United Kingdom*(1996))も参照。

16 　関連する決定を紹介しているEvans, *Religious Liberty and International Law in Europe*, 286-289参照。

17 　48 Eur. Ct. H.R.(ser. A) (1982), para.53. この他、委員会が審査した、*Angelini v. Sweden*, app. No.1049/83, 10 E.H.R.R.(1988) 123; *Hartikainen et al. v. Finland*(R.9/40) HRC 36, 147,および *Hartikainen v. Finland*, Communication No.40/1978, in *Selected Decisions*参照。

委員会は、子どもたちに社会や道徳に関する授業を受けることを義務付けることは、そうした「植付け」には当たらないと判断した[18]。

課税、年金制度、選挙といった分野において公的に強制される行為に個人が抵抗する場合、欧州委員会は一般的に、個人が自己の信念を維持できる限り、内心の領域(forum internum)はそのまま残るから9条違反はないというルールを保持してきた[19]。ただ、ルーテル教会の信者ではないフィンランド国籍の市民が、スエーデン・ルーテル教会に税を払うよう求められた事件(*Darby v. Sweden*)で同委員会は、本人が所属していない宗教的共同体の宗教的活動に個人をその意思に反して参加させることは、9条1項が行政に対して禁止する行為であると宣言した[20]。

要するに、欧州の人権保護システムは、宗教と信念に関する法の発展と明確化を促してきたと言える。全体としての一貫性の欠如や、宗派、カルトや新宗教に関する見解に対する批判はあるものの、欧州人権委員会と裁判所は注目すべき判例法を作ってきた。

宗教的人権の保護のための欧州のシステムの概要の記述を完成させるには、1994年11月10日に欧州審議会の閣僚委員会が採択した「民族的(national)マイノリティ保護枠組み条約」について述べる必要がある[21]。その抑制的な名称にもかかわらず、同条約は「民族的(national)マイノリティに属す個人の宗教的アイデンティティ(独自性)」の普遍的尊重と、「(マイノリティ)がそのア

---

[18] *Bernard v. Luxembourg*, App. No.17187/90, 75 Eur. Commn H.R. Dec. & Rep. 57(1993)参照。

[19] Evans, *Religious Liberty and International Law in Europe*, 295. 委員会は、ユダヤ正教徒に対して、元の妻に離縁状を書くことを要求し、拒否する場合は損害賠償金を払うことを要求することは許容できるとも述べた。そのことでユダヤ教の宗教的規範が損なわれたわけではないから、宗教的権利の侵害はないとされた。*D. v. France*, App. No.10180/82, 35 Eur. Commn H.R. Dec. 8c Rep. 199(1983).

[20] App. No.11581/85, Rep.1989, paras.50-51.

[21] 条約文と解説につき、Council of Europe, Framework Convention for the Protection of National Minorities(Strasbourg, 1995) 参照。また、Patrick Thornberry and M. A. Martin Estebanez, *The Council of Europe and Minorities*(1994); Geoff Gilbert, "The Council of Europe and Minority Rights," *Human Rights Quarterly* 18(1996): 160-189; Jane Wright, "The OSCE and the Protection of Minority Rights," *Human Rights Quarterly* 18(1996): 190-205なども参照のこと〔訳注：日本政府公定訳などは"national"を「国民的」と訳すが、ここでは「民族的」と訳す。その理由については本書「翻訳に関する注釈」(xxix頁)参照〕。

イデンティティを表現し、維持し、発展することを可能にするのに適当な条件」の創出を要請する。それは、完全で実効的な平等への権利、差別の禁止、および「民族的マイノリティに属する者が、…そのアイデンティティの不可欠な要素、とくに宗教、言語、伝統および文化遺産を維持・発展させる権利」(5条)を示唆している。

　強制的同化は禁止されたものの、条約は集団を対象とする規定方法を採用しておらず、集団的権利も認めていない。そのことは、マイノリティ一般の保護を目的とする、初めての多数国間条約—法的拘束力のある文書—を策定するのに必要だった妥協を反映している。実際、12カ国の批准が必要であった。また、そこに示された以上の宗教的権利は明記されなかった。

　言及に値するもう一つの文書は、1991年7月、ジュネーヴで開催されたCSCEの「民族的(national)マイノリティに関する専門家委員会」によって慎重に作成された文書である。「民族的(national)マイノリティ」の言葉は、宗教的アイデンティティを持つ人々のために使われた。同文書によれば、マイノリティは「各当該国家と社会を豊かにする一要素」と見做される以上、そうしたアイデンティティは保護され、促進されなければならない。同文書は更に、マイノリティに関する問題は「正当な国際的関心事項であり、したがって専ら各国の国内問題を構成するわけではない」とする。同文書は、領土的自治、および領土的自治が適用しない側面、つまりマイノリティのアイデンティティに関する側面についての自治を含めた制度的措置に言及している。自治の規定は特定の地域に集中していない宗教的マイノリティにとって特に重要であり、宗教的マイノリティと国家の関係および集団と個々の構成員との関係に影響する。

2　米　州

　米州の地域的人権保護システムは、1969年の米州人権条約から生じる義務を土台にしている[22]。1948年の米州機構(OAS)憲章には、人権に関する要求

22　条約は、O.A.S. Treaty Series No. 36に所収。概論として、Thomas Buergenthal, "The

はほとんど盛り込まれなかった。同年採択された米州人権宣言は同憲章の一部を構成せず、したがって実定法とは見做されなかった。

　良心と宗教の自由は米州人権条約12条、思想と表現の自由は13条に規定されている。とくに12条1項は、すべての人が「自己の宗教と信念を維持または変更する」自由を含めて、良心と宗教の自由を持つことを規定している。12条2項によれば、すべての人は「宗教と信念を維持または変更する自由を損なうような制約を受けない」。13条1項は、あらゆる媒体を使って情報と考え方を伝える自由を含む。米州人権裁判所は、考え方の表現と普及は不可分の概念であることを強調し、本条を広く解釈した[23]。

　1960年に活動を開始した米州人権委員会は、米州機構憲章と米州人権条約の下で異なる機能を持つとは言え、人権の発展に重要な役割を果たしてきた。1970年以来、同委員会は米州機構に代わってその義務を果たしてきた。1948年の米州機構憲章には関連規定が置かれている。

　基本的な権利の侵害が大規模かつ広範に行われて来たにもかかわらず、宗教的権利に関する事件は監視機関の注目をほとんど引いて来なかった。そのことは米州の諸機関が、それらの規範内容よりも人権侵害に関する事実の認定や証明の問題に追われて来たという事実によって説明できる[24]。その結果、扱われた事件のほとんどに殺害、失踪、拷問、恣意的拘禁、デュー・プロセスの否定などの基本的権利に対する主な侵害が含まれてきた。

　数件の事件では、エホバの証人を含む問題が扱われてきた。エホバの証人は、集団として規制の対象とされてきた教団であり、そのメンバーは刑事手続きと処罰の対象とされてきた。例えば、アルゼンチン政府は1976年にエホバの証人の活動を禁止し、陸軍が出動して彼らの事務所や店舗を閉鎖し、メンバー

　　Inter-American System for the Protection of Human Rights," in *Human Rights in International Law*, ed. Theodor Mcron(1983); Thomas Bucrgcnthal et al., *Protecting Human Rights in the Americas*(1995); Scott Davidson, *The Inter-American Human Rights System*(1997); Scott Davidson, *The Inter-American Court of Human Rights*(1992)参照。

23　Case 9178, Inter-American Commission on Human Rights, reported in *Human Rights Law Journal* 6(1985): 211参照。コスタリカは裁判所に、13条の解釈とそれに関する勧告的意見を要請した。

24　Davidson, *Inter-American Human Rights System*, 260参照。

を逮捕した。信者の子どもたちは、国歌を歌うことを拒否したという理由で学校から追放された。エホバの証人に対するそうした扱いは非難され、それに続いて関連する事件が米州人権委員会に通報された。委員会は、アルゼンチン政府が宗教の自由を含むいくつかの権利を侵害したと断定し、宗教的自由の尊重を再度確立することをアルゼンチン政府に命じた。アルゼンチン政府はそれに対して、エホバの証人の宗教的性格を否定することで反論を試みた。OASの総会は委員会の年次報告書を検討した上で、エホバの証人の宗教的自由の権利を認めるようにアルゼンチン政府に要請した[25]。委員会は、パラグアイにおけるエホバの証人の権利の否定を含む類似の事件も扱った[26]。

時には、構成員の関心が宗教的権利よりも個人的権利にあるような宗教団体が、問題提起することもある。例えば、「キリスト教的政治行動をめざすカトリック信者」(Catholics for Christian Political Action) という名称の団体が米国政府に対して申し立てた苦情では、中絶が問題となった。その団体は、中絶の宗教的側面ではなく、生命への権利とその発生時点という問題に焦点を当てた。委員会は最終的に、米州人権宣言の違反はなかったと判断した[27]。米州の監視システムは、グァテマラのカトリック教会と牧師に対する迫害に関する訴えも審査した[28]。

3 アフリカ

「人と人民の権利に関するアフリカ憲章」は、アフリカの人々の人権と宗教的権利を規定する重要な文書である[29]。良心の自由と宗教の自由な実践を保

---

25 OEA/Ser. L/V./II.49,doc. 19,corr. 1, 251-254 (1980).参照。また、Buergenthal et al., *Protecting Human Rights in the Americas*, 391-392 n.70も参照。
26 OEA/Ser. P.AG/Com.I/Acta 5/80 (1980) 参照。
27 OEA/Ser. L/V/II.54, doc.9, rev.l, 25 (1981) 参照。
28 OEA/Ser. L/V/II.53, doc. 21, rev.2, 72-83 (1981) 参照。
29 条約は、*African Charter on Human and Peoples' Rights*, January 7-19, 1981, 21 I.L.M. 58 (1982) に所収。人権保障システムの概要については、Fatsah Ouguergouz, *La Charte Africaine des Droits de I'Homme et des Peuples* (1993); U. Oji Umozurike, *The African Charter on Human and Peoples' Rights* (1997); Evelyn A. Ankumah, *The African Commission on Human and Peoples' Rights* (1996) 参照。

障する8条が、とりわけ重要である。意見を広めるという一般的な権利を規定する9条も関連性を持つが、宗教の変更に関する明文の規定は含まれていない。

そうした憲章があるにもかかわらず、アフリカ人権委員会は、良心と宗教の自由の侵害に当たるのはどのような行為なのかを明らかにしてこなかった。委員会は、「法と秩序にしたがって」といった、憲章の影響力を制限しかねない文言を用いた制約的規定の内容をも明確化してこなかった。委員会は、宗教的権利を扱う2、3の事件を検討したことがある。例えば、スーダンにおける良心の囚人を扱った事件（*Amnesty International v. Sudan*）、同じくスーダンにおけるキリスト教徒への迫害の訴えを扱った事件（*Association of Member Episcopal Conferences v. Sudan*）などである。委員会は、それらの事件と過去の事件をまとめて扱うことにしてスーダン政府に調査実施の許可を求めた（キリスト教の伝道者たちはジュバの町から追放され、牧師たちは逮捕され、教会は破壊されたという訴えがなされていた）[30]。委員会は、ザイール、マラウィ、チャド、セネガル、モーリタニアとナイジェリアにも訪問許可を申請した。1995年にアルジェリアは、委員会による人権関係の現地調査を受け入れた[31]。

委員会の活動を調べたガーナ人の法律家、エヴェリン・アンクマー（Evelyn Ankumah）は委員会に対し、「何が宗教の自由の侵害になるのかを明確かつ論理的に決定」することを求めた。アンクマーは、特定国における宗教の自由の抑圧は、近隣国の安全を脅かすことが多いと考え、特に改宗の自由の問題に取り組む必要性を強調している[32]。

---

[30] 委員会の運営規則の詳しい分析について、Ankumah, *The African Commission on Human and Peoples' Rights*, chaps. 2 and 3参照。

[31] Umozurike, *The African Charter on Human and Peoples' Rights*, 67以降。Umozurikeは、アフリカ人権委員会の元議長である。

[32] Ankumah, *The African Commission on Human and Peoples' Rights*, 134.

4 イスラーム

　イスラームは、世界的な宗教であって地域的な存在ではない。それでも、イスラームの国々には共有する利益があるから言及しておく価値がある。そうした共通利益は、1972年に第3回イスラーム教国外相会議が憲章を採択したことによって設立された「イスラーム諸国会議機構」を通して明確になった。イスラームが正式な国教であるか、国民の大多数がイスラーム教徒であるかを問わず、どのイスラーム教国も加入することができる[33]。

　イスラーム教国にとってカイロ人権宣言(1990年)は、国際人権に対するイスラーム的アプローチを反映する権威ある文書である。とくに注目すべきは、「他の宗教ないし無神論に変更を迫るあらゆる形態の強要、および相手の貧困や無知を利用すること」を禁止する10条である。「シャリーアの諸原則に反しない」限りにおいて表現の自由を許容する22条も特徴的である[34]。

　ジュリアン・ココット(Juliane Kokott)は、イスラームにある伝統的な諸概念と現代の人権に関わる諸規則の間にある明らかな二項対立関係を論じた[35]。ココットによれば、イスラームは普遍的人権と矛盾しない。しかし、イスラーム法であるシャリーアは千年以上前に解釈されたものであり、現代の人権規範、とくに宗教の自由や背教・棄教に関する領域の人権規範とは整合しないように見えるルールを内包している。ココットは、カイロ宣言が「人権の普遍性を犠牲にして、人権をイスラーム化する傾向をもつ」と考えている[36]。一般的にイスラーム教国は、国際的に認められた人権基準とシャリーアを整合させることに困難を感じるように見える[37]。アブドゥラヒ・アーメッド・アンナイム(Abdullahi Ahmed An-Na'im)は、信念の自由に関するイスラー

---

[33] 憲章について、914 U.N.T.S. 103参照。
[34] カイロ人権宣言は、Tad Stahnke and J. Paul Martin, eds., Religion and Human Rights: Basic Documents (1998), 185に所収。
[35] Juliane Kokott, "The Protection of Fundamental Rights Under German and International Law," African Journal of International and Comparative Law 8 (1996): 347.
[36] 同書387.
[37] Felix Ermacora et al., eds., International Human Rights: Documents and Introductory Notes (1993), 324参照。

ムの理論が「かつては他の国教の理論に比べて優れていたし、実践は理論よりも一般的に優れていたが、現代の人権の視点から見れば、もはやいずれも受け容れがたいものである」と断言する[38]。ドナ・E・アルツは、イスラーム法と国際法の「ねじれた」関係に言及している[39]。

5　二国間協定および特別協定

　宗教的人権の地域的保護の形態ではないが、いくつかの二国間協定ないしローマカトリック教会の教皇庁と数カ国の間に結ばれた協定（または、宗教的組織や宗教的な起源をもつ共同体と数カ国の間の協定）は、言及に値する。宗教的な団体や活動に関する憲法上の規定や行政上の規則、あるいは宗教的権利に関する立法を扱うことは本書の範囲を超える。それには広範な法的、経済的、教育的、政治的な諸問題にわたる分析が含まれるであろう。ただ、教皇庁はその特殊な性格と国際的な重要性から、宗教的人権を扱い、決定する上で重要な役割を果たしている。

　教皇庁もバチカン市国も国連の加盟国ではなく、その国際法上の地位は明確ではない。それでも教皇庁は、多くの条約に署名し、多数の国と二者協定を結んできた。それらは、場合によっては政教条約と呼ばれる。それに加えて、教皇庁は多くの政府間会議に参加してきたし、ローマ教皇大使が代表として広範囲の外交活動もおこなっている。(言うまでもなく、カトリック教会と教皇は、世界中のカトリック信者の共同体において有用な役割を果たしている。)近年、教皇庁は活発に動き、数カ国との新たな協定に署名してきた。そのいくつかは、過去の協定に替わるものである[40]。

38　Abdullah Ahmed An-Na'im, "Islamic Foundations of Religious Human Rights," in van der Vyver and Witte, *Religious Human Rights in Global Perspective: Religious Perspectives*, 337-359.

39　Donna E. Arzt, "The Treatment of Religious Dissidents Under Classic and Contemporary Islamic Law," in van der Vyver and Witte, *Religious Human Rights in Global Perspective: Religious Perspectives*, 387-453, at 423.

40　Natan Lerner, "Religious Human Rights under the United Nations," in van der Vyver and Witte, *Religious Human Rights in Global Perspective: Legal Perspectives*, 79-134や、Stahnke and Martin, *Religion and Human Rights*, 183以降参照。後者は、協定のいくつかと関連する法令を所収している。

1993年に教皇庁とイスラエルの間に締結された「基本的合意」は、特筆に価する。それは、両者の間に外交関係を確立する準備として締結されたものであり、宗教的権利に関する種々の規定を置く[41]。この文書は、特定の外交目的を超える意義を有している。それは、宗教的な影響力を持つ二つの集団が、世界人権宣言が定めるように、人権を宗教と良心の自由にまで高めることを約束したことを示している。第二バチカン公会議(Second Vatican Council)が出した宣言のうち、いくつか問題になったものを修正することによって、教皇庁は憎悪、迫害、人種主義、反ユダヤ主義の表明やすべての宗教的不寛容に対する非難を改めて表明した。それに対してイスラエルは、カトリック教会が宗教的、道徳的、教育的および慈善的目的のための活動をおこなうことを権利として認め、イスラエル国内の教会組織を管理することを許可した。キリスト教の聖地は現状維持されることになり、カトリックの礼拝の自由が保障された。同文書は、巡礼、学校やその他の教育機関、文化交流、歴史的な文書へのアクセス、慈善事業、所有権、経理的な事柄、紛争の平和的解決の約束などの特定のテーマにも触れている。

　シルビオ・フェラーリは、この合意の歴史的意義を強調し、教皇庁が「キリスト教国ではない非西洋の国(少なくとも完全に西欧の国とは言えない国)と締結した初めての本格的な政教条約」と呼ぶ[42]。それは、非カトリック国との将来の政教条約のモデルになり得る可能性も持っている。その後、両者の間には正式な外交関係が樹立された。

　宗教的共同体との特別な二者協定が、どれほど生産的に活用され得るかを示すよい例がスペインである。スペインは、1953年に教皇庁と締結した政教条約をいくつかの協定に置き換えた。その一つは、1976年に合意された基本合意である。スペインは1992年にも、福音派宗教団体連合(Federation

---

41　同文書は、Holy See–Israel: Fundamental Agreement, December 30, 1993, 33 I.L.M. 153 (1994)に所収。同合意につき、Rafael Palomino Lozano, "El Acucrdo Fundamental entre la Santa Sede y el Estado de Israel," XXII *El Olivo* (1998): 69-93; Silvio Ferrari, "Concordats Were Born in the West," 12/13 *La Porta D'Oriente* (1998): 37-44; Natan Lcrner, "Protecting Religious Human Rights by Bilateral Arrangements," 12/13 *La Porta D'Oriente* (1998)参照。
42　Ferrari, "Concordats Were Born in the West," 37-38, 44.

of Evangelical Religious Institutions)、ユダヤ人共同体連合(Federation of Jewish Communities)、イスラーム委員会(Islamic Commission)などを含む、スペインで活動する他の宗教団体とも別途協定を結んだ。それらの協定は、1978年の同国憲法および1990年の「宗教的自由法」の下で締結されたものである。「宗教的自由法」は、スペイン社会で悪評高い影響力を獲得した宗教団体との協力合意を可能にする法である。それらの協定は、宗教と礼拝の自由を含む広範囲の事柄を扱っている。例えば、各宗教的共同体の地位、それらの共同体の建物と土地、墓地、職員、経理的な事柄、結婚に関する宗教的儀式、宗教的サービス、刑務所、病院、共同体や教育機関などに配置された軍人への援助、免税、聖なる日と祭礼、宗教的・文化的遺産に関する事柄、動物の屠殺を含む食習慣などである[43]。

教皇庁と締結した政教条約に変更を加えたもう一つの国は、コロンビアである。同国は、あらゆる教会やセクトに宗教的自由を保障する協定に署名した[44]。教皇庁は1984年に、イタリアとの合意文書にも署名している[45]。

宗教的人権に大きな影響を与えた単独の声明や宣言に触れておくことは、この章の終わりに相応しいことであろう。最も注目に値する宣言の一つは、1965年10月28日に第二バチカン公会議が採択した「教会とキリスト教以外の宗教との関係に関する宣言」(Declaration on the Relationship of the Church to Non-Christian Religions = Nostra Aetate)である[46]。バチカンは、誰に対するものであれ、憎悪、差別、反ユダヤ主義の表現を含むあらゆる迫害を認めないことを宣明

---

[43] Stahnke and Martin, *Religion and Human Rights*, 183ff.; Ministry of Justice of Spain, Libertad Religiosa (Normas reguladoras) (1998); Laws 24, 25 and 26/1992 (特別協定を承認する法) BOE 272 (1992), 38209以降参照。教皇庁との協定につき、Spanish Ministry for Foreign Affairs, Acuerdos entre Espana y la Santa Sede (1976-1979) と Rosa Maria Martinez de Codes' essay in *Protecting the Human Rights of Religious Minorities in Eastern Europe* (eds. P. G. Dunchin and E. A. Cole), New York, 2002参照。

[44] Report of the Human Rights Committee, U.N. GAOR 47th Sess., Supp. No.40, 97, U.N. Doc. A/47/40 (1992).

[45] Italy–The Holy See: Agreement to Amend the 1929 Lateran Concordat, February 18, 1984, 24 I.L.M. 1589 (1985). また、Giorgio Sacerdoti, "Jewish Rights under a New Italian Concordat," *Patterns of Prejudice* 12 (1978): 26 n.1も参照。

[46] 文書は、International Catholic-Jewish Liaison Committee, Fifteen Years of Catholic-Jewish Dialogue, 1970-1985 (1988), 291に所収。

した。注目すべきもう一つの宣言は、1974年にカトリック教会の「ユダヤ人との宗教的関係のための委員会」が採択した「宗教会議の宣言(*Nostra Aetate*)の実施のための指針と提案」である。同文書は、バチカン公会議が反ユダヤ主義とその他のあらゆる差別を非難したことを再確認すると共に、典礼、教育、社会正義と平和を目指す共通の社会的活動に関する具体的な提案もおこなった[47]。

世界キリスト教協議会(WCC)は、1948年に「宗教的自由に関する宣言」(Declaration on Religious Liberty)を採択し、宗教の自由が国際社会の秩序にとって不可欠であることを強調した。同宣言によれば、そうした自由は区別なく承認され、護られなければならない。更に、すべての人々は自己の信仰や信念を決定し、信念を変更し、礼拝・教授・実践によって信仰を表現し、宗教団体を組織する権利を持つ。宣言は、子どもの宗教的教育に関する両親の権利を認めつつ、法に基づき、秩序、福祉、倫理や他の人々の権利と自由の保護に必要な制約を課すことを推している[48]。

単独という性格上、上記の宣言の法的効果は限られている。それでも、それらの宣言は、宗教的権利の保護の世界的なシステムを創る試みにおける有意義な歩みを記している。

---

47 同書293.
48 同文書は、Stahnke and Martin, *Religion and Human Rights*, 207に所収。

第6章　迫害と煽動からの宗教的集団の保護

　第二次世界大戦後の国際法は、集団的権利の枠組みを志向しなかった。現代の人権法を支配してきた基本的構想の中核は、個人の権利の尊重と差別の禁止である。集団自体の保護、または特定グループの構成員の保護にはほとんど関心が払われなかった。早い時期になされた主な例外は、宗教的ないしその他の集団やグループの物理的存在の保護をとくに目的とする、集団殺害犯罪の防止および処罰に関する条約（ジェノサイド条約）である[1]。同条約については本章の後半で言及する。

　ジェノサイド以外の形態による、集団に対する憎悪、煽動や中傷の表現と実行の問題は、一般的人権文書においては間接的に扱われているに過ぎない。ここでは、集団に対する煽動や迫害の抑制という問題について、国際法が現在どのようなアプローチを採用しているかを論じる。とりわけ宗教的共同体は、暴力行為を含まないとしても、その対象となる人々や社会の平和を脅かすという意味で違法となりうる攻撃や不寛容の激しい表現に晒されやすい。集団に対する中傷や名誉毀損、あるいは特定グループの構成員に対する中傷は、その個人の権利を損ね、属するグループ全体の社会的地位を傷つける可能性がある。そのことを数十年前に強調したフランクフルター判事は、こう述べている。「個人の職業、教育機会や社会的地位は、よくも悪くも否応なく、その人物が属する民族的、宗教的集団の評判に大きく左右され得る」[2]。

1　条約全文は、Council of Europe, *European Convention on Human Rights: Collected Texts* (1974) に所収。
2　*Beauharnais v. Illinois*, 343 U.S. 250, 263 (1952).

今日、差別や迫害から宗教的集団を保護する必要は、強く認識されている[3]。国際法は、実施の点では問題が残るにしても、少なくとも人種的事由に基づく差別には適切に対応してきた。差別は、明確に定義された法的概念である[4]。人種差別の禁止は、国際法の強行規範(*jus cogens*)になり[5]、宗教的事由に基づく差別にも同じ地位を与えようとする動向がある[6]。差別の煽動も、差別防止に付随する側面として明確に禁止されている。憎悪と不寛容は、その意味が差別ほど明確な言葉ではない。憎悪や不寛容やその他の関連する悪事の煽動に触れている規定はいくつかあるものの、国際法は今も、表現の自由や結社の自由といった基本的権利と、集団やその構成員が、それを理由に名誉毀損、中傷、敵意、不寛容や憎悪の煽動に晒されない権利との調整を確保する必要に苦心して取り組んでいる。

1966年の自由権規約には、いくつかの関連する規定が置かれている[7]。第19条は、「他者」の権利や信用を保護するために表現の自由を制約することを認める。20条は、差別、敵意または暴力の煽動となる民族的(national)、人種的ないし宗教的憎悪の唱道を禁じる。欧州人権条約(1950年)第10条2項と11条2項は、「無秩序の防止」や「他者の信用もしくは権利の保護」のために民主的社会において必要な場合、表現や結社の自由を制約する[8]。米州人権条約は、

---

[3] 例えば、1988年10月27日に米国大統領が署名して論議を呼んだInternational Religious Freedom Act 1998(H.R. 2431)は、「宗教的自由を侵害する、あるいは侵害を容認するあらゆる国に対して外交その他の適切な行動をとる」ことを大統領に要請している。The Annual Report on International Religious Freedom for 1991, Bureau for Democracy, Human Rights and Labor, Washington(1999) 参照。また、数カ国における宗教的権利の侵害の詳細なリストは、the reports of Special Rapporteur Abdelfattah Amorに含まれている。Kevin Boyle and Juliet Sheen, eds., *Freedom of Religion and Belief: A World Report*(1997) は、多数の国での異なる宗教的集団に対する迫害を扱っている。Paul Marshall with Lela Gilbert, *Their Blood Cries Out*(1997) は、60を超える国々における数千万人のキリスト教徒に対する迫害と差別を扱っている。

[4] 人種差別撤廃条約1条にある定義を参照。同条約の全文は、*Human Rights*, 66に所収。

[5] Jose D. Ingles, *Study on the Implementation of Article 4 of the Convention on the Elimination of All Forms of Racial Discrimination, CERD, Positive Measures Designed to Eradicate All Incitement to, or Acts of Racial Discrimination*,U.N. Doc. A/CONF.119/10.CERD/2, U.N. Sales No.E.85.XIV.2 at 38(1986) 参照。

[6] Ian Brownlie, *Principles of Public International Law*, 4th ed.(1980), 513 n.29参照。

[7] *Human Rights*, 20.

[8] 条約は、Council of Europe, *European Convention on Human Rights: Collected Texts*(1974) に所収。

すべての人の持つ、「自らの名誉を尊重され、尊厳を認められる」権利、「他者の信用」を保護する責任、および「人種、皮膚の色、宗教、言語または民族的 (national) 出身を含む何らかの理由による人または人の集団に対する違法な暴力行為もしくはその他すべての類似の違法行為の煽動を構成する、いかなる民族的 (national)、人種的、宗教的憎悪の唱道」も法律によって処罰することを規定する[9]。

　国連の「宗教又は信念に基づくあらゆる形態の不寛容および差別の撤廃に関する宣言」（宗教的不寛容撤廃宣言）(1981年)は、「宗教又は他の信念に基づく不寛容と闘うためのすべての適当な措置をとる」ことを国家に要請している[10]。「人種及び人種的偏見に関するユネスコ宣言」(1978年)は第5条3項で、「マスメディア及び国内社会のすべての組織された集団」に対して、「個人及び様々な人間集団についての定型化された、不完全な、一方的な、または偏向した心象」を示すことを差し控えるように強く促す[11]。第6条によれば、国家は「人種主義と人種主義的宣伝を禁止する」ための措置を講じ、「人種的偏見と闘う」義務を負う。1990年11月21日に欧州安全保障協力会議 (CSCE) のパリ・サミットで採択された「新欧州のためのパリ憲章」は、ヨーロッパの参加国および米国とカナダが示した、「すべての形態の人種的・民族的憎悪、反ユダヤ主義、外国人嫌悪、あらゆる人に対する差別、および宗教的、思想的事由に基づく迫害と闘う」決意を肯定した[12]。

1　人種差別撤廃条約の関連性

　上述した複数の宣言は、明らかに道徳的かつ政治的な意義を持ち、確実に国内法に影響を与えるであろう。ただ、それらは国際法の実定法ではない。集団、共同体や集合体に敵対的な煽動に関する主要な義務的規定は、すでに

9　条約文は、9 I.L.M. 1970参照。
10　*Human Rights*, 122.
11　同、132.
12　S. J. Roth, "The CSCE 'Charter of Paris for a New Europe,'" *Human Rights Law Journal* 11 (1990): 373, 379参照。

多くの国によって批准されている、国連の「あらゆる形態の人種差別撤廃に関する条約」(人種差別撤廃条約)に置かれている[13]。同条約は宗教の分野への言及を避けているが、それらの規定は明らかに宗教の分野に関連性を持つ。

　第4条は、個人または集団に対する憎悪や敵意および煽動に関する規定を含む。同条は議論の的となり、批判され、複数の国によって正式な留保の対象とされた。それでも、同条は諸国にとって重要な指針となった。国内法にその精神を取り入れた国も数カ国ある[14]。同条は明らかに宗教の分野への関連性を持っている。4条の関連部分は次のように規定する〔訳注:以下条文は日本政府公定訳〕。

　　締約国は、一の人種の優越性もしくは一つの皮膚の色もしくは種族的出身の人の集団の優越性の思想もしくは理論に基づくあらゆる宣伝及び団体、又はいかなる形態であれ人種的憎悪及び人種差別を正当化しもしくは助長することを企てるあらゆる宣伝及び団体を非難し、また、このような差別のあらゆる煽動又は行為を根絶することを目的とする迅速かつ積極的な措置をとることを約束する。このため、締約国は、世界人権宣言に具現された原則及び次条(5条)に明示的に定める権利に十分な考慮を払って、特に次のことを行う。

　(a)　人種的優越又は憎悪に基づく思想のあらゆる流布、人種差別の煽動、いかなる人種もしくは皮膚の色もしくは種族的出身を異にする人の集団に対するものであるかを問わず、すべての暴力行為又はその行為の煽動及び人種主義に基づく活動に対する資金援助を含むいかなる援助の提供も、法律で処罰すべき犯罪であることを宣言すること。

13　概論としてNatan Lerner, *The U.N. Convention on the Elimination of All Forms of Racial Discrimination* (1980); Theodore Meron, *Human Rights Law-Making in the United Nations* (1986); Egon Schwelb, "The International Convention on the Elimination of All Forms of Racial Discrimination," *International and Comparative Law Quarterly* 15 (1966); G. Tenekides, "L'Action des Nations Unies contre la Discrimination Raciale," *Recueil des Cours* III (1980): 269参照。同条約の履行に関して、Thomas Buergenthal, "Implementing the U.N. Racial Convention," *Texas International Law Journal* 12 (1977): 187 および Reports of the Committee on the Elimination of Racial Discrimination (GAOR, Supplements No. 18参照。

14　Ingles, *Study*; Lerner, *The U.N. Convention*参照。

(b) 人種差別を助長し煽動する団体及び組織的宣伝活動その他のすべての宣伝活動を違法であるとして禁止するものとし、このような団体又は活動への参加が法律で処罰すべき犯罪であることを認めること。
(c) 国又は地方の公の当局又は機関が人種差別を助長し又は煽動することを許さないこと。

 こうした4条の規定は、妥協の産物である。国連総会における最終段階を含め、起草過程全体を通じて多くの修正が提案された[15]。合意に達するためには、4条を条約の「重要規定」と見る人々と、同条が表現と結社の自由という基本的自由に対する脅威と考える人々の間の大きなギャップを架橋する必要があった。人種差別撤廃委員会によって、4条の解釈に関する研究を依頼されたホセ・D・イングレス (Jose D. Ingles) 特別報告者は、最終文書が、「差別の煽動」だけでなく「人種的優越性または憎悪に基づく観念の流布」も処罰する実定法の立法を望んだ人々と、表現と結社の自由が侵されることを望まない人々との間に「妥協をもたらした」と指摘する[16]。その結果、採択された文書は完全に満足のいくものにはならず、いくつかの欠点をかかえた。そうした限界はあるものの同条約は、宗教的権利に関する色々な文書に含まれる煽動に関する規定を同じ精神で解釈するための指針と見ることができる。

2 権利間の衝突

 4条の規定を受容しようとする上でいくつかの国が抱える困難を過小評価すべきではない。宗教的煽動に関する義務的条約を起草する場合には、同様の困難が予想される。いくつかの国の代表が示した反対は、必ずしも基本的な自由に対する真の尊重を反映したものではなく、文書に含まれるリスクを

---

15 Lerner, *The U.N. Convention*, 46.
16 Ingles, *Study*, 1. See also, Natan Lerner, "Incitement in the Racial Convention: Reach and Shortcomings of Article 4," *Israel Yearbook on Human Rights* 222 (1992): 1.

誇張したものであったが、それぞれの国の法制度の性格にとって中心的な諸問題に関連している。例えば、コロンビアの代表は、同国の議会が「憲法と公的生活の規範に抵触する条約」を批准することはできないだろうと述べた。その見解によれば、「どのようなものであれ思想を処罰することは専制を助け、権力の濫用につながる」のであるから、4条は過去への逆行である。彼は、「我々に関する限り、また民主主義に関する限り、思想に対しては思想と条理によって闘うべきであり、理論は処刑台、牢獄、追放、没収や罰金ではなく、議論によって反論されるべきである」とも述べた[17]。

4条が含む危険をこのように予測的に評価することは、多くの民主的国家が4条の内容を国内法令に取り込むことによって示した支持からは、かなりかけ離れているように見える。ただ、自国の法制度と条約の矛盾を回避することに熱心ないくつかの西欧諸国が示した反対と、留保を付す中で示した懸念を無視することはできなかった。例えば、1978年にカーター大統領がこの条約を批准のために上院に送った際に米国政府は、条約には「表現の自由の権利を制約するような立法またはその他の措置を要求または正当化すると見做されるべき」ものは何も含まれていないとする留保を付すことを勧めた。米国は、4条の非自動執行性をとり立てて強調する解釈宣言をおこなうことも提案した[18]。イタリアは、「4条が、意見と表現の自由および平和的な集会と結社の自由に対する権利を損なう」ことがあってはならないと述べた[19]。

この条約の署名と批准の際にいくつかの締約国は、そうした解釈宣言や留保をおこなった。英国は、4条が立法を要請するのは、「世界人権宣言の諸原則とこの条約の5条に明示的に定める権利に十分な考慮を払った上で」、4条の目的達成のために追加的立法または現行法とその運用の変更が必要と考えられる「場合に限られる」と解釈した[20]。1991年3月の人種差別撤廃委員会で

---

17 U.N. Doc A/PV. 1406, at 42-43 (1965).
18 President's Message, 95th Cong., 2d Sess. (February 23, 1978).
19 Lerner, *The U.N. Convention*, 183-84.
20 United Nations, *Multilateral Treaties in Respect of which the Secretary-General Performs Depository Functions* (1978), 97-98. 4条に関して英国のおこなった留保と解釈の文面は、Lerner, *The U.N. Convention*, 160に所収。4条に関する留保と解釈宣言については、Sandra Coliver, ed., *Striking a Balance* (1992) の付記 (pp. 394ff.) も参照。

英国は、その解釈宣言の意味と、それが「4条(b)項の完全履行に及ぼし得る否定的な影響を、英国国民党が禁止されていないことの文脈で」明らかにすることを要請された[21]。

条約の締約国に課せられる義務の性格に関する同委員会の解釈は、一切の疑いを排除している。1972年に委員会が採択した「一般的勧告Ⅰ」は、4条の規定の履行は締約国の義務であり、国内法が不十分な場合はその他の適切な措置によって補われなければならないと明言している[22]。

イングレス判事が自身の研究報告の結論と提案部分で述べたように、4条は自動執行的ではない。それでも、(a)項と(b)項の規定は「簡潔で明瞭」であり、「裁量に任されるものではなく義務的」である[23]。締約国は、その管轄下に「人種差別はないとか、人種主義的組織はないと主張する場合でも」、4条に合致する立法をおこなう義務を負う[24]。同条は予防的な役割も持っている。適当な立法が必要かどうか、いつ必要かを判断する裁量を留保することは、「条約の目的と矛盾する」であろう[25]。言論の自由や結社の自由は絶対的なものではなく、世界人権宣言29条および自由権規約19条と21条に従って制約を受けるものである。深刻な憲法上の問題に直面する国もあるだろう。米国憲法修正第1条は、言論の内容については中立的な保護を保障するが、その結果、人種主義的内容を根拠に言論や結社を犯罪化することについて米国は困難に直面する可能性がある。その点を指摘しながら、メロン教授は一つの司法・社会制度にとって広範にすぎることが、他国にとっては必ずしもそうとは限らないと述べた。このことは必ずしも、どの制度が優れているかという価値判断を意味しない[26]。だが、確信を持って4条に導入された制度を選んだこと自体、条約と委員会がおこなった価値判断であるという議論もできよう。

これらの理由から、憲法上の規定のみでは不十分であり、実施のための立

21　U.N. Doc. A/46/18, at 58 (1991).
22　U.N. GAOR supp. (No. 18) at 37, U.N. Doc. A/8718 (1972).
23　Ingles, *Study*, 37.
24　同上。
25　同上。*Statement of CERD at the World Conference to Combat Racism and Racial Discrimination*, U.N. GAOR Supp. (No.18) at 110, U.N. Doc. A/33/18 (1978) も参照。
26　Meron, *Human Rights Law-Making*, 28.

法が必要である。4条は、特定の行為や活動を、法律によって処罰されるべき犯罪として宣言する義務を締約国に課しており、同じことは、禁止された行為をおこなう集団への参加にも適用される。民法上の責任を課すだけでは不十分であろう。ただ、国家のニーズも考慮されるべきである。立法は「時間のかかるプロセス」であり、その間も条約の諸原則を誠実に遵守することを条件に、締約国は条約に合わせるための国内法整備を合理的な期間に完了することが許される[27]。

4条の文章は、多くの修正提案が出された後に国連総会第三委員会で採択されたものである。前文にある、「世界人権宣言に具現された原則及び次条(5条)に明示的に定める権利に十分な考慮を払って」という文言を含めて、個別投票が必要な箇所が数カ所あった。(a)項にある、「人種的優越又は憎悪に基づく思想のあらゆる流布」や「人種主義に基づく活動に対する資金援助を含むいかなる援助の提供も」という下りも個別投票にかけられた。結局、反対票なし棄権5票でそれらの文言は残された[28]。

条約草案が国連総会に提出されると、「人種的優越又は憎悪に基づく思想の流布」という文言を削除する新たな試みが始まった。その趣旨で中南米の5カ国がおこなった修正提案は、25票の賛成、54票の反対、23票の棄権で否決された。このことは、煽動の問題を扱うことがどの位難しいことと見做されたかを示している。その主たる理由は、「憎悪」という言葉の存在である。人種差別撤廃宣言9条には「憎悪」という言葉は含まれておらず、「一人種の優越性もしくは一つの皮膚の色もしくは種族的出身の人の集団の優越性の思想もしくは理論に基づき、人種差別を正当化しもしくは助長することを企てる宣伝及び団体を非難する」ことに留められたことが想起された。

「憎悪」という言葉の導入は、問題になると考えられた。憎悪に基づく思想の流布を犯罪とすることが可能であろうか。憎悪は感情、つまり心の状態であって、差別のように明確に確立された法益ではない。人種または宗教に基づく差別ないし憎悪を発生させることを目的とする思想の流布については、

---

[27] Ingles, *Study*, 39.
[28] 起草過程の議論について、Lerner, *The U.N. Convention*, 1-6, 43-53参照。

科学的研究に対する制限の可能性が問題提起された。明らかに科学的出版物の形態を採りながら内容的には疑いもなく人種主義的であった、ナチスの多くの出版物の教訓が考慮に入れられた。今日、ホロコーストはなかったとか、歴史家が主張するような規模——それは司法判断においてさえ肯定されたものだが——ではなかったと主張する人々に対して課せられる制約は4条の目的に関連している。4条の目的に照らせば、人種的または宗教的憎悪を喚起することを目的とする思想や理論の流布と科学的研究とは区別される[29]。

　4条は、犯罪の意思を要求しない。「流布行為自体」が、その意図や結果にかかわらず処罰されるのである[30]。

3　「十分な考慮を払って」の文言

　4条の導入部に「十分な考慮を払って」という言葉で始まる文章が入れられたのは、自国の憲法制度と矛盾すると解釈する国が出てくることを避けるためであった。米国政府のスポークスパーソンが指摘したように、その文章があることによって4条は、「言論と結社の自由を含む自由の憲法的保障と完全には整合しない」措置を採る義務を締約国に課すものではないと解釈された[31]。そうした解釈には、「十分な考慮を払って」という形式があれば条約を署名・批准することができると考える他の国々も同意した。ただ問題は、人種的(または宗教的)憎悪の煽動の禁止と、言論と結社の無制限の自由とが対立する時に、「十分な考慮を払って」という文節がどの程度、中立性を示唆すると見做されるかということにある。

　すでに述べたように、人種差別撤廃条約の一般的精神、多数国による批准に現れた条約への広範な支持、条約に基づく立法措置に示された締約国による履行行動などは、中立性が意図されなかったという見解を支えるものと

29　ホロコーストの事実の否定に対する処罰について、S. J. Roth, "Anti-Semitism and International Law," *Israel Yearbook on Human Rights* 13 (1983): 208, 223参照。また、2005年に国連総会が採択した、1月27日をホロコーストの記念日と定める決議も参照。
30　Ingles, Study, 18; Meron, Human Rights Law-Making, 33.
31　Statement of the U.S. Representative to the General Assembly, U.N. Doc. A/PV. 1406, at 53-55 (1965).

もいえよう。各国は、条約を批准するか否かを自由に決めることができる。3分の2の締約国がそう解釈しているように、条約の目的と矛盾すると見做されない限り、留保を付して批准することもできる。4条は、条約草案が総会に提出される直前に挿入されたもので、論争的な規定であった[32]。4条に関する特別報告者は、4条の義務的な規定に従って立法措置をとることが必要か否か、またいつ必要かの決定を各締約国が自由におこなうことを可能にする留保は、条約の目的と矛盾すると見做され得るし、したがって20条2項によって禁止されると指摘した。このアプローチは、それ以後人種差別撤廃委員会によって踏襲された[33]。

条約をすべての国にとって受容可能なものにするために必要であった妥協によって、表現は再び曖昧なものになり、留保の合法性の判断は大多数の国と、最終的には国際裁判所に任された。4条に関する留保を付けずに条約を批准した場合、「十分な考慮を払って」という文節が、締約国を4条の履行義務とそのために立法措置をとる義務から解放すると見做すことはできない。同文節の挿入は、多くの国が条約への支持票を投じることを容易にした。ただ、それで権利間の衝突という困難な問題が解決されたわけではない。4条の履行のための国内立法をおこなわずに条約を批准することが許されると主張することは、条約の主要な目的の一つを削除することになる。人種差別撤廃委員会は、「同文節が、締約国に対して関連する人種主義的活動の禁止に関する義務を免除すると解釈することが、条約起草者の意図であるはずがない…」と述べた[34]。

自由権規約委員会も、自由権規約20条に関する「一般的意見」の中で同様のアプローチを採用し、20条が人種的憎悪と宗教的憎悪のいずれにも適用され、しかも表現の自由と完全に両立するという見解を示した[35]。委員会は、まだ必要な措置と侵害に対する制裁をおこなっていない締約国は、そうすべきであると確信している。

---

[32] Lerner, *The U.N. Convention*, 95
[33] Ingles, *Study*, 37.
[34] *Statement of CERD at the World Conference to Combat Racism and Racial Discrimination.*
[35] U.N. GAOR, U.N. Doc. A/38/40 (1983).

4　4条の内容

　4条の導入部の表現は、かなり不満足なものであり、条約1条にある人種差別の定義との関連で読まれる必要がある。「一人種もしくは一つの皮膚の色もしくは民族的出身の人の集団」という文言は、広義に解釈されるべきである。同条約に、「人種」や「民族的(ethnic)」といった言葉の定義はないが、起草者の意図が、明確な集団的アイデンティティを持つあらゆる集団を保護することにあったと推定することは妥当であろう[36]。様々な国の司法が「人種差別」の概念を解釈する中では、集団自身が他の集団とは区別される集団的アイデンティティを持つと自己認識し、周囲の人々からもそう見られているという事実が重要であるという見解がとられてきた[37]。宗教が他の集団的特徴と結びついていることはよくあるが、人種差別撤廃条約は宗教的グループに言及していない。ユダヤ人、アラブ人、クルド人、アルメニア人などは、そうした複雑なアイデンティティを持つ集団の例である。同条約がそれらの集団を保護することは明白である。人種差別撤廃委員会は、宗教の問題に一定の関心を示してきたが、宗教的グループに対する攻撃が同条約の枠組みの中で扱われるべきかどうかについては委員の意見が分かれた[38]。

　4条の導入部は、「宣伝」を非難するが、実体規定の(b)項は、「組織的宣伝活動その他のすべての宣伝活動」に言及する。つまり同条の目的は、偶発的で非組織的な表現を対象とするのではなく、組織的な人種主義的思想の意図的な流布を扱うことであると断定してよいだろう。とは言え、その区別は時と

36　条約の広い適用範囲につき、Lerner, *The U.N. Convention*, 9参照。

37　集団的アイデンティティおよび自己と周囲による認識と被差別集団の存在の判断との関連性を扱った英国、米国、オランダとニュージーランドにおけるいくつかの判決について、Natan Lerner, *Group Rights and Discrimination in International Law* (1991), 33ff参照。

38　Meron, *Human Rights Law-Making*, 35. 人種差別撤廃委員会のメンバーであるMichael Banton教授は、「皮膚の色または世系に基づく差別に対する行動、それらをより一般的な非差別原則に結び付けること、あるいは他の事由も含む人種差別を減らすことなどに関する条約の可能性はほとんど認識されてこなかった。」と書いた。Michael Banton, "The International Defence of Racial Equality," *Ethnic and Racial Studies* 13 (1990): 568, 582.

して難しい。団体が関与していなくても、ある個人が公衆に向かって人種主義的思想の表明を執拗に続けた場合は「組織的宣伝活動」と見做されるべきである。ラジオ、テレビ、新聞といったメディアの利用や、インターネットやメールによる煽動的な内容物の広範な流布といったことは、組織的宣伝活動と判断する上で決定的な要素になる。条約が詭弁的ではあり得ないし、文言の違いが起草者の明らかな意図に反するような意味に解釈されてはならない。

　導入部は、「人種的憎悪」への言及を含んでいる。ただ、上述したように、感情とか気持ちであって、必ずしも行動という形で表現されない「憎悪」を定義することは難しい。同じ箇所には、締約国が「このような差別のあらゆる煽動又は行為を根絶すること」を目的とする措置をとるとある。導入部に「人種的憎悪」の煽動への言及がないのは、起草過程における単なるミスと見るべきであろう。実体規定の(a)項では、締約国は「人種的優越又は憎悪に基づく思想のあらゆる流布を法律で処罰すべき犯罪であることを宣言する」ことを求められるとしているからである。撤廃されるべきは、差別の煽動だけではなく、憎悪の煽動である。

　締約国は常に、世界人権宣言に具現された原則及び同条約5条が明示的に定める権利に十分な考慮を払って、あらゆる種類の措置を講ずることを求められる。前段で見たように、条約の起草作業を速めることに貢献した妥協的形式の導入は、権利間の衝突という深刻な問題を解決していない。条約の精神は、言論や結社の自由を差別や煽動からの自由の上に置くものではない。締約国は、条約の諸規定に国内法を適合させる方法を見つけなければならないだろう。

　4条の(a)、(b)、(c)項は、網羅的ではないが、締約国に課せられる義務を列挙する。締約国は、次のことを法律で処罰すべき犯罪であることを宣言しなければならない。

(1)　人種的優越又は憎悪に基づく思想のあらゆる流布

　「思想」という言葉の使用に含まれる問題については既述した。4条は、科学的研究を制限するものではないが、科学的研究の名に隠れた人種主義を排除することを意図している。各国は、何が犯罪を構成するかということに関

する自国の定義にしたがって、国内法を用いてそうした問題を解決しなければならないだろう。「人種および人種的偏見に関するユネスコ宣言」は、その問題に対処するために、自然科学、社会科学、文化研究の専門家や科学的団体や組織に対して、「自らの研究成果が誤って解釈されないこと」を確保することを要請している[39]。

　条約には、「憎悪に基づく思想」が定義されていない。宗教から生じる感情を扱う場合、定義にまつわる困難はより大きいであろう。

(2)　人種差別の煽動

　「煽動」という言葉は、条約の起草過程に困難をもたらした。その言葉は、4条全体との関連において、また「十分な考慮を払って」という文言を含む文章が生みだした困難がどう「解決された」のかに照らして解釈されなければならない。

(3)　あらゆる人種もしくは皮膚の色もしくは民族的出身を異にする人の集団に対するすべての暴力行為又はその行為の煽動

　暴力行為は、法律によって明示的に許されている場合を除き、常に処罰されるべきものである。煽動については、2．で述べたことがここでも妥当する。ただ、そうした行為の被害者への言及には、より一般的な表現が用いられることが望ましいであろう。

(4)　人種主義的活動に対する資金援助を含むあらゆる援助の提供

　この関連では、人種主義的組織の宣伝用小冊子を買うことが、犯罪と見做されるかどうかという質問が出された。第三委員会の英国代表は、ファシスト組織の会費を払ったことだけで個人を処罰することには賛成できないと発言した[40]。特定のファシスト組織を、法に定める定義に従って非合法だと宣言した場合、その会員になることは犯罪となる。しかし、条約を履行し、そのための立法措置をとる国家にとって、是認できない行為と違法行為の違いを明確にしなければならないような、ボーダーライン上の事態もあり得る。「援助」という言葉も条約の中で定義されていないから、国内法上でその意味

39　Human Rights, 141.
40　Cf. U.N. Doc. A/C.3/SR.1315, at2 (1965).

を明確化する必要がある。

(b)項の目的は、人種主義的組織を非合法化することである。「組織」の語は定義されていないが、法的地位、活動計画や組織の規模などが、関連性のある要素である。主要な問題は、本条の目的と結社の自由との間に起こり得る衝突である。憎悪組織の存在をどの段階で非合法化し、解散させるべきであろうか？ 実際に活動することが非合法と言い渡される条件であろうか？ あるいは、活動計画や印刷物にその意図が反映しているだけで十分であろうか？ 「人種差別を助長し煽動する」とは何を意味するのか？

この点で、起草作業記録は役に立つ。人種主義的組織が平和を脅かすことが許されてはならないし、差別の助長と煽動をおこなう意図を持つことが明白になった時点で非合法化されなければならない。社会にとって「現存する、明確な危険」になるまで待つ必要はないように見えるだろう。しかし、犯罪の意思が行動に発展しない限り、犯罪の意思を持つことのみで特定の組織を違法化することができない司法制度の下では、人種差別の煽動や団体に対する予防的措置をとることは困難であろう。

その点で興味深い事件について、イスラエルで1987年に判決が出されている。高等裁判所(High Court of Justice)は、明らかに人種差別の煽動を含む発言の放送を拒む権利がイスラエル放送庁(Israel Broadcasting Authority)にあるかどうかを判断することを求められた。争点は結社の自由よりも言論の自由であったが、「現存する、明確な危険」が問題となった。バック(Bach)判事は、社会秩序に対する危害が「ほぼ確実」ではない場合も、明らかに人種主義的な煽動があれば制約は正当化されるという見解をとった。同裁判官は、悲劇的で大きな精神的ショックを伴う経験をしてきた人々の国であるイスラエルでは、「人種的憎悪の煽動の持つ極度の破壊的影響」を強調する必要はないと述べた[41]。

「組織的宣伝活動その他のすべての宣伝活動」への言及は、気軽になされたものではない。「その他のすべての宣伝活動」とは、組織された集団だけでは

---

41 H.C.(High Court) 399/85, 41(3) Piskei Din(Judgments of the Supreme Court of Israel), 255-80, at 259. 同事件の要約(英語)は、*The Jerusalem Post*(August 3, 1987)参照。イス

なく、組織としての地位を獲得していないグループ、あるいは個人によっておこなわれる。「その他のすべて」という言葉の意味は、国内法によって明確化される必要があるが、広義に解釈される傾向にある。

「助長と煽動」については、宗教的不寛容撤廃宣言が「助長または煽動」として触れている[42]。「助長」(promote)と「煽動」(incite)という二つの動詞の意味の違いは、はっきりしない。禁止を正当化するには、両方の活動が必要なのかどうかも不明確である。二つの単語が使われた理由は、「助長」は相対的に低い動機を表し、「煽動」の意図がなくともあり得るものだと説明された。他方、「煽動」は意識的かつ動機のある行動である。「煽動」は憎悪を生む可能性がある。「人種的憎悪の雰囲気」を創り出すことが、間接的に人種差別に結びつくことは避けられない[43]。

4条の最後の(c)項は、刑法の分野とは関係がない。締約国はもちろん、「国又は地方の公の当局又は機関が人種差別を助長し又は煽動することを許さない」義務を負う。その意味では(c)項は、締約国の義務を扱う2条に置かれた方がよかったかもしれない。禁止の対象は、国家のすべての機関の活動と発言であると解釈されるべきであり、自治体や国際的な議論の場における政府のスポークスパーソンが含まれる。

4条は疑いもなく、人種差別撤廃条約の中で最も重要な規定の一つである。「十分な考慮を払って」の文節の挿入に妥協はしても、権利間の衝突に関しては人種差別と煽動の禁止を支持する立場に立つ。権利間の衝突がある場合、締約国が条約の侵害に対して、刑罰の性格を持つものを含めた法的な措置をとることを妨げるために言論や結社の自由を援用することはできない、というのが4条の方向性であろう。

4条に自動執行性はないから、国家が措置をとることによって規定を履行

ラエル最高裁判所は1998年、ユダヤ人少女が豚と伝説的モハメッドの絵を載せたリーフレットを配布することで宗教的感情を傷つける犯罪を犯した興味深い事件を審理し、被告の有罪を認めた。Penal appeal 697/98参照。後述する、米国における有名な *Skokie* 事件も関係がある。

42 Article 9 (3) of the declaration, in *Human Rights*, 61.
43 Cf. U.N. Doc. E/CN.4/Sub.2/SR.418 (1964).

することが不可欠である。条約を批准しながら4条の精神に合致する立法措置をとらない国は、条約上の義務を果たしていない。こういう言い方をすると、同条約の批准を思いとどまる国が出てくるかもしれないが、起草段階に見られた弱さにもかかわらず、4条の文言はその点に関して疑いの余地を残していない。多くの国が立法措置をおこなったことに現れているように、国際社会の行動は、4条の存在が同条約の批准を妨げなかったことを示している。

　4条は、意欲的な規定である。それは、人種差別だけではなく人種的憎悪、人種主義的宣伝、人種主義的目的を持つ結社といった、関連する悪事と闘うことを意図した、現行の国際法における最も明確な規定である。同条は、宗教を扱う類似の文書の解釈に適用することができる。

　その短所は、むしろ法技術的分野と起草作業にある。条約の規定を包摂するモデル国内法を作成することで、条約文の内容が必要に応じて明確化されることもあろう。国連事務総長は、「法的保証（guarantee）、人種主義的行為の犯罪化、被害者保護手続きの充実、条約履行を監視する独立した国家機関の設立などを通して、人種主義と人種差別の被害者に対する適切な保護」を確保することを意図したモデル国内法を作成した[44]。そうしたモデル国内法に一般的な合意をとりつけるのは困難であろうから、今後、モデル国内法が各国の国内法にどの程度取り入れられるかを見守る必要がある。しかし、人種差別撤廃委員会の委員の何人かが正しく認めたように、不完全な国内法よりも国際条約が、モデル国内法の拠って立つ基盤とされるべきである[45]。その点で、4条は極めて重要であり、宗教に基づく差別と煽動の問題に明らかな関連性を持っている。

---

[44]　U.N. Doc. A/46/18, at 107 (1991) 参照。
[45]　同上。

5　集団に対する中傷

　集団に対する中傷や名誉毀損およびその抑制策の問題は、いくつかの国で時折再燃する。この法的ジレンマに関する論争は、第二次世界大戦の教訓の影響下にあった1940年代に始まった。それ以来、西側の民主主義国を含む多くの国が、集団に対する中傷を禁止する立法をおこなった。国際法においても、いくつかの文書にその問題に関する規定が置かれた。

　集団に対する中傷は、複数の自由の間のバランス、条約義務逸脱の許容可能性、基本的な権利の制約、とくにこの犯罪の被害者に関する手続き上の困難など、人権法に関連のある一般的問題を含んでいる。宗教的不寛容の表明、民族的集団や宗教的グループの集団的願いの無視、共同体全体に対する侮辱や迫害などはしばしば、組織的な中傷キャンペーンと結びついている。

　この問題について、法律家の見解は分かれる。厳格な市民的自由論者、とくに米国内のその種の人々は、言論の自由やそれに関連する自由の濫用に含まれる社会的な危険がどれほど深刻であっても、それらの自由を規制する可能性のある措置にはすべて反対する。彼らの見解によれば、集団に対する中傷も、言論の自由の制約を禁止することによって保護される。より柔軟な見方をする人々もおり、それらの人々によれば、言論の自由やそれに関連する自由は、それが平和ないし社会秩序の深刻な侵害をもたらす可能性が高い場合には制約の対象になり得る。他の法律家は、集団全体を中傷する、侮辱する、傷つける、馬鹿にするといった目的でおこなう言論に自由はなく、そういった行為がなされた場合、集団は法的救済を受ける権利があると主張する。その見解に従えば、言論の内容はそれだけで十分に法の執行を喚起する[46]。

　イスラエル放送庁事件におけるイスラエル高等裁判所の判決については前

---

[46] こうした議論についてとりわけ、Natan I.erner, "Group Libel Revisited," *Israel Yearbook on Human Rights* 17(1987): 184; Kenneth Lasson, "Racial Defamation as Free Speech: Abusing the First Amendment," *Columbia Human Rights Law Review* 17(1985): 11; Kathleen Mahoney, *Hate Vilification Legislation: Where Is the Balance?* (1994); Raphael Cohen Almagor, "Harm Principle, Offence Principle, and the Skokie Affair," *Political Studies* 41 (1993): 453-470参照。*New York Law Forum* 14(1968) も、この問題に関する論考をいくつか載せている。

述した。全裁判官が人種主義に対する嫌悪を表明したものの、集団に対する中傷を規制できるか否かの問題について、判決は決然としたものではなかった。バラク(Barak)判事は、表現の自由に対する規制は最終的な手段であるべきだと考えた。イスラエルの国内法は、米国のように「現存する、明確な危険」を必要としないが、理論上の可能性では不十分であり、社会秩序に対する現実的危害の存在が「かなり確実」である場合に限って、言論の自由が制限され得る。

人種的憎悪の煽動について、バック(Bach)判事は異なる見解をとり、「他のいかなる表現形態も、人種的憎悪の煽動ほど効果的に人間の最も卑劣な直感を揺さぶり、暴力を発生させ、その対象にされた集団の名誉を傷つけることはできない」と述べた。したがって判事は、イスラエル放送庁には、社会秩序に対する危害が「ほぼ確実」ではない場合でも、明らかな煽動を含む発言の放送を拒む権利があると考えた。同判事はさらに、集団に対する中傷を抑制する目的の措置への支持も示したのである[47]。

6　集団に対する中傷の意味

「集団に対する中傷」という言葉の意味を明らかにする必要がある。「中傷」の意味はよく知られている。つまり、悪意のある誹謗、そしり、名誉毀損、相手の人物を憎悪、侮辱や嘲笑に晒すような悪口などである。ほとんどの近代的司法制度は個人に対する中傷を抑制している。他方、集団に対する中傷は、より複雑な状況を内包する。中傷であることに変わりはないが、特定の個人ではなく、ある集団全体を対象とする。

一般的な中傷の場合、被害者または誹謗の対象にされた個人が法の保護を受ける権利を持つことは誰もが認めるところである。だれかが、「黒人のジョン・アダムズとジョゼフ・スミスはレイプをする奴だ」とか、「ユダヤ人のハイム・ラビノビッチとサロモン・コーヘンは裏切り者だ」などを言えば、名指しされた個人は、多少の条件はあるにしても、中傷をした者に対して法的手段をとる権利がある。

47　前掲注41参照。

しかし、「黒人はレイプする連中だ」とか、「ユダヤ人は裏切り者だ」といった表現で、特定の個人ではなく、ある人種的集団、宗教的集団あるいは民族的集団全体が誹謗中傷されたり、侮辱され、傷つけられる場合はどうであろうか。ジョン・アダムズとジョゼフ・スミス、またはハイム・ラビノビッチとサロモン・コーヘン、あるいは彼らの所属する集団の他のメンバーは、そうした中傷を防止し、加害者を処罰し、蒙った損害に対する賠償を請求する権利を持ち、法的手続きをとることができるだろうか。一つのグループとしての黒人、カトリック教徒、イスラーム教徒またはユダヤ教徒、あるいはそれらの人々を代表する団体などが賠償請求のために提訴することができるだろうか。さらに困難な問題だが、集団に対する中傷は、どうすれば、またどのような時に防止できるだろうか。社会秩序の妨害が伴う場合、あるいは、どの様な事件も予測できないとは言え、表現が公衆の一部分を深く傷つける性格をもつ場合に限られるだろうか。後者の側面を示す事件には、米国での有名なスコーキー (Skokie) 事件や、イスラエルでかなりの論争を引き起こした、ガリレーのアラブ人村で人種主義者の一団がデモ行進を企画した事件が挙げられる。

集団に対する中傷に関する法律は国によって、また時期によっても異なる。いくつかの国では国内法によって、中傷の対象に自分が含まれていることを原告が証明できない限り、集団への中傷に対する民事訴訟が認められない。他方、司法長官またはそれに準ずる権限を持つ公的機関が同意しない限り訴追できない国もある[48]。集団に対する中傷が人種的な事由に基づく場合のみ何らかの措置がとられる国、つまり宗教的性格のものである場合は除かれる国もある。

集団に対する中傷によって苦しむのは、個人だけではなく共同体全体である。誹謗中傷は本質的に、集団のメンバーというよりも集団自体に向けられる。ジェノサイドの目的がその構成員の何人か(または多数)の殺害というよりも集団自体の破壊にあるように、憎悪を含む侮辱や中傷は、特定のメンバー

---

48 これは英国のことである。Cf. Anthony Dickey, "English Law and Race Defamation," *New York Law Forum* 14 (1968). イスラエルでは1986年8月5日に成立した人種差別的煽動に関する法令が、刑事訴訟手続きを始める前に司法長官の文書による合意が必要であると定めている。

というより集団全体を傷つけることを意図している。偏狭な考えの人々が、「黒人はレイプする連中だ」とか、「ユダヤ人は搾取し裏切る」とか、「イスラーム教徒はテロリストだ」とか、「部落民は劣っている」とか、「インディアンは飲んだくれだ」と言ったり書いたりする時、その含意は、すべての黒人、ユダヤ人、イスラム教徒、「部落民」、「インディアン」が軽蔑すべき性格を持ち、個人差は問題ではなく、否定的で危険な性質は自動的に共同体全体に備わっているということである。したがって、グループ全体を疑い、怖れなければならず、その構成員が絶対に社会に危害を加えることができないような方法でその集団を扱うことが必要になる。

対象が個人であれ集団であれ、中傷は相手にダメージを与える。個人を名指しせずになされる集団的中傷の方が社会に与える危害ははるかに大きいように思われるが、個人に対する場合よりも、訴訟によって闘うことが難しい。集団の中傷に含まれる社会的危険を強調してきたが、法に依拠して闘うことを困難にする諸問題を無視すべきではない。

7　集団に対する中傷の抑制

言うまでもなく、世界人権宣言29条と30条および自由権規約4条から導き出される、人権と基本的自由の分野における制約や逸脱に関する一般原則が適用可能である。言論の自由、煽動、攻撃的な言葉、公の秩序、公衆の健康、公衆道徳、挑発、「現存する、明確な危険」、囚われの聴衆、犯罪の意図、平和の侵害、政治的コメント、その他多くの文脈で頻繁に使われる言葉の法的意味に関する議論も関連がある。集団に対する中傷を政治的コメントや科学的議論に見せかける試みが少なくないから、それらの言葉を正確に使うことが非常に重要である。つまり、法的語義論が関係する。ケネス・ラッソン（Kenneth Lasson）の言葉を借りれば、「法が、政治的コメントと人種的誹謗中傷を区別できないと言うことは、ミケランジェロの裸像を42丁目のポルノ本屋の商品と同一視することに近い」[49]。

---

[49] Lasson, "Racial Defamation as Free Speech," 48.

これらの困難があるために、集団に対する中傷を禁じる努力は多くの反対を受けてきた。その中には、厳密に法的性格のものと、より実際的なものとがある。集団に対する中傷を禁じる立法は何の役にも立たない、そうした立法でナチスや類似の組織を止めることはできないだろう、却って偏狭な考えの人々がその見解を流布する場所を提供してしまう、抑圧された集団自身がそのような法令の被害者になってしまうかもしれない、といった主張がなされてきた。そうした議論をする人々が提案するのは、すでに周知の処方箋である。つまり、偏狭さ、宗教、人種的誹謗中傷に対応する唯一の効果的な方法は教育であって立法ではない、ということである。

　反対論を無視するべきではないが、それらの議論は説得力を欠く。法、とくに刑法は、最も効果的な教育と啓発の手段である。法は、人間が守るべき行動基準を定める。法、とくに刑法の目的は、犯罪の処罰よりも防止である。特定の行為が犯罪であり、禁止された行為であると宣言することは疑いもなく教育的であり、防止的措置である。もちろん予防的措置が常に適切ないし実行可能であるとは限らない。民主的社会では、放送メディアに関わる人間が中傷に類する悪口を言うことを防ぐのは実際に無理である。ただ、集団に対する誹謗中傷を広めることを目的とする個人や組織が、国家または公的機関に属するメディアにアクセスすることを防ぐことはできるし、また正当化できることである。言論の自由が尊重される価値である民主国家は、国内法と関連する国際的合意を通じて、偏狭な考え方の集団を違法化してきた。そうした、あるいは類似した挑発を計画し、実行する団体が法によって禁止されるとすれば、スコーキー事件は起きないだろう。しばしば集団的中傷の被害を受けてきたユダヤ人は、様々な場所でそうした法的措置がとられることを推進してきた。ただ、そうした措置に不快感を持つユダヤ系米国人のグループもあった。

　防止が不可能ないし不適当である場合、主要な問題は自由な言論に対する制約の問題である。社会は、理性が偏狭さに勝ることを期待しながら無為でいるべきであろうか。それとも、ある種の表現は処罰の対象、つまり犯罪であることを立法によって宣言すべきであろうか。後者のアプローチは、技術

的に困難かもしれない。しかし、後述するように、多くの司法制度がそれを試みてきた。表現の自由と関連する自由を保護することに熱心な民主的社会は、それらの自由の行使が基本的な社会的理想や利益と合致しない場合は、それらの自由を制限することが必要であることに気付いてきた。自由な言論が腐敗したり、信仰をひどく傷つけたり、公的秩序や国家の安全を危うくする場合、それを制限することは正当である。社会が保護すべき評価を得た人々の名誉を傷つけるために自由な言論が使われる場合、それを抑制し、被害者を救済することは正当なことである。

自由な言論の伝統を持つ国、つまり米国の最高裁判所は、言論の自由が社会にとって同等に基本的なニーズに適合すべきであると宣言してきた。誹謗中傷的発言に「社会的価値はほとんどないのであり、そうした発言がもたらすかもしれない利益は、社会が秩序と道徳に置く価値に比べれば、明らかに取るに足りない」[50]。

犯罪がいつおこなわれ、それがいつ、どのように処罰されるべきかを決定するのは、各国の刑事司法制度である。被害者に提供されるべき救済の内容も、各司法制度が決めることである。

国内法も国際法も、集団に対する中傷に対処する規定を含んでいる。ただ、規定の内容、とりわけ国内法は国によって異なる。悲惨な歴史の教訓によることが明らかだが、ヨーロッパの国々は集団に対する中傷を禁止する明示的な法を策定してきた。すでに見てきたように、集団の中傷に対するアプローチの厳しさは多様である。公の秩序と平和への干渉を証明することが要求される国があり、中傷の目的に加えて意図ないし動機を証明する必要がある国があり、国家が黙認した場合のみ訴追が許可される国があり、あるいは、憎悪組織への加入、活動、資金提供の禁止にまで踏み込む国もある。

国内立法の例として、1966年に欧州審議会の協議総会が、皮膚の色、人種、民族的 (national or ethnic) 出身、宗教によって区別される人々やグループに対する憎悪、不寛容、差別ないし暴力を公に呼びかけたり煽動することを犯罪とするモデル国内法を起草した。同モデル法は、目的ないし活動が上述の領

---

[50] *Beauharnais v. Illinois*, 343 U.S. at 256-257.

域に入る組織を禁止し、かつ(あるいは)訴追することも求めている[51]。憎悪の煽動に対する統一された法を求める欧州条約を準備する提案が同決議には含まれていたが、まだ実行されるに至っていない。

　いくつかの国の国内法規定には、言及しておく価値がある。フランスで1972年7月1日に成立した法72/546は、人種的中傷と侮辱を定義する。それによれば、故意の意図は要件ではなく、団体や個人には訴訟当事者適格性が認められる。人種主義や外国人嫌悪によって起こされる特定の行動の抑制に関する1981年のベルギーの法律も同様である。デンマーク、アイスランド、ノルウェー、スエーデンなどのスカンジナヴィア諸国には、国籍、皮膚の色、人種や宗教を理由に、嘲笑、中傷、侮辱、脅迫やその他の手段によって特定のグループを攻撃することを禁じる法律がある。オランダの刑法は、集団に対する誹謗中傷やその他の攻撃的表現を処罰する規定を置く。チェコの刑法は、いかなる国、その国の言語、人種や住民グループに対しても、宗教的確信の告白または宗教的確信を持たないことを理由に罵倒、非難することを処罰する。ハンガリーは、民族的(national)マイノリティに関する憎悪の煽動または悪口雑言を禁止している。ポーランドの法律は、特定のグループを公然と侮辱し、嘲笑し、恥をかかせる、あるいは宗教的感情を損なうといった行為を扱う。旧ソ連とルーマニアは、民族的ないし宗教的対立や不和の煽動、また関連する宣伝に対処する措置をとった。オーストリア、ギニア、インド、いくつかの中南米諸国も同様の国内法を持つ。フィリピンとスペインは、人種差別撤廃条約4条を刑法に取り入れた。オーストリア、ドイツ、ギリシャとイタリアは、人種主義の団体の存在を禁止している[52]。

　いくつかの州の刑法に集団的中傷に関する法規が導入されてきた米国で起きたボハネス対イリノイ州事件(*Beauharnais v. Illinois*)は古典的なケースである。米国最高裁は同事件の審理において、「いかなる人種、皮膚の色、信条ないし宗教であれ、特定の階層の市民を、邪悪で、犯罪を犯しやすく、ふしだらで、美徳を欠くように描き出し、そうした人々を侮辱、あざけりや汚名に

---

[51] Eur. Consult. Ass. Deb. 17th Sess. 737-38 (January 27, 1966).
[52] Lerner, *The U.N. Convention*, 165-203参照。

晒し、あるいは平和の侵害や暴動などを誘発するような」出版物を禁止する州法の合憲性を賛成5票、反対4票で肯定した。自由な言論を保障する米国憲法修正第1条が援用されたが、9人の裁判官のうち8人が、集団に対する中傷に関する法が合憲であると考えたのである。見解が分かれたのは瑣末な事柄に関してのみであった。集団に対する中傷に内包される危険については、ダグラス判事が雄弁に語っている。「ヒットラーとナチスは、特定の人種を侮辱、嘲笑や汚名に晒すことで破壊しようとする陰謀が、いかに邪悪なものになり得るかを示した」と述べたのである。フランクフルター判事は、「わいせつな、みだらな、冒瀆的な、誹謗中傷的発言」や「侮辱的ないし攻撃的言葉」は憲法によって保護される言論の範囲に含まれないと指摘した[53]。ボハネス・ドクトリンと呼ばれる、このような考え方が今も有効かどうかは未確定である。集団に対する中傷に関して新たに提案された法案は抵抗に遭った。

　よく知られてはいるが十分に理解されているとは言えないスコーキー事件では[54]、その多くがホロコーストの体験者であるユダヤ人が集住するシカゴ市郊外で、ナチスのグループがデモをする許可を申請した。スコーキー村はデモを止めさせようとしたが、米国最高裁はナチスがデモをする権利を認めたのである。同事件では、多くの人々にとって残念なことに、アメリカ自由人権協会（American Civil Liberties Union）がナチスの代理人を引き受けていた。ただ同事件は、集団に対する中傷を争点とする本当のテスト・ケースではなかった。ラッソンが指摘するように、スコーキー村の市民はデモという行為自体ではなく、その内容に関して異議を申し立てたのである。「彼らが適切な形で問題提起していたら、憲法の範囲内でナチを抑制することができただろう」とラッソンは結論づけた[55]。

53　*Beauharnais v. Illinois*, 343 U.S. at 256.
54　*Collin v. Smith*, 578 F.2d 1197 (7th Cir. 1978).
55　Lasson, "Racial Defamation as Free Speech," 18, 23, 30. ラッソンによれば、人種的中傷は破壊的な発言であって、米国憲法修正第1条で保護され得ないものである。ただ、宗教の自由な実践と「過剰に絡み合う」危険を理由に、宗教的グループに対する中傷を禁止範囲に含めることには消極的である。同35 n.174. こうした議論が正当化されるようには見えない。民族的集団が権利として受けるのと同じ保護を宗教的集団には与えないことに根本的な理由はない。

イスラエルでは、集団に対する中傷の問題へのリベラルなアプローチはあまり支持されない傾向がある。1965年に成立した「中傷法」(Defamation Law)の4条によれば、いかなる集団に対する中傷も、「民事訴訟ないし個人的苦情を申し立てる理由にならないかぎり」法人団体に対する中傷と同様に扱われなければならない[56]。人種差別関連法は、刑事訴訟手続きの開始には司法長官の文書による承諾が必要であると定める。この点に関して、著名な法律家たちは抑制的な見解をとった。イツァーク・ザミール(Izhak Zamir)判事は司法長官時代に、「公共の平和に明らかかつ差し迫った危険を及ぼすような極端な場合に限って訴追され得る」と述べた。中傷に関して個人が刑事告発手続きに訴えることの有用性はザミール判事も認めるが、その場合には原告適格性の問題が生じる[57]。団体組織が自発的に刑事告発を始めることを可能にする反人種主義的規制を法に含める提案は、市民的自由主義者たちから攻撃されて不成功に終わった。

現代国際法は、いくつかの文書に第二次世界大戦の悲惨な教訓を取り入れてきた。1950年代の終わり頃に数カ国で起きた偏狭な考えの過激化は、国際機関が民族的、宗教的および類似の集団を憎悪と敵意から守るための規定を採択する契機になった。1966年の自由権規約は、関連する措置をいくつか含んでいる。17条は、個人の名誉と信用に対する攻撃を禁じる。19条は、他者の権利および信用を保護するために表現の自由を制約することを許している。20条は、差別、敵意または暴力の煽動となる民族的、人種的または宗教的憎悪の唱道を禁止する。集団に対する中傷は、憎悪の唱道の禁止に含まれると見做してよいだろう。

人種差別撤廃条約は差別だけではなく、特定の人種または集団の優越性の思想または理論に基づく組織、宣伝、あるいは人種的憎悪を正当化したり促進しようと試みる集団の問題を扱う。同条約は締約国に、人種的優越性ないし憎悪に基づく思想のすべての流布が法によって処罰の対象となることを宣

---

[56] *Laws of the State of Israel*, 19:254.
[57] Izhak Zamir, "Herut Habitui K'neged Lashon Hara V'alimut Milulit"(Freedom of Expression vs. Defamation and Verbal Violence), in *Sefer Sussman* 149 (1984) 参照。

言すること、さらに人種差別を助長し、煽動する組織と宣伝を禁止することを強く求める。

集団のアイデンティティを保護することを目的とする、1978年のユネスコの「人種と人種的偏見に関する宣言」は、人種的不平等理論を非難し、とりわけマスメディアと国内社会のすべての組織化されたグループに、世界人権宣言に具現された表現の自由の原則に十分な考慮を払いながら、「個人や集団をステレオタイプ化し、歪んだ、一方的ないし意図的な描写」を慎むように強く要請する[58]。

地域的なレベルでは米州人権条約が、すべての人の「名誉を尊重され、尊厳を認められる権利」に関する規定、「他の人々の信用」を確保する責任、「人種、皮膚の色、宗教、言語または民族的出身を含む何らかの理由による、人又は人の集団に対する違法な暴力行為もしくはその他のすべての類似の違法行為の煽動を構成する、いかなる民族的、人種的または宗教的憎悪の唱道」をも法律によって処罰される犯罪と見做す規定を置く[59]。

1950年の欧州人権条約は、とりわけ無秩序もしくは犯罪の防止、他者の信用または権利の保護のために民主的社会において必要な場合に、表現の自由と結社の自由を制約する規定を置く[60]。

集団に対する憎悪や敵意の助長、侮辱や中傷、また必ずそれに付随する差別や迫害は、世界の多くの場所で共存と調和を妨げてきた暴力、無秩序と憤りの根源である。民族的、宗教的、言語的および文化的グループが虐待や侮辱から自衛することを許すことは、社会が持つ権利であるだけではなく義務である。

そうした防衛策には、個人だけではなく、被害を受けた集団に代わって司法的救済を求めることも当然含まれる。集団の中傷に関する法規は、犯罪がおこなわれた場合の救済に加え、犯罪的目的で設立された団体の禁止と解散を通じて犯罪を防止する可能性を含むべきである。それが基本的自由と矛盾しないことは、国際人権法がそうした趣旨の規定を含むという事実、および

---

[58] Lerner, *The U.N. Convention*, 204-209参照。
[59] とりわけ、Articles 11.1 and 13.5参照。
[60] とりわけ、Articles 10.2 and 11.2参照。

自由を愛する国々が同様の規範を国内法に取り入れてきた事実が示している。

8 国際犯罪に関する国際法——ジェノサイド条約

戦後の国際法は、歴史上、人命について最も被害の大きかった紛争の教訓に応えなければならなかった。第二次世界大戦前と戦中期に実行されたようなおぞましい犯罪の防止と平和の維持を目指す国際秩序構築の責任を負った人々は、特定の宗教的グループまたはその他の集団を対象とする犯罪的な政策の再現を防ぐ必要性を意識していた。

国連の初期に採択された条約の一つが「集団殺害犯罪の防止と処罰に関する条約」（ジェノサイド条約）[61]であったのは、それが理由である。1948年12月9日、世界人権宣言が採択された日の前日、国連総会は、反対ゼロ、賛成55票で同条約を採択した。条約は1951年に発効し、それ以後も多くの国によって批准されてきた[62]。国際司法裁判所が述べたように、「同条約は、純粋に人道的かつ啓発的な目的を明確にして採択された」のである。当時の国連の意図は、「ジェノサイドという、特定の集団全体に対して生存の権利を否定するという、人類の良心にショックを与え、人道に対する巨大な損失を招いた権利の拒絶を「国際法上の犯罪」として非難し処罰することにあった」[63]。

発効後50年以上が経過した今、同条約の主要な意義は、平時であれ戦時であれ集団殺害の実行は国際犯罪であることを宣言することによって、民族的・宗教的集団の存在を保護することが普遍的義務であることを国際社会が肯定したことにあることが明らかであろう。今日、ジェノサイドの禁止は強行規範の一部と見做されている[64]。条約は実施措置に関する規定を置いていない。

---

61 条約全文は、*Human Rights*, 669に所収。
62 何十年も批准について議論を続けた国もいくつかある。その一つが米国であり、トルーマン大統領が上院に条約を送って以来ほとんど40年後の1988年にやっと批准されたのである。その間、何度も開かれた公聴会では、批准に対する強硬な反対意見が出された。
63 Reservations to the Convention on Genocide case, ICJ Reports (1951), 15-69, at 23.
64 Barcelona Traction, Light and Power Co. case, ICJ Reports (1970), paras. 33-34と比較せよ。
Warwick McKean, *Equality and Discrimination under International Law* (1983), 277ffも参照のこと。

条約は、過去20〜30年間に世界各地で起きた明らかな集団殺害状況を防止することにおいてはほとんど何の影響力も発揮しなかった。ジェノサイド条約は、時代にあったものに変える必要があるし、後述するように、それに向けた行動はすでに始まっている。しかし今も、同条約は、民族的・宗教的集団がその存在を維持するために必要な基本的権利を扱うことにより、それらの集団を保護する基礎的な文書の一つである。

1944年にラファエル・レムキン(Raphael Lemkin)がこの非常に古い犯罪に新しい呼び名を与えて以来[65]、ジェノサイドに関して夥しい数の書物が書かれてきた[66]。ニァマイア・ロビンソン(Nehemiah Robinson)とその他の人々は起草作業に照らして条約を分析し、その適用に含まれる特別な問題を議論してきた。国連人権小委員会に任命された二人の特別報告者、ニコディーム・ルハシャンキコ(Nicodeme Ruhashyankiko)とベン・ウィタカー(Ben Whitaker)は、条約に関して詳しい研究をおこなった[67]。条約に興味を持った複数の非政府組織(NGO)も、関連する問題を扱う声明を出してきた[68]。したがってここでも、本書のテーマにとくに関連のある条約の主な規定に触れ、現在議論されている諸問題を明らかにしよう。

条約は、前文と19の条文から構成される。前文は、条約よりも広範囲の事柄を扱っていると見られる1946年12月11日の国連総会決議96(I)に触れている[69]。第1条は、ジェノサイドの実行が平時か戦時かにかかわらず国際法上の

---

[65] Raphael Lemkin, *Axis Rule in Occupied Europe*(1944); 同じ著者による "Genocide: A New International Crime," *Revue Internationale de Droit Penal*(1946): 360; 同じ著者による "Genocide as a Crime in International Law," *American Journal of International Law* 41(1947): 145. ジェノサイドの語は、1945年のニュルンベルク裁判におけるドイツの戦争犯罪者に対する起訴状に初めて登場した。ニュルンベルク裁判の判決については、*American Journal of International Law* 41(1947): 172参照。

[66] 権威のある解説として、Nehemiah Robinson, *The Genocide Convention*(1960). 同書は、複数の草案と関連する決議および同条約に対する留保を所収している。Leo Kuper, *Genocide: Its Political Use in the Twentieth Century*(1981); idem, *The Prevention of Genocide*(1985); Irving Horowitz, *Taking Lives: Genocide and State Power*(1980)も参照のこと。

[67] それぞれにつき、E/CN.4/Sub.2/416(4 July 1978), and E/CN.4/Sub.2/1985/6 and Corr. 1(2 July and 29 August 1985) 参照。

[68] とりわけ、World Jewish Congressの代表、Daniel Lackの陳述につき、E/CN.4/Sub.2/1984/SR.4. 参照。

[69] Robinson, *The Genocide Convention*, 54参照。同決議は、「政治的グループ」も保護し、文化的ジェノサイドのことも扱っている。

犯罪であること、締約国はその防止と処罰の義務を負うことを確認する[70]。

本書のテーマに関して極めて重要な第2条は、抑制的に解釈されなければならない。同条は、「民族的(national, ethnical)、人種的または宗教的集団を全部または一部破壊する意図をもつて行われた」場合にジェノサイドと見做される以下の五種類の行為を列挙する。

(a) 集団の構成員を殺害すること。
(b) 集団の構成員に対して重大な肉体的又は精神的な危害を加えること。
(c) 全部又は一部に肉体の破壊をもたらすことを意図した生活条件を集団に対して故意に課すこと。
(d) 集団内における出生を防止することを意図する措置を課すこと。
(e) 集団の児童を他の集団に強制的に移すこと。

第二次世界大戦中に起きた悲惨な出来事の数々とナチスによるユダヤ人、ロマ(ジプシー)その他の人々の殲滅政策がこの条約に与えた影響は明白である。

特定の犯罪をジェノサイドならしめる要因は、集団を破壊する意図である。集団は個人によって構成されるから、その破壊は個人を対象とする行為によってのみ達成できる。しかるに、ジェノサイドという犯罪の目的は集団である。ただ、民族的、人種的または宗教的集団だけがこの条約の保護対象であって、すべての集団が保護されるわけではない。「政治的」グループも含める提案は、第6委員会で最終的に否決された。理由は、そうした集団は永続的なものではなく、保護対象に「政治的」グループも含めることは国々にとって批准の妨げになるだろうということだった[71]。経済的なグループも排除された。

---

[70] ロビンソンは、起草作業を根拠に、同条約が普遍的抑圧の原則を採用しなかったと指摘する(同上、32)。このことは、普遍的管轄権の問題に対して発達する国際法のアプローチに照らして見る必要がある。

[71] Kuper, *Genocide*, 23ff., は、同条約が「政治的」グループの保護にも適した文書であるという見解をとった。Whitakerも賛同し、保護対象に「女性、男性、または同性愛者」といったグループも含めることを提案した。Whitaker study cited in note 67, 16-18参照。Ruhashyankikoは、研究の中で反対の立場をとった。(同条、23)参照。より制約的なアプローチが正しいように思われる。

ジェノサイドという犯罪は、集団「そのもの」を破壊する意図がある時に起きる。条約起草の歴史が示すように、「そのもの」という言葉はベネズエラの出した修正案に挿入されていたもので、その目的は、集団殺害の容疑者が、集団自体に対する憎悪から起こした犯罪ではなく、戦争における破壊、窃盗、不当利益の取得など、その他の理由を主張する可能性を排除することにあった。それらの文言をめぐっては起草中だけではなく、条約採択後も激しい議論が戦わされた。政府がジェノサイド行為の実行を非難された数件の事件では、意図の不在がジェノサイドの存在を否定する論拠として使われた[72]。

　意図とは、必ずしも集団全体の破壊意図を意味しない。その点を明らかにするために、「または一部」という文言が挿入された。つまり、集団への帰属を理由に同一集団の複数の構成員を破壊する意図は、それらの人々の数が相当な数に上る場合には、国、地域あるいは単一の共同体において対象集団の一部にすぎないとしても、ジェノサイドとして認められなければならない。同条約は、たまたま同じ集団的特徴を備えている場合も含めて、複数の個人ではなく、多数の人々に対する行為を扱うことを目的としている。被害者数が十分に大きいかどうかは、個別事件において裁判所が判断することになろう[73]。

　上述のように、ジェノサイドを含む行為のリストは限定されているが、それぞれの行為の解釈においては多くの問題が発生する。確定された条約文には、初期の草案にあった「エスノサイド」(ethnocide) とも呼ばれる「文化的ジェノサイド」への言及がない。国連総会決議96(I)が触れていた文化的ジェノサイドに条約では言及しないという決定は、起草段階でかなり議論されたが、現在も論争的である。言及排除の賛成派は、「文化的ジェノサイド」という言葉が精確さを欠くこと、また、大規模な殺戮と文化的権利の剥奪の間の明白かつ大きな違いを指摘した。しかしながら、現代社会が実際に体験してきたことに照らせば、文化的ジェノサイドへの言及を含むように条約を修正し、

72　Kuper, *Genocide*, 33-35のほか、Robinson, *The Genocide Convention*, 60-61参照。
73　Robinson, *The Genocide Convention*, 63. Kuperによればジェノサイドは、明確な意図によって実行される大量殺戮によって集団に対しておこなわれる犯罪である。(Kuper, *Genocide*, 86).

ジェノサイドの定義の範囲を人間の物理的破壊以上の範囲に拡大すべきであるという主張もなされている[74]。

同条約第3条は、ジェノサイドに加えて共同謀議、教唆、実行の未遂、共犯など、集団殺害に関連する行為が処罰されることを宣明する。ジェノサイドを煽動する宣伝活動の禁止や、ジェノサイドの実行を目的とする組織の解散の規定は、提案されたものの確定された条約文には入らなかった。第二次世界大戦中にあったジェノサイドの規模を否定するとか、加害者を擁護するとかの試みがなされている近年の状況は、同条約が何らかの改定によって、ジェノサイドのこれらの側面に特別な注意が払われないようになったらどうなるか、という問題を提起している。

第4条は、ジェノサイドをおこなった人間が「憲法上の責任のある統治者であるか、公務員であるか、又は私人であるかを問わず処罰」されることを規定する。上官の命令への服従という弁解を許容しないことを規定に含める提案は、最終文書に入れられなかった。条約改定時にはそうした規定をいれるべきだという意見の表明はあった。犯罪の責任、上官による命令、国家の責任やその他の関連する一般的問題を扱うことは、本章の範囲を超える。

第5条の下で締約国は、特にジェノサイド又はその他の禁止行為を犯した者に対して有効な刑罰を与えることによって条約の諸規定を実施するべく立法をおこなう[75]。第6条によれば、被疑者は、行為がなされた地域の属する国の権限のある裁判所、「または国際刑事裁判所の管轄権を受諾する締約国に対しては、管轄権を有する国際刑事裁判所」によって裁かれる。この規定は、起草作業に困難をもたらし、採択後も不適切であると批判されてきた。ここには、普遍的管轄権と国際刑事裁判所設置の問題が含まれている。

---

74 前掲注68の文書は、「文化的施設利用の拒絶、文化的権利の侵害、文化的資産の損傷や破壊といった行為の事例は現代社会に豊富にあり、民族的集団ないし宗教的集団の絶滅に繋がり得る。」と述べる。他方、McKeanは、文化的ジェノサイドへの言及を避けた決定は正しいと主張する（McKean, *Equality and Discrimination*, 110）。環境破壊であるエスノサイドをジェノサイドの定義に含める複数の提案もなされた。

75 そうした立法措置はすでに、デンマークとドイツでおこなわれており、イスラエルは集団殺害罪の防止と処罰のための特別法No. 5710/50を成立させた。同法の条文（英語）は、*Laws of the State of Israel*（LSI）（5710-1949/50）, 4:101に所収。Ib条は、ジェノサイド条約第2条の文言を採用している。Eichmann case, H.C. 336/61, 16P.D. 2033参照。

第7条は、ジェノサイドと関連する犯罪が、犯罪人引渡しの文脈における政治的犯罪と見做されないと定める。この規定も批判の的となった。「引き渡すか処罰する」(*aut dedere aut punier*) という原則が関係する。同原則は、ジェノサイド条約より後に成立した「拷問等禁止条約」に導入されている[76]。第8条は、不必要で実際の価値がないと考える人もいるが、締約国が国連の権限のある機関に対して、ジェノサイド行為の「防止又は抑圧」のために適当な措置をとることを要求することを可能にする。本条はジェノサイドの防止に関する唯一の規定である。

　第9条は、ジェノサイド条約に関連するすべての紛争において強制的管轄権を持つ国際刑事裁判所の役割を扱う。本条も論争を引き起こし、数カ国は本条に留保を付した。第10条以降は、条約末尾に通常置かれる諸規定である。

　ジェノサイド条約は、留保規定を含まない。同条約の批准に当たって締約国がおこなう留保に関して、国際司法裁判所は、国連総会の要請に応じて勧告的意見を出したことがある。裁判所によれば、留保を付した国も、その留保が「条約の趣旨および目的と両立する場合は」条約当事国と見做される。留保に異議を申し立てた他の締約国は、留保国を条約当事国と見做さないことができる[77]。

　履行に関する欠点はあるものの、第二次世界大戦とニュルンベルク判決以後の世界における同条約の意義は、強調し過ぎることができない。また同条約が、「平和と人類の安全保障に対する犯罪法典」(Code of Offenses against the Peace and Security of Mankind) の起草と国際刑事司法確立に関する議論に与えた影響も、強調し過ぎることができない[78]。「戦争犯罪および人道に対する犯罪に対する時効不適用に関する条約」[79]は、集団殺害犯罪をその範囲に含むことを明示する。そうすることで、戦時であれ平時であれ、民族的集団または

---

[76]　同条約7条と8条。条文は、*Human Rights*, 293に所収。
[77]　ICJ Reports (1951), 20.
[78]　The 1996 Draft Code against the Peace and Security of Mankind, 18条 (e) と (f) 参照。同文書は、UN doc. A/CN.4/L.532 (1996) 参照。
[79]　条約文は、*Human Rights*, 147に所収。Natan Lerner, "The Convention on the Non-Applicability of Statutory Limitations to War Crimes," *Israel Law Review* 4 (1969) : 512参照。ドイツは1979年に、同年12月31日をもってジェノサイドの処罰を妨げ得た出訴期限法を廃止した。

宗教的集団の存在に対する攻撃を違法とする上で重要な一歩としての同条約の役割を強調した。国際刑事司法、またはジェノサイド防止のために調査し行動することを任務とする国際機関の設立可能性に関する諸提案は不成功に終わった[80]。

ジェノサイド条約採択から半世紀を経た今も残念ながら、集団殺害犯罪は依然として国際社会が考えなければならない問題である。第二次世界大戦以後も何百万人もの人々が、条約の定義に合致する明白な意図の下に集団殺害されてきた。集団の生存権は、他のあらゆる権利の享受に不可欠な条件であり、その維持は、常に国際的課題に含まれていなければならない。

9 「民族浄化」(エスニック・クレンジング)

複数の国際法と国際人権法の重大な侵害であり、実際、何十万人を犠牲者にし、何百万人の難民を生み出してきた行為について、「民族浄化」という衝撃的な言葉が使われる。多くの場合、被害者の宗教的帰属がその犯罪の動機となってきた。

「民族浄化」は、次の四つの特定犯罪の一つまたはそれ以上を指すと言えよう。(1)諸形態のジェノサイド、(2)戦争犯罪、(3)人道に対する罪、そして(4)憎悪犯罪である。またそれは加害者が、国際刑事法のそれらの分野に関連のある犯罪のいずれかの実行に至る動機のことでもある。ジェノサイドの場合、その意図は特定のグループ自体の物理的な殲滅である。民族浄化の場合、その意図は、特定の民族的、宗教的または言語的集団に属さない人々を特定の地域から排除することである。

民族浄化という言葉は、主として旧ユーゴスラヴィアで起きた忌むべき出来事を表現するのに使われてきた。その意味では、すでに旧ユーゴスラヴィアの事件を扱う莫大な数の文書、書籍、国際司法裁判所の判決を含む様々な

---

[80] 提案されたジェノサイドの対策につき、Whitakerによる研究(前掲注67, 41)参照。ジェノサイド防止に関する提案について、Ruhashyankikoによる研究(前掲注67, 172ff. and 184ff)参照。戦争犯罪および人道に対する犯罪の加害者の捜査、逮捕、犯人引渡しと処罰に関する、1973年12月3日の国連総会決議3074(XXVIII)も参照。

決定が存在する[81]。しかし、民族浄化という言葉は、他の事件でも採用されてきた。スクーミ、グルジア、旧ソヴィエト連邦、アブカズ族の蜂起などでも大規模な民族浄化が実行されたことが非難された。20万人のグルジア人が排除されたと考えられる[82]。チェコ共和国のジプシーが置かれた状況には、同じ意味の言葉—vycisteni—が使われた[83]。ブラジルの司法長官が「ジェノサイド」であると表現したロライマ州でのヤノマミ族の大量殺害をはじめ、中南米のいくつかの地域で先住民族を苦しめる状況が起きた際、新聞はその背後にある民族的かつ人種的動機を指摘してきた[84]。ルワンダとブルンジでは、ツチとフツの間の民族的対立の結果、何十万人もの人々が殺害され、あるいは国外に逃れた。1994年11月8日には、国連安全保障理事会が決議955を採択してルワンダ国際刑事裁判所を設置した。

国連人権委員会から任命された「宗教又は信念に基づくあらゆる形態の不寛容および差別の撤廃に関する宣言」(1981年)の実施に関する特別報告者であったアンヘロ・ヴィダル・ダルメイダ・リベイロ(Angelo Vidal d'Almeida Ribeiro)が指摘したように、問題は厳密な意味での民族的なものを超えている。特別報告者は、その第7報告書(1993年)で、旧ユーゴスラヴィアの紛争が宗教的なものではなく異なる民族的集団間の対立であることを述べた上で、イス

---

81 国連の安全保障理事会、総会およびその他の国連機関や条約機関は、「民族浄化」に関する多くの決議を採択した。国際司法裁判所もその問題を扱ってきた。研究者のコメントについては、とくに Theodore Meron, "The Case for War Crimes Trials in Yugoslavia," *Foreign Affairs* 72(1993): 122; 同 "Rape as a Crime under International Law," *American Journal of International Law* 87(1993): 424; H. McCoubrey, "The Armed Conflict in Bosnia and Proposed War Crimes Trials," *International Relations* 11(1993): 411-32; P. Akhavan, "Punishing War Crimes in the Former Yugoslavia: A Critical Juncture for the New World Order," *Human Rights* 15(1993): 262; James C. O'Brien, "The International Tribunal for Violation of International Humanitarian Law in the Former Yugoslavia." *American Journal of International Law* 87(1993): 639参照。

82 *Time*(October 25, 1993): 42.

83 P. Mass, "In Czech Republic, a Surge of Racism against Gypsies," *International Herald Tribune*(August 14-15, 1993): 2参照。

84 それらの状況について、M. S. Serrill, "Rain-Forest Genocide," *Time*(September 6,1993): 42; A. Purvis, "A Demon Is Unleashed," *Time*(November 15,1993): 50-51参照。Shabtai Rosenne 教授は、ユーゴスラヴィアからの情報によれば、「民族浄化」の言葉は、ニューヨーク・タイムズの記者であるRoy Gutmanが、ボスニアのセルビア人の行為に限定して最初に使ったという事実に注目させてくれた。ただし、ボスニアの内戦中にはその種の行為はどのグループもおこなったことである(1994年1月30日付の私信)。

ラーム、東方正教会、カトリック教会の宗教的・文化的場所や記念碑が蒙った深刻な被害に言及した。特別報告者は、「そうした凄まじい破壊は、一定の地域に居住する民族的共同体の宗教的・文化的基盤を取り除くことによって、それらの人々が出て行くように仕向け、最終的に戻ることも妨げることを狙う特定集団の方針の一部であったように思われる」と書いた[85]。他の多くのケースと同様、旧ユーゴスラヴィアでも民族的憎悪と宗教的憎悪が絡み合っていたと思われるから、通常、民族紛争と言われる紛争においても、宗教的敵意や憎悪が重要な要素であることを無視することは妥当ではあるまい。

宗教的アイデンティティと「浄化」というおぞましい概念の関係は、何年か前にも同じ分野で問題になったことがある。1942年にテビンエ(Tebinje)でのチェトニックの会合に参加したチェトニック軍司令官は、「セルビアの土地をカトリック教徒やイスラーム教徒から浄化しなければならない。セルビアに住むのはセルビア人だけになるだろう」と述べた。同じ表現は、王国軍チェトニックのリーダーであったドゥラザ・ミハイロヴィッチ(Draza Mihajlovic)将軍の1941年の声明にさかのぼる。将軍は、「民族的に純粋で、より偉大なセルビアを含む偉大なユーゴスラヴィアの建設」と「国家の領土からすべての民族的マイノリティと他民族的要素を浄化する」ことを戦争目的に含めていた[86]。

「民族浄化」という表現が国連で使われるようになったのは、人権委員会が1992年にもった旧ユーゴスラヴィアの状況に関する特別会期(1992年8月13－15日)、および人権小委員会が44会期で「民族浄化」政策を非難した時である[87]。安全保障理事会も同様に、決議771(1992年)を採択して非難した[88]。国

---

[85] U.N. Doc. E/CN.4/1993/62, at 119. 国連難民高等弁務官のサラエボにおける報道官であったKris Janowskiは、セルビア人武装勢力が「イスラームの宗教的・文化的存在のすべての形跡を消した」と非難した。*New York Times*(January 30, 1994) 参照。

[86] 国際司法裁判所の扱った、ジェノサイド条約の適用に関する事件(Bosnia and *Herzegovina v. Yugoslavia*(Serbia and Montenegro))、およびIndication of Provisional Measuresの要請(March 20, 1993), 14参照。

[87] それぞれ、U.N. Doc. F./1992/22, E/CN.4/1992/84/Add.1(1992)、および 1992/S-l/1 Annex (1992) 参照。国連人権委員会の特別会期の第二会議における類似の決議については、E/CN.4/1992/S-2/6(1992) 参照。また、1992年8月にロンドンでおこなわれたユーゴスラヴィアに関する会議で承認された「諸原則の声明」も参照。

[88] 決議文は31 I.L.M. 1470(1992)に所収。

連総会は、1992年8月25日の決議46/242、同年12月16日の決議47/80、同月18日の決議47/121など、同様の非難を数回おこなった[89]。「民族浄化」という言葉は、それ以後も多くの正式文書に現れてきた。説明が伴うこともあるが、何も詳しい説明がないこともある。

1992年10月6日に採択された安保理決議780に続いて「民族浄化」の問題を扱う委員会が設置された[90]。その目的は、民族浄化を調査し、民族浄化に関するすべての入手可能な報告書を読み、その問題に対する最も効果的なアプローチが何かを決定することであった[91]。委員会によれば比較的新しい表現である「民族浄化」の定義が、厳密に旧ユーゴスラヴィアの紛争の文脈に限って精緻化された。その定義によれば、「民族浄化」とは、「暴力または脅迫を用いて、人々または特定の集団を一定の地域から排除することによってその地域を民族的に同質化すること」(中間報告書、55文節)である。

委員会は、旧ユーゴスラヴィアで実施された政策と行為に関する多数の報告書に基づいて、一連の行為を、自らおこなった定義に反して、「民族浄化」の範囲に入るものとして列挙した。同文書の第56段落によれば、それらは殺人、拷問、恣意的逮捕と拘留、裁判手続きを経ない処刑、レイプ、性的暴行、一般市民をゲットーに閉じ込めること、市民に対する移転・移動の強制と国外追放、一般市民居住地区と市民に対する意図的軍事攻撃およびその威嚇、さらに資財の手当たり次第の破壊である。

委員会はその中間報告書で、上記の行為が人道に対する罪を構成し、特定の戦争犯罪に相当する可能性があること、場合によっては「ジェノサイド条約の意味に該当する」可能性があることを強調した。専門家によって構成される同委員会は、「関連性のある人権」に言及しつつも、民族浄化の行為を人道に対する罪や戦争犯罪として扱った。また、旧ユーゴスラヴィアの紛争の文脈に限定して、そうした問題を考察したのである。

このように、同委員会が説明する「民族浄化」の意味は、広すぎると同時に

---

[89] Press Release G.A./8470 (February 1, 1993), at 276参照。
[90] 決議文は 31 I.L.M. 1476 (1992) に所収。
[91] Annex 1 to the U.N. Secretary-General Doc. S/25274 (1993).

狭すぎるように見受けられる。それ自体が国際法で定義され、関連する国際文書に明示された数種の主要な犯罪を含んでいる。その視点に立てば、民族浄化はそれらの犯罪の目的、動機となる。他方、旧ユーゴスラヴィアの紛争の文脈に限定したことによって、委員会は、より理論的かつ普遍的なアプローチを回避してしまった。更に、異なる解釈を許すことによって、委員会は民族浄化を、犯罪を悪化させる状況であり、より厳しい処罰を正当化する要素というように捉える余地を残してしまったようにも見える。

専門家の委員会が、民族浄化に繋がると見做した行為のリストは拡大可能であろう。例えばメロン(Meron)教授は、委員会の作成したリストには含まれていなかった、嫌がらせ、差別、殴打、威嚇、包囲、物資供給の遮断などをとくに挙げている[92]。そうした広い見方を採用すれば、民族浄化の意図を持ってなされた場合、人道法に反する強要や暴力行為のほとんどが民族浄化を内包することになろう。しかし、抑制的な見方をとる人々もいる。例えばマックーブリー(McCoubrey)は「民族浄化という非道な行為」を、「ボスニアのセルビア人占領地域からの非セルビア人の強制的移動」を意味するものと記述する。ただ、マックーブリーは、それがジェノサイドと同一視され得るとも述べる[93]。

旧ユーゴスラヴィアの状況との関連で二度にわたって国際司法裁判所に持ち込まれた、ジェノサイド条約の適用に関する事案(暫定的措置の要請)において特任裁判官を務めたエリ・ローターパクト(Eli Lauterpacht)は、「通常、『民族浄化』として知られる、一般市民の強制移住」は、「ボスニア・ヘルツェゴビナの多くの地域におけるイスラーム教徒の支配と存在を排除しようとする、セルビア人による意図的なキャンペーンの一部」として実行されたと述べた[94]。ローターパクトは、セルビア人の行為が「明らかに一つの民族的ないし宗教的グループ自体を対象として」、「その集団——全体ではなかったとしても確実に一部——の破壊を意図していた」ものである以上、ジェノサイド

---

[92] Meron, "The Case for War Crimes Trials," 132.
[93] McCoubrey, "The Armed Conflict," 424.
[94] Sec Order on Application, April 8, 1993, 87 AJIL. 505-521(1993); Order, September 13, 1993(複写).

条約2条に列挙される行為のいくつかに該当し、集団殺害であると考えた[95]。

国連総会決議47/121は、民族浄化が「ジェノサイドの一形態」であるとしながらも、人権委員会の特別報告者が、「民族浄化は戦争の結果というよりも目的であるように見えた」と述べたことに留意した[96]。1993年2月に特別報告者に任命されたポーランドの政治家であるタデウツ・マゾヴィエキ(Tadeusz Mazowiecki)自身、セルビア人勢力による「東部ボスニア・ヘルツェゴビナにおける最初の民族浄化の波」は1992年4・5月に遡るとしている。ただ、特別報告者は「民族浄化」の言葉を定義しようとはしなかった。しかし、特別報告者は、第二回定期報告書ではそれを「意図的かつ組織的政策の一部としての、一般市民の強制的移動と拘束、恣意的処刑、町に対する攻撃、村落や宗教的な場所の破壊」と記述した[97]。

1993年2月22日の安保理決議808は、「1991年以後旧ユーゴスラヴィアの領域内で行われた国際人道法に対する重大な違反について責任を有する者の訴追のための」国際刑事裁判所の設立を決定した。訴追の対象となる行為には、「大量殺人と「民族浄化」行為の継続」が含まれることが明記されていた[98]。

国際刑事裁判所の設立は、国連憲章7章に基づき、平和に対する脅威の存在に照らして、必要ないかなる行動もとられるようにするための有効で拘束力のある義務を創出する決定に基づいていた。同裁判所は、「法律なくして犯罪なし」(nullum crime sine lege)の原則に則って現行の国際人道法を適用しなくてはならない。国際人道法は、そこで取り扱われるべきであることが明らかなほとんどの違法行為をその範囲に収めているとは言え、民族浄化に明示的に言及してはいない。国連事務総長は報告書の中でとくに、民族浄化を人道に対する罪の一形態として取上げた[99]。国際刑事裁判所を設立した安保理決議827(1993年)も同様の見地に立って、「領土の獲得と占領を含む「民族浄化」

---

95 同、22-23.
96 1992年12月18日に採択.
97 S/25792(1993) Annex and E/CN.4/1994/4, May 19, 1993.
98 国際刑事裁判所に関する国連事務総長報告書(1993年5月3日付け)とその付属文書、同報告書を承認し、国際法廷の設置を決定した1993年5月25日採択の安保理決議827、および同裁判所規定について32 I.L.M. 1159-1205(1993)参照.
99 同、1173.

行為の継続」に言及している[100]。

　同裁判所は、旧ユーゴスラヴィアでおこなわれた犯罪を訴追するために設立された特別(ad hoc)法廷であり、その規定は1993年3月29日に安保理で採択された。それは常設機関ではなく、それ自体、指定された範囲外の犯罪を裁く権限を持たない。それは、ニュルンベルクと東京以来、初めて設立された国際犯罪法廷である。そうした法廷を設立する通常の手続きは国際条約だが、それが可能な状況がないことが明白になった。そこで、緊急性と打開の必要性を考慮した安保理は、上述のような手続きで設立に動いたのであった。1994年11月にはルワンダについても同様の行動をとった。

　旧ユーゴスラヴィア国際刑事裁判所は、多くの実践上の困難を克服した後、1993年11月17日に審理を開始した。ここでは、同法廷が国際刑事法の実施における効果的な道具になり得るかどうかを論じるわけにはいかないが、普遍的な性格をもつ常設の国際刑事裁判所の設立に向けた一歩であったように思われる。そうした常設の国際刑事裁判所の設立を目的とする国際会議は1998年夏にローマでおこなわれ、起草された設立条約は120票の賛成、7票の反対、21票の棄権で採択された〔訳注：常設国際刑事裁判所の設立条約(通称「ローマ規程」)は、2002年7月1日に発効し、2003年3月11日にはオランダのハーグに裁判所が設置された〕。同裁判所の管轄権の及ぶ犯罪のリストには、集団殺害犯罪、宗教的またはその他の事由および「グループまたは集団のアイデンティティを理由」とする、「いずれかの同一視し得るグループまたは集団に対しておこなわれる迫害」は人道に対する罪として、また「宗教的目的の建物に対する攻撃」は戦争犯罪として列挙されている。

10　「民族浄化」の意味

　ジェノサイドの場合は、その行為が一つの集団「それ自体」を破壊する意図をもって行われることが要件である。民族浄化の問題にも同様のアプローチを適用することができよう。違法と見做される行為は、特定の民族的または

---
[100]　同、1203-1205.

宗教的または言語的集団に属さない人々を特定の地域から排除することを目的としていなければならない。そうした行為は、いずれの場合も国際法違反である。結果がどうあれ、「浄化」または国外追放、または特定地域の強制的同質化などに向けられた行為は、「民族浄化」と見做されなければならない。「民族浄化」は、新しい犯罪ないし異なる犯罪とは見做されず、ある種の犯罪の意図、動機または目的として捉えられるだろう。いわゆる憎悪犯罪に関していくつかの国の国内法が規定するように、より厳しい処罰を正当化する「悪質化の要素」と見ることもできよう。

　国連総会は、1992年12月16日の決議47/80で[101]、「民族浄化」の概念を人種的憎悪の概念と関連させ、そのどちらも「普遍的に承認された人権と基本的自由とはまったく相容れない」ものとした。人道法と人権法が、この「忌むべき行為」に関連のある法であり、民族浄化はその両者の保護システムが禁止する行為である。「人種的憎悪」の言葉を、一般的に集団に対する憎悪を意味するものとして広く解釈することは妥当であろう。決議は、「人種、肌の色、宗教または民族的出身などの事由」に言及し、民族的 (national or ethnic)、宗教的、言語的マイノリティに属する人々の権利を尊重することの重要性に留意する。憎悪の対象または被害者は、人種、肌の色またはその他の自然な要素によって一つの集団として認識されるグループに属しているかもしれない。重要なのは、被害者が憎まれるのは、集団の性格には関係なく、特定のグループへの帰属が理由であって、したがって集団が犯罪の対象になることである。重要なのは、個人または集団が自らを、民族、宗教または文化の面で特定の歴史的アイデンティティを持つと自己認識し、他の人々からもそう見られることである。

　国連総会決議47/80の標題は、犯罪の行為者が望んだ結果、すなわち「民族浄化」とその犯罪行為の実行を引き出した広義の「人種的憎悪」という犯罪動機との関係を強調している。その意味で、我々がその関係を理解することに役立つ。このように「民族浄化」は、差別と集団に対する憎悪の煽動に関する人権法と国際人道法の二つの分野における複数の違反が集中する領域である。

　国連総会決議47/80は、人種、肌の色、宗教または民族的出身などの事由

---

[101] 投票なしで採択された。Press Release GA/8470, February 1, 1993, at 276参照。

に基づく差別と人種主義に関する既存の国際文書を想起し、再度肯定し、そうした差別と人種主義が平和と安全保障に及ぼす否定的影響を指摘する。決議は、明白に1992年8月25日の決議46/242の内容を繰り返している。決議46/242は、「民族浄化」を国際人道法の重大な違反と見做し、「民族浄化」と「人種的憎悪」が人権と「まったく相容れない」行為であり、その加害者には個人責任があり、裁判で裁かれなければならないことを宣明した。

　この問題に関して安保理は、いくつかのケースにおいて異なるアプローチを採用した。安保理は、決議808（1993年2月22日）で過去の決議713（1991年）とそれに続く関連決議、とくに764、741と780（いずれも1992年）[102]を確認したものの「人種的憎悪」と差別には触れていない。安保理は、国際人道法の違反、大量殺人と「民族浄化」行為の拡大に重大な警告を表明する。1993年6月14日、安保理は再度、決議836を採択して「力による領土の奪取ないし『民族浄化』のいかなる行為」もが「違法であり、まったく受け容れ難い…」と宣明した。

　国連総会決議と安保理決議の違いはもちろん、それぞれの機関の任務の違いによるものと説明できるが、非難された行為の定義が不明確であったことも作用していたと思われる。安保理は、安全保障の側面と戦争法・人道法違反を強調するのに対し、国連総会は、決議47/80に見られるように、差別の意図を強調して、それらの行為と集団に対する憎悪の概念との結合に注目する。この点で、決議47/80が総会第三委員会において人種に関する問題との関連で提起された事実は当然関係がある。他の総会決議は、「民族浄化」を特に人種的憎悪に関連付けていないからである。これら二つの国連主要機関の機能の違いを考えれば、両者が使った文言の違いは矛盾を含んでいない。しかし、問題の犯罪〔訳注：「民族浄化」のこと〕について一般的に受容された定義を確立することには役立っていない。

　1993年にウィーンで開かれた国連の世界人権会議は、その最終文書で「民族浄化」の問題を扱った[103]。その言葉の意味は定義しなかったが、人権の大

---

[102] 旧ユーゴスラヴィアの状況に関する安保理決議のリストにつき、31 I.L.M. 1427 (1992) 参照。
[103] U.N. Doc. A/CONF.157/DC/1, June 15, 1993.

規模侵害、とくに「大量の国外脱出難民と国内避難民を生み出す、戦争状態におけるジェノサイド、『民族浄化』および女性の組織的レイプ」などの形態の大規模人権侵害に関する「驚きと落胆」を表明した。会議は、そうした忌まわしい行為を強く非難し、「その種の犯罪の行為者の処罰と、そうした行為をただちに止めさせること」を繰り返し呼びかけた。文書の第二部は「平等、尊厳と寛容」の標題を掲げ、「人種主義、人種差別、外国人嫌悪およびその他の形態の不寛容」のタイトルのA章は、一般的人権との関連を概説する。

　二つの主要な人権実施機関である自由権規約委員会と人種差別撤廃委員会は、「民族浄化」を扱う。自由権規約委員会は、1993年7月におこなわれた第48会期において自由権規約40条1(b)項の下で行動し、旧ユーゴスラヴィアの国境内部に成立した複数の新しい国家が、同条約のもとで旧ユーゴスラヴィアが負っていた義務を引き継いだことを認め、ボスニア・ヘルツェゴビナ、クロアチア、セルビア・モンテネグロ（ユーゴスラヴィア連邦共和国）の政府に対し、旧ユーゴスラヴィアで起きた事件に関する報告書の提出を要請した。委員会は、戦争目的遂行の一環としての「民族浄化」に焦点を当てながらそれらの報告書を検討し、議論した。ボスニアは、セルビアの方針が「異なる宗教的かつ民族的出身の人々は共存できないという原則に基づいており、「民族浄化」の概念もそれを敷衍したものである」と主張した[104]。自由権規約委員会は、関係国政府に対し、「民族浄化」の方針を防止し、それと闘うための措置をとること、また自由権規約20条の関連において、差別、敵意と暴力の煽動を構成する、民族的、人種的または宗教的憎悪の唱道と闘うことを要請した[105]。

　人種差別撤廃委員会は、「民族浄化」の問題を、煽動を禁止する人種差別撤廃条約4条を国内刑法に取り入れる必要性に結びつけた。委員会は、「ボスニア・ヘルツェゴビナの領土で起きている、大規模かつ組織的な甚だしい人権侵害」と、「人々の強制的移転、拷問、レイプ、集団的処刑、国際的人道支援の遮断、一般市民の間に恐怖を植えつけることを目的とする残虐行為の実行を含む」「民族浄化」の実行について別の機会に言及した[106]。

---

[104] A/48 U.N. GAOR Supp. (No. 40), U.N. Doc. A/48/40 (Part I) (1993) 参照。
[105] 同、69.
[106] 48 U.N. GAOR Supp. (No. 12), U.N. Doc. A/48/18 (1993) 参照。

国連総会決議47/80は、すでに分析したように、「国際人道法の重大で深刻な違反」である「民族浄化」の問題を、憎悪と差別の問題に関連付ける。どちらも、「普遍的に承認された人権と自由とはまったく相容れない」ものであると見做され、国々は「あらゆる形態の民族浄化および人種的憎悪をなくすために協力する」ことを要請される。

　憎悪とは、言うまでもなく、感情または心の状態であって、その表現が暴力やその他の違法行為の形態をとるとは限らない。そういった表現形態をとる場合には、憎悪は意図または動機に近いものと見做されるべきである。国内法によっては、そうした意図と行為の結果を「憎悪犯罪」という特別な犯罪として捉える。例えば、人種、肌の色、宗教、民族的出身や祖先といった、その人物、所有者または土地の占有者の何らかの性質を理由に加害者が、被害者または犯罪の対象とする土地を「意図的に選んだ」場合、その者に課す処罰を重くする権限を裁判官に認める国内法がある。

　この問題は、一般社会および司法関係者の間に論争を誘発した。米国では、そうした姿勢は、犯罪的な考えを処罰することであり、修正第1条に違反するという主張がなされた。1993年6月、米国最高裁判所は、ウィスコンシン対ミッチェル事件（*Wisconsin v. Mitchell*）において全員一致で、人種、宗教またはその他の類似した特徴を理由に被害者を選ぶ犯罪者に対し、国家はより厳しい処罰を課すことができると判断した[107]。裁判所は、米国の関連法令の下では、動機が差別禁止法の場合と同じ役割を果たすと判じた。レーンキスト主任裁判官によれば、「被告の抽象的な信念は、それが多くの人々にとってどれ程不快なものであっても、処罰の決定に際して考慮されるべきではない」。ただし、「ひとたびその信念が犯罪の動機となれば、それはもはや抽象的ではなくなる」。被告が犯罪を犯す動機は重要な要素であり、状況を悪化させることもある。問題のウィスコンシン州法は、偏見に促された行為が個人と社会により大きな害を与えると考えられることを理由に、そうした行為をとくに区別してより厳しい処罰の対象とする。「偏見を動機とする犯罪は、被害者に特別な感情的苦痛を与え、報復的犯罪を誘発しがちであり、社会不安を呼

---

[107] U.S.L.W. 4575-79 (1993).

び起こしがちである」。裁判所は、人種的憎悪が殺人行為を悪化させる要素であり、裁判官は人種的敵意を考慮に入れなければならないと述べた[108]。

　武力紛争下での組織的な残虐行為と、安定した社会における個別の憎悪犯罪の間には、もちろん大きな違いがある。しかし、人々に大規模な重大犯罪を犯させる動機と、例えば上述の事件のように、異なる人種、肌の色または異なる宗教の相手を殴るという行為を犯させる動機との違いは、主として数量的なものである。レイプは常に犯罪であるが、一つの地域の「民族浄化」を意図しておこなわれた場合は、処罰は強化されるべきである。このことは、「民族浄化」の問題を憎悪犯罪の問題と結び付ける。ジェノサイドも同様であろうが、人種的または宗教的憎悪ないし偏見が「民族浄化」の背後にある。

　安保理は、武力紛争下でなされる、「民族浄化」と表現される行為に含まれる危険を強調した。国連総会は、「民族浄化」を人種的憎悪および差別と結び付けることによって、より一般的なアプローチを採用した。国連から任命された専門家による委員会が使った「民族浄化」という表現は、完全ではないにしてもある程度、限定的解釈に沿ったものであり、明確に定義され、抑制的に表現される犯罪の概念を確定する狙いがあった。

　その対象または被害者に関しては、「民族の」という言葉が、特定の民族的、人種的、宗教的または文化的特色を意味するものとして緩やかに解釈されるべきであろう。そうした解釈は、国連総会と自由権規約委員会が採用するアプローチと一致するものであり、1981年の「宗教又は信念に基づくあらゆる形態の不寛容及び差別の撤廃に関する宣言」の履行に関する特別報告者も採用したものである。また、関心を持つ集団が表明したいくつかの意見もそうした解釈を支持していた。疑いもなくあらゆる場合に人種的ないし宗教的憎悪が含まれており、示された動機がもたらす結果がどうであれ、今も憎悪犯罪がおこなわれているのである。

---

[108] イスラエルでは1994年7月に、議会が1977年の刑法のSec. 144(d) を修正する立法をおこなった。それは、人種主義的動機を持っておこなわれた犯罪に対する法定刑を二倍にするものである。

第7章　改宗の勧誘と宗教の変更

　改宗(conversion)、棄教・背教(apostasy)、改宗の勧誘(proselytism)、キリスト教の福音伝道(evangelization)、宣教活動など、宗教の変更に関連する諸問題はこれまで、宗教的権利に関係のある人権文書の起草過程において、かなりの論争を引き起こしてきた。実際、世界人権宣言の起草中の1948年、数カ国の代表は、宣言が宗教を変更する個人の権利に触れることに反対した。同じ論争は、1966年に市民的および政治的権利に関する国際規約（自由権規約）と経済的、社会的および文化的権利に関する国際規約（社会権規約）の起草作業中に再燃した。1981年に、「宗教又は信念に基づくあらゆる形態の不寛容及び差別の撤廃に関する宣言」（宗教的不寛容撤廃宣言）の最終草案に近いものが国連総会に提出された時にも、改宗の権利に言及することへの反対があり、妥協が成立しなければ、宣言の全会一致の承認が不可能になるところであった。宗教の変更に関連する諸問題は未だに解決されていないし、今後も宗教的権利に関する条約の起草が検討される場合には、多大な困難をもたらす可能性が高い。

　こうした状況は驚くに値しない。棄教や改宗の権利、あるいは無宗教でいる権利を認めない宗教もいくつかある。棄教・背教や異端の主張が犯罪と考えられて厳しく処罰されることもある。特定の承認された宗教団体ないし信者集団の構成員がそれを変更するには正式な手続きを必要とする国もあり、改宗や異なる宗教団体への加入を他の人々に勧める試みを犯罪と見做す国さえある。

　これらの問題は更に、現代の人権の普遍的性格と文化相対主義の間のより

大きな論争の一部でもある。文化相対主義の支持者は、人権法が正に西洋の社会制度であり、他の文化や社会への適用には向かないと主張する。したがって、既存の文化的ないし宗教的アイデンティティを不利な立場に追い込むことが多い外部からの侵入から、特定の文化ないし宗教を保護するべきであるとも主張する。ただ、こうしたアプローチは、人権の普遍的有効性を強調する大多数の学者の見解とぶつかる。

改宗の勧誘、転向、宗教的意見を広め、教導すること、宣教活動やそれに関連する状況に関する論争は、最近、国際社会の変化の結果として注目されてきた。中央・東ヨーロッパやアフリカでは、現地の教会と宣教活動を推進する外国の宗教との間に紛争が発生してきた。そうした対立に政府が巻き込まれたケースもある。例えば中南米では、1996年初頭における当時の教皇ヨハネ・パウロ二世の訪問が、福音教会の繁栄に対するカトリックの不快感を浮き彫りにした[1]。更に、ロシアのような国では、宗教間の対立は刑法による処罰措置を含む法執行を誘発してきた。いくつかの国では、外国の教会が地元の人々を改宗させようとするのを防ぐことに国家が全力を上げるといったことも見られたが、国際的司法制度が介入したのは二、三の事件に限られる。

自由権規約委員会は、とくに改宗とその勧誘について1993年に重要な「一般的意見」を発表した。委員会は、宗教または信念を持つ自由、あるいは受け容れる自由は必然的に、自己の宗教または信念を維持する権利に加えて、宗教または信念を選ぶ自由を含意するという見解を示した。それには、とりわけ自己の宗教または信念を別のものに変更する権利、または無神論的見方を採用する権利が含まれる[2]。

---

[1] Michael S. Serrill, "What the Pope Will Find When John Paul II Returns to a Region Where Catholic Marxism Is Out of Favor. The Big Threat: Evangelicals," *Time*(*Int'l*) (February 12, 1996): 28. 中南米のより貧しい地域では、人々は福音教会の教義を、カトリックおよび変化をもたらすことに無力であり続ける既存の権力構造に対する抵抗と見做している（同書）。Paul E. Sigmund, ed., *Religious Freedom and Evangelization in Latin America: The Challenge of Religious Pluralism*(1999)も参照。

[2] 自由権規約40条4項に基づいて自由権規約委員会が採択した「一般的意見」— General Comment No. 22(48) (Article 18), U.N. GAOR Hum. Rts. Comm., 48th Sess., Supp. No.40, at 208, U.N. Doc. A/48/40(1993) [General Comment No. 22(48)].

第7章　改宗の勧誘と宗教の変更　149

　自由権規約委員会は、自由権規約18条2項が、宗教または信念を持つ自由あるいは受け容れる自由を損なう強要を禁止することも指摘した。許容されない行為には、信者または信じない人々に対して、(1)その人々の現在の信仰と教団への帰属を維持すること、(2)自己の宗教または信念を捨てること、あるいは(3)変更することを強要するために、暴力または刑罰を用いること(あるいはその威嚇)が含まれる。委員会は、教育、医療、雇用へのアクセスを制限すること、自由権規約が保障する選挙権や、公的生活への参加の権利を制限することといったいくつかの方針や行為を違反行為の例として挙げた。この「一般的意見」については後述する。

　1995年10月、自由権規約委員会はモロッコ政府が提出した第3回定期報告書の審査の中で、同国には宗教を変更する権利に対する障害があることに懸念を表明した。リビアに関する報告書の中でも委員会は、宗教を変える権利に対する制約があることを指摘した[3]。人種差別撤廃委員会では、キプロス政府が提出した定期報告書について議論する中で、イスラーム教徒の共同体のような宗教的マイノリティが真の平等を享受しているかどうかについて質問が出た[4]。国連の特別報告者たちも、個別の政府報告書を検討する際に同じ問題を取り上げた。

　1996年にOSCEが開催した、宗教の自由の憲法的、法的、行政的側面に関するセミナーでは、宗教または信念の変更の問題がかなり注目された[5]。上述のように、たとえ反対論者がその問題は国際人権と国際関係の発展過程ですでに解決済みだと主張したとしても、国際社会はその問題に関して一貫した立場を形成することが不可欠である。

3　Report of the Human Rights Committee, U.N. GAOR, 50th Sess., Supp. No. 40, at 30, 34, U.N. Doc. A/50/40 (1995).
4　Report of the Committee on the Elimination of Racial Discrimination, U.N. GAOR, 50th Sess., Supp. No. 18, U.N. Doc. A/50/18 (1995).
5　Consolidated Summary of the Seminar, OSCE, Warsaw, 1996参照。

1 改宗の勧誘対宗教的アイデンティティとプライバシー

　どんな人権も、他の人権と切り離して単独で考えることはできない。すべての人権は相互に関連している。ただ、いくつかの人権の間には緊張関係があり得る。例えば、表現の自由と関連付けて改宗を勧める権利を主張した場合、同等な保護に値する他の権利を損なう可能性がある。世界人権宣言18条[6]、自由権規約18条[7]、「宗教又は信念に基づくあらゆる形態の不寛容及び差別の撤廃に関する宣言」(1981年)1条と6条などが規定する権利は[8]、他者の信仰を傷つけるような説得をすること、あるいは改宗の強要によって損なわれる可能性がある。干渉を受けずに意見を持つ権利に関する自由権規約19条1項の規定は、言うまでもなく宗教的意見にも適用される。宗教を信じる人々は、口頭であれ文書によるものであれ、いかなる形態、いかなる種類の教化活動に晒されることも望まないであろう。ある宗教が支配的な国では、国家がその宗教の信徒に特定の特権や便宜を提供することがあり、他宗教の改宗勧誘活動の権利制限がそうした便宜に含まれることがあり得る[9]。

　干渉を受けずに意見を持つ権利の侵害に加えて、特定の教義・思想を植え付けようとする教化活動や改宗の勧誘は、世界人権宣言12条および自由権規約17条に規定されるプライバシーの権利を損なう。宗教的教義を広めるために衝突しがちなそれらの権利を調和させる必要が一方にあり、他方に、宗教的グループ自身のプライバシー、親密度、外部からの隔絶の望み、または外部からの侵入から宗教的アイデンティティを護ろうとする強い望みを保護する必要があり、そのことは、改宗を勧める権利の範囲と限界を確定する試みにおいて考慮されるべき重要事項である。

6　G.A. Res. 217A, GAOR, 3d Sess. (December 10, 1948).
7　999 U.N.T.S. 171 (March 23, 1976).
8　G.A. Res. 36155, U.N. GAOR, 36th Sess., Supp. No. 51, U.N. Doc. A/36/55 (1981).
9　ヨーロッパ人権裁判所の判例、*Kokkinakis v. Greece, European Human Rights Report* 17, Part 5 (1994): 397参照。同事件およびギリシャにおける改宗の勧誘についてSilvio Ferrariは、新宗教、カルトおよび外国のものと見做された未認可の宗教共同体を含む、他のすべての宗教の信者との比較において、主要な教会が優遇されていたことを指摘する。Silvio Ferrari, "The New Wine and the Old Cask: Tolerance, Religion and the Law in Contemporary Europe," *Ratio Juris* 10 (1997): 75, 83参照。

第7章　改宗の勧誘と宗教の変更　151

　フェルナンド・ヴォリオ(Fernando Volio)は、プライバシーの領域とは自由の領域、孤立の領域であり、すべての男性、女性、または子どもが享受し経験することを望む様々な性質、希望、計画、ライフスタイルなどが法的に保護される閉鎖的空間であると述べた。プライバシーは、家庭、通信、家族、名誉、信用など自由権規約17条が保護する領域の安全に留まらず、他の条文が列挙する権利も含んでいる。それには「例えば、思想、良心、宗教の自由」や「自分の子どもの道徳教育や宗教教育を決定する権利」も含まれる[10]。

　改宗の勧誘は、情報およびあらゆる種類の考えを国境に関係なく伝える自由として自由権規約19条によって保護されるが、他の人々の諸権利による制約を受ける。情報や考えを流布することは、他の人々の宗教的感情を害する可能性があるからである。例えば欧州人権委員会は、イエス・キリストを同性愛者として描写した詩人を有罪とした英国裁判所の判決に関する苦情を退けた。委員会は、欧州人権条約10条2項の規定に従い、芸術家のもつ表現の自由は、他者の宗教的感受性を傷つけることを避けるために制限され得ると判断した[11]。英国では、冒瀆に関する法律はキリスト教のみを保護するものであってイスラームには適用しないと治安判事が宣言したことで、1989年にサルマン・ラシュディ(Salman Rushdie)を訴追する試みが挫折した〔訳注：サルマン・ラシュディは、1989年に英国で出版された小説『悪魔の詩』の著者であるインド系イギリス人。同書の内容がイスラームに対する冒瀆であるとして、当時イランの最高指導者、アヤトラ・ホメイニ師から死刑を宣告された〕。欧州人権委員会は、それに対する苦情も退けた[12]。ケヴィン・ボイル(Kevin Boyle)は、「英国における多数派であるキリスト教のみが保護され続けている」こと、および「欧州人権条約の下に設立された機関も、それをヨーロッパの人権基準に適合すると

10　Fernando Volio, "Legal Personality, Privacy and the Family," in *The International Bill of Rights: The Covenant on Civil and Political Rights*, ed. Louis Henkin(1981), 190, 193. Volioは、1967年、ストックホルムにおける北欧会議で採択された宣言が、プライバシーの権利をintimacy(外部の干渉なしに、独自の生き方をする権利と定義されたもの)と結び付けたと述べる。後者は、口頭であれ文書であれ、侵入する性格のコミュニケーションによって侵害され得るとされる。
11　*Gay News v. United Kingdom*, Eur. Ct. H.R. 5(1983): 123.
12　*Choudhury v. The United Kingdom*, Application No.17439/90. *Human Rights Law Journal* 12 (1991): 172に再録。

して承認していること」を批判する[13]。

　改宗の勧誘活動が、その対象にされた人々を悩ますという事実だけでは、招かれざる言論の制約の正当化理由としては不十分であると主張する人々もいる。そうした見解によれば、人々は真の宗教についての自己の考えを広める自由を保障されるべきであり、「単に、そうした考えを聞きたくない人々がいるからという理由によって沈黙させられるべきではない」。とりわけ、ビラなどの印刷物を戸別に配る自由は保障されるべきである[14]。しかしながら、人々がそこにいることを強制されている場所、つまり学校、病院、刑務所、軍事施設など、「聴衆がとらわれている場所」では話が違ってくる。例えば、学生が出て行くことを許されない教室では、教員や学校の職員は相応の支配力を使って、宗教的考えを伝えようとする人々と「説教を聴くことを強要」されたくない人々の両者を保護しようとしなければならない[15]。

　「囚われの聴衆」を改宗勧誘のスピーチや印刷物の受け手とするのは強制の一形態であり、そのような「囚われの聴衆」を巻き込んだ他の状況でも似た問題がある。欧州人権裁判所は、そうした教化に反対する父母の意向に反して学校でおこなわれる宗教の授業の問題を含む事件に直面してきた[16]。ただ、「囚われの聴衆」に関する事件がすべて異なる宗教間の改宗勧誘を含んでいるわけではない。事実、宗教の授業は、受け手が同じ宗教に属する場合でも強要となる場合がある[17]。

　このように、改宗の勧誘の問題は、複数の権利の衝突の問題である。どの権利がどういった具体的な状況で優先されるべきかを抽象的に決定することはできない。正しい解決には、権利間の微妙なバランスをとることが必要と

13　Kevin Boyle, "Religious Intolerance and the Incitement of Hatred," in *Striking a Balance: Hate Speech, Freedom of Expression and Non-Discrimination*, ed. Sandra Coliver (1992), 61, 68.
14　Barry Lynn et al. eds., *The Right to Religious Liberty* (1995), 70-71参照。
15　同、21-22; *DeNooyer v. Livonia Public Schools*, 799 F. Supp. 744 (F.D.Mich. 1992) も参照のこと。
16　*Kjeldsen, Busk Madsen & Pedersen v. Denmark*, 1 Eur. H.R. Rep. 711 (1976) (判決) 参照。
17　イスラエル軍は、あるユダヤ教徒グループの代表が軍の宿舎を訪れて、同じくユダヤ教徒である兵士たちに狂信的な信仰表現に戻るように説得したことを受けて、そのグループが自由に兵舎を訪問することを制限せざるを得なかった。

される。表現の自由に等しいものとしての改宗を勧める権利と、特定のグループの宗教的アイデンティティを護る権利（とプライバシーの権利）の衝突は、この問題に含まれる事柄がいかに微妙で扱いにくいものかを示している。自由な社会は、同等な価値を持つ複数の人権を調整する方法を見つけなければならない。

アーコット・クリシュナスワミは、その「宗教的権利と宗教的行為における差別の研究」の中で、極端なケースでは制約的措置をとることの正当性を肯定した。同氏の提案する第一のルールは、強要と不適切な勧誘活動の禁止である。国連の人権小委員会が精緻化した「第三原則」は、物理的強要ないし道徳を説くことによる強要に触れている[18]。国連の人権委員会と小委員会が任命した複数の特別報告者による報告書は、後述するように、数カ国で採用されてきた、布教活動に対する刑法上の措置に言及している。改宗を促すために物質的な利益を供与したり、約束するといった物質的誘惑のみを処罰の対象とする国がいくつかある[19]。ただ、改宗を勧誘する正当な行為と不適当な誘惑を区別することが困難な場合がある。その結果、諸国には様々な段階の制約的措置がある。

2 宗教の変更とその勧誘

改宗、棄教・背教、改宗の勧誘、キリスト教の世界福音化活動、布教活動などの問題と国際人権法の関連性を理解するためには、それらの概念が使われる文脈を明らかにすることが必要である。本質的に、すべては主要な三つの問いにかかっている。第一は、自己の宗教または信念を変更することが、普遍的かつ慣習法的性質を持つ基本的な人権の一つであるかどうか、という問いである。第二は、宗教または信念を変更することを他者に勧める、ある

---

[18] Arcot Krishnaswami, *Study of Discrimination in the Matter of Religious Rights and Practices* (1960) 参照。

[19] 同 上。Asher Maoz, "Human Rights in the State of Israel," in *Religious Human Rights in Global Perspective: Legal Perspectives*, ed. Johan D. van der Vyver and John Witte Jr. (1996), 349, 360も参照のこと。

いは説得する権利が存在するかどうか。そうした権利があるとすれば、そしてその権利に対する制限があるとすれば、それはどのようなものかというのが最後の問いである。

これらの問いに答えることの難しさには、質問文に使われている言葉が多義的であるという事実が加わっている。付与されている意味は、一般的に観察の角度によって異なってくる。あるグループにとって神聖な改宗勧誘活動であるものが、他のグループには不適当な活動と受け取られる[20]。特定の行為を、表現の自由および宗教または信念を教えたり、宣伝する自由の正しい行使だと考えるグループがある。他方、まったく同じ行為を、自己のプライバシーないし集団のアイデンティティの不当な侵害であり、良心の自由の侵害であると捉える集団もある。しかし、両者に共通する基準は宗教、あるいはより精確に言えば、宗教または信念である。したがって、現代の実定人権法が宣明する、宗教または信念に関する三種の自由、すなわち思想、良心、宗教の自由の意味を明らかにする必要がある。

改宗の勧誘と関連する諸問題は主として、厳密な意味での宗教の自由に関係する。宗教の自由は明らかに、狭義の宗教を超えて、宗教的規範ないし行動の受容を強要されない権利として理解されている「宗教からの自由」とも異なる「信念の自由」も含んでいる。改宗を勧める権利および表現、結社、布教の自由といった関連する自由は、宗教を定義する試みに照らして解釈されなければならない。残念ながら、宗教の定義に関する合意は存在しない。

宗教の変更に関する用語は複雑である。宗教の変更は、二つの異なる心の状態と一連の行動の結果であろう。人は最初に理屈または感情に促されて、自己の宗教または信念が間違っている、不満足ないし不十分であるという結論に達する。その結果、その宗教からの離脱を決めるかもしれないが、他の宗教または信念を受容することに決めるかもしれず、あるいは宗教を持たないことにするかもしれない。そのことは、その人物の公的ないし私的行動の変更につながる可能性がある。信念の変更はさらに、その人物の集団への帰

---

20 Cecil M. Robeck Jr., "Mission and the Issue of Proselytism," *International Bulletin of Missionary Research* 20 (1996): 2参照。

属の変更につながる、あるいは変更を必要とする可能性がある。それは、宗教的な人々は通常、孤立した個人であるよりも、宗教的なグループ、共同体、信者団体または教会のメンバーであることが多いという事実による。そうした集団への帰属の変更は、必ずしも純粋に個人的な事柄とは限らない。特別な正式手続きが必要な国、司法制度もあるであろう。

　宗教の変更は、常に自発的であるとは限らないし、単に知的ないし感情的原因ないし誘因がもたらすとも限らない。時には外的な要素が、決定的ではないとしても大きな比重を占める。そうした要素は、他の人々、教会や組織の活動の結果であるかもしれない。それらのグループを代表する人々は通常、自らの宗教的見解を説明し、説教、布教、宣伝、宗教的信念の主張といった活動を通じて人々に影響を与えようとする。勧誘方法は、その対象となる人々の精神衛生にとって危険である可能性がある。特に、セクトが宗教的考えを集団または個人の不穏当な行動形態と結びつける場合にはそうなる。そうした結果を避けるためにいくつかの国では、特定の支配的な宗教団体のイニシアチブによることが多いが、改宗の勧誘に法的制限を課してきた。

　不当な勧誘と個人的説得に基づく、外部的干渉のない正当な転向との違いを理解するには、用語の意味を一層明確にすることが必要であろう。上述したように、「あるグループにとって神聖な教化活動は、他のグループにとっては改宗勧誘である」[21]。改宗とその勧誘は、いくつかの宗教では明確に区別されている。例えば、キリスト教国であるスペインとポルトガルで使われたスペイン語の*conversos*という言葉は、キリスト教に改宗したムーア人やユダヤ人、あるいはその子孫を意味していた。*Marranos, alboraycos*、または*tornadizos*などの言葉と違い、*conversos*という言葉には軽蔑的なニュアンスが含まれていない[22]。改宗の勧誘という言葉は後に、軽蔑的な、時には威

21　同、2. Eugene P. Heideman, "Proselytism, Mission, and the Bible," *International Bulletin of Missionary Research* 20 (1996): 10 も参照のこと。

22　改宗の勧誘と改宗についてのユダヤ教の伝統的見解に関する最近の研究として、Menachem Finkelstein, *Proselytism, Halakha and Practice* (1994) 参照。ユダヤ法における改宗、棄教・背教、冒瀆についての人権指向的言及について Haim H. Cohn, *Human Rights in Jewish Law* (1984) 参照。

嚇的な意味を持つようになった。改宗の勧誘は、不適当な活動を含む、一種の悪しきキリスト教への改宗勧誘活動として表現されてきた[23]。威嚇、強要、買収、金銭的誘惑とその他の類似の行為を含む場合、勧誘活動は違法と見做されることが多い。

　上記の用語類の現在の意味については、定義が、宗教、法、あるいはより一般的な情報のいずれに基づいているかによって区別する必要があろう。一般的な辞典は、これらの区別を反映している。ウェブスターの新同義語辞典は、*convert*と*proselyte*という二つの動詞を同義語としている[24]。同辞典によればどちらも、人が従来受容ないし支持していたものとは異なる教義、意見、理論を受け容れたことを意味する。*Convert*とは、通常、信念を自発的かつ心から変更することを含意する。他方*proselyte*は、基本的に、他の宗教への転向を意味する。一般的な語法では*proselyte*は、敬意の払われた、あるいは納得した自発的な受容というよりは、熱心な宣教師であれ、狂信的な人あるいはあまり感心しない動機を持つ人によるものにせよ、他者を説得することや強く促すことを通じておこなわれるというニュアンスがある[25]。

　「棄教」という言葉は、「信仰を捨てることないし放棄すること」を意味する[26]。「棄教」という言葉は通常、特定の宗教を放棄した者が他の宗教に変わることを意味する。放棄される宗教、教会または集団からみた棄教者は、受け入れ側の視点に立てば改宗者となる。棄教と棄教者がどう定義されるかは、当該の教会または宗教の立場、およびどのような手段・方法で改宗が導き出されたのかによる。

　キリスト教の福音伝道(evangelization)という言葉は、キリスト教徒ではない人々をキリスト教に入信させ、キリスト教の福音(evangel)を受容させるためにキリスト教徒がおこなう努力を意味する。時には、キリスト教の他の宗派に属する信者に福音派になるように勧めることを意味することもある。

　宣教師団(mission)とは、「教義を広める目的のために宗教組織から任命され

23　Robeck, "Mission and the Issue of Proselytism," 1参照。
24　*Webster's New Dictionary of Synonyms*(1973), 189,646.
25　Heideman, "Proselytism, Mission, and the Bible," 10.
26　*Webster's Third New International Dictionary*(1993), 102.

た人々」を指す[27]。宣教師とは、そのために送り出される人々である。布教活動に晒されて、それに反対するグループから見れば、布教という言葉は、軽蔑的で威嚇的な含意さえある。中南米における近年の福音教会の繁栄に対するカトリック教会の側の不快感については上述した。不快感というのは、自己のアイデンティティが脅かされていると感じる宗教団体の反応を表現するには、穏やか過ぎる言葉かもしれない。

このように、改宗に関連する用語類はよくて不正確であり、悪くすれば疑念ないし偏見——そのいくつかは十分に正当化され得るが——といった重荷をしばしば背負っている。それでも、様々な人権文書の起草者たちは、人権保護の普遍的枠組みに改宗の権利を導入しようとした。そのために彼らは、定義に関するそれぞれの好みは脇に置いて、より実際的なアプローチを採用したがそれでも、この微妙な問題に関する対立を回避するには十分ではなかった。そのことは次に述べるように、それらの文書の起草作業の歴史と文書をめぐる議論においてとくに顕著になる。

3　国連の時代における改宗とその勧誘

世界人権宣言18条と自由権規約18条は、宗教に関する最も重要な人権規定である。それらの規定は、宗教の変更、改宗やその勧誘などの問題に関しても重要な関連性を持つ。それらの条文は、三つの自由、すなわち思想、良心および宗教の自由に言及する。思想の自由は、規律することが不可能である。レオ・フェフェール (Leo Pfeffer) が適切に指摘したように、思想の自由の憲法的保障を確保する必要はない。「コモンローの格言にあるように、悪魔は人間の思想を知らない」からである[28]。一般的に、国家であれ個人であれ、宗教的なものか非宗教的なものであるかを問わず、思想や信条が行動や振る舞

---

[27]　同、1445.
[28]　A. Bradney, *Religions, Rights and Laws* (1993), 5. Leo Pfefferは、「一人の人間とその創造主の関係は個人的関心事であって、他の者が介入する権利を持たないことは普通法の一規定」だと考えた。(Leo Pfeffer, *Church, State, and Freedom* [1953], ix).

いに転換されていない場合、干渉することはできない[29]。思想や信条は人間の生活の最も内面の領域に属するのであり、どんな手段を用いても、一人の人間に特定の信仰を維持すること、ないし捨てることを強制することはできない。人間の気持ちに作用する違法かつ例外的な手段については本稿の範囲を超えるので扱わない。

　本稿の目的に関係があるのは、18条およびその他の関連する人権規定が宣明する、良心の自由と宗教の自由である。宗教の変更の権利への言及を含めることは、国連機関における論争と対立を生み出した。そのことは、自発的であれ押し付けられたものであれ、改宗の問題に対する伝統的国際法のアプローチに照らせば意外なことではない。この問題に関する歴史的経緯については前章で扱ったが、近時における困難を理解するには歴史的経緯の次のような簡単な素描が有用かもしれない。

　1555年の「アウグスブルク宗教和議」のクイウス・レギオ・エイウス・レリギオ (*cuius regio, eius religio*) 原則〔本書6頁の訳注参照〕とその強力な含意は、近代国際法の初期における複数の二国間条約、とりわけウェストファリア講和条約(1648年)によって修正された。17世紀以後の諸条約はしばしば、互恵を条件に宗教に関する保護的規定を導入した。いくつかの国は、宗教と信念の自由に関する規則と改宗の強要の禁止を含む、民主的でリベラルな憲法を成立させた。

　二度の世界大戦の戦間期には、宗教的権利に関して興味のある展開が見られた。マイノリティ保護に関する諸条約である。それらの条約は、民族的 (national or ethnic)、文化的または宗教的マイノリティの保護を目的とする制度を構成した。それらの条約には、宗教的権利に関する規定も多く含まれていた。ただ、このシステムは、国際連盟の崩壊、ヨーロッパにおける平和と

---

[29] K. J. Partsch, "Freedom of Conscience and Expression, and Political Freedoms," in *Henkin, International Bill of Rights*参照。Partschは、思想の自由には一切触れていない。Martin Scheininは、「国家は、自由に考えることを国民に許すことを難しいとは考えてこなかった。困難は、信念を表明する権利とそれに従って行動する権利に関連して発生する。」と述べる。Martin Scheinin "Article 18," in *The Universal Declaration of Human Rights: A Commentary*, ed. Asbjorn Eide (1992), 263.

民主主義の崩壊と共に消滅した。第二次世界大戦がこのシステムを終わらせなかったとしたら、システム全体がどのように発展したかを予測することは誰にもできない[30]。しかし、サンフランシスコ講和会議が招集され、国連を土台にした新しい国際秩序構築の試みが始まると、同マイノリティ保護システム全体の評価は地に落ちた。もっぱら個人の権利と自由が強調され、集団の権利は懐疑的に捉えられた。宗教的人権は、個人の権利に関する一般原則と非差別原則との結合によって適切に保護されると考えられた。そうした考え方によれば、人種、皮膚の色、民族的出身、文化や言語といった集団的特徴を理由として個人の権利が危険に晒されたり、侵害された場合に必要な解決は常に、純粋に個人の権利の枠組みの中で、主として非差別原則によってその人の権利を保護することによってもたらされる[31]。

4 世界人権宣言

　国際連合憲章（1945年）と世界人権宣言（1948年）は、こうした背景を念頭に起草された。国連憲章には、宗教的権利への言及がほとんどなく、改宗への言及はまったくない[32]。しかし、世界人権宣言2条は、同宣言に規定する権利と自由の享受における、宗教を含めたあらゆる種類の区別を禁止する[33]。18条の次の規定は、非常に重要である。

　　すべての人は、思想、良心及び宗教の自由に対する権利を持つ。この

---

[30] Theodore S. Orlin, "Religious Pluralism and Freedom of Religion: Its Protection in Light of Church/State Relationships," in *The Strength of Diversity–Human Rights and Pluralist Democracy*, ed. Allan Rosas and Jan Holgenscn(1992), 94. Orlinは同書で、国際連盟のマイノリティ条約システムは宗教の自由を普遍化することができなかったし、平和を脅かすもの、あるいは政治的に不安定な状況につながっているとは見られていなかった、宗教や信念を保護する必要が増していることを反映していなかったと指摘する。

[31] Natan Lerner, *Group Rights and Discrimination in International Law*(2003)；Warwick McKean, *Equality and Discrimination Under International Law*(1983) 参照。

[32] 国連憲章上の人権に関する概論として、Hersch Lauterpacht, *International Law and Human Rights*(1950). 文書は、1 U.N.T.S. XVIに所収。

[33] Universal Declaration of Human Rights, G.A. Res. 217, U.N. GAOR, 3d Sess., Supp.(1948).

権利は、宗教又は信念を変更する自由、並びに単独で又は他の者と共同して、公的に又は私的に、布教、行事、礼拝及び儀式によって宗教又は信念を表明する自由を含む。

26条は、宗教的グループへの言及を含んでいる。「教育が、すべての宗教的集団の相互間の理解、寛容及び友好関係を増進するべきである」という箇所は、本章のテーマに関連のある規定である。宣明された諸権利の行使における制限に関する29条も関連性がある。同条は、個人の権利と自由に対する制限が、「他者の権利及び自由の正当な承認及び尊重を保障すること並びに民主的社会における道徳、公の秩序及び一般の福祉の正当な要求を満たすことを専らの目的として法律によって定められた場合にのみ」許容されると規定する。

1948年の世界人権宣言の起草における非常に困難な問題、そして1966年の国際人権規約と1981年の宗教的不寛容撤廃宣言の起草過程でも論争的であった問題は、自己の宗教または信念を変更する自由の問題であった。いくつかの宗教や国家は、宗教または信念の変更の自由を否定している。当初反対された世界人権宣言18条の条文は、最終的には賛成27票、反対5票、棄権12票で採択された。世界人権宣言の起草者たちは、棄教、布教活動、強要や誘惑、改宗の勧誘とその限界、承認を得ようと努力している新しく若い宗教運動の地位、人を操る戦術を使うセクトから生じる社会的危険などを含む多くの問題に気付いていた。

1948年に、起草委員会の手になる宣言草案を国連人権委員会が検討した際、改宗の問題が持ち上がった。数カ国のイスラーム教国に支持されて、サウジアラビアは、「自己の宗教または信念を変更する自由」という文言を削除する修正案を提出した。同国のスポークスパーソンは、修正案の目的が、宣教師団が政治的な動機に基づいてその権利を濫用することを防ぐことにあると主張した。当初その文言に留保を表明していたエジプトの代表は、最後には賛成票を投じた。彼は、「人が自己の宗教または信念を変更する自由を宣明すれば、世界人権宣言は、意図的ではないにしても、東洋ではよく知られている

第7章　改宗の勧誘と宗教の変更　161

ような特定の宣教師団の陰謀を奨励することになるだろう」と述べた[34]。

　国連総会の第三委員会はすべての修正案を拒否し、18条はそのまま賛成38票、反対3票、棄権3票で採択された。国連総会は、宣言草案の全体を賛成48票、反対なし、棄権8票で採択した。棄権したのは、サウジアラビア、南アフリカ、ベラルーシ、チェコスロバキア、ポーランド、ウクライナ、ソ連とユーゴスラヴィアである。

　数カ国では実定法であるイスラーム法が、宗教または信念を変更する権利を明示的に承認することに対するイスラーム教国の反対を鼓舞した。ニァマイア・ロビンソンの見解によれば、問題の条文が賛成27票、反対5票、棄権12票で採択された事実は、世界人権宣言が普遍的でなければならないということ、その条文は特別な権利を規定するものではなく、宗教と思想の自由から生じるものであることが理解されたことを証明している[35]。

　しかしながら、論争は終わっていなかった。自己の宗教または信念を変更する権利の承認問題は、1948年以来、宗教的人権の分野における議論と活動を支配してきた[36]。国連総会が1981年の宗教的不寛容撤廃宣言の草案の各条文を議論していた時、約40カ国のイスラーム教国が、宗教を変更する権利の明示的規定を削除することを求めた。その削除がなされていたら、世界人権宣言18条と自由権規約18条の有効性は損なわれていたであろう。1981年までに、イラン、イラク、ヨルダン、リビア、モロッコ、セネガル、シリアとチュニジアを含むイスラーム教国は、18条に留保を付けずに自由権規約を批准していた[37]。

34　J. A. Walkate, "The Right of Everyone to Change His Religion or Belief," *Netherlands International Law Review* 2(1983): 146, 152. キリスト教徒で文書の起草に参加したレバノン代表のCharles Malikは文書を擁護した。パキスタン代表も同様の立場をとった。

35　Nehemiah Robinson, *The Universal Declaration of Human Rights*, 129.

36　Walkate, "The Right of Everyone to Change His Religion or Belief." 参照。

37　この点に関し、1981年に第三委員会議長Dr. Declan O'DonovanがRoger S. Clarkに送った手紙 "The United Nations Declaration on the Elimination of All Forms of Intolerance and of Discrimination Based on Religion or Belief," in Roger S. Clark, *Chitty's Law journal* 31(1983): 23, n.36参照。

5　クリシュナスワミによる研究

　宗教的権利に関する世界的かつ包括的研究の枠組みにおいて宗教の変更を扱った、最初の重要な国連文書は、アーコット・クリシュナスワミ特別報告者による「宗教的権利と宗教的実践の問題における差別の研究」である。その概要については、すでに3章で検討した。

　クリシュナスワミは、宗教の変更に関連する諸問題を慎重に扱う。同氏は、宗教ないし信念を保持または変更する自由と、それらの信念を表明する自由をはっきりと区別する。前者は抑制できない自由である。後者は、すでに1689年にジョン・ロックの著書「寛容に関する手紙」に現れている。寛容についてのロックの考え方は批判を免れては来なかったが、彼はこう書いている。

　　生まれつき特定の教会や宗派に縛られている人間はいない。誰でも、真に神に受け容れられる聖職者や礼拝をもつ集団を自分が見つけたと信じられる時に、自発的にそうした集団に加わるのである。救いの希望は、その人物が特定の宗教団体に加入する唯一の理由であり、その団体に留まる唯一の理由でもある。したがって、教会は自発的に集合したメンバーが構成する団体である[38]。

　クリシュナスワミにとって、宗教ないし信念を保持または変更する自由は、主として個人の内面的確信と心の領域に属する事柄である。しかし、ほとんどの宗教ないし信念の信奉者は、何らかの形態の組織または共同体のメンバーであるから、宗教ないし信念を保持または変更する自由への干渉は存在する。組織化された宗教ないし信念への加入を個人に強制したり、脱退を妨害することは宗教的人権の侵害と見做されなければならない。クリシュナスワミは、それでも、正式な加入または脱退に関する規則または手続きがあるだけでは、必ずしも宗教的人権の侵害にならないことを認める。

　宗教ないし信念が通常その信奉者に及ぼす影響を理由に、新しい宗教団体の

---

[38] Krishnaswami, Study of Discrimination in the Matter of Religious Rights and Practices, 3.

第7章　改宗の勧誘と宗教の変更　163

設立を危険なことと考える国がある。その結果、そうした国々が宗教変更の自由を制限する可能性がある。他方、制限が政府の行為というよりも社会的圧力の結果であることもある。改宗者を獲得しようとしている他団体が比較的大きな団体である場合、支配的集団は制限を加えようとするかもしれない。支配的集団にとって新しいグループが、自己の集団を分裂させるもの、または分派や異端に見える場合、制限を課す可能性は大きくなる。マイノリティ集団と他国にいる同宗信徒の連携の結果として、制限が課されることもある[39]。

　改宗の強制は、単なる過去の問題ではない。クリシュナスワミは、個人やグループが改宗の圧力を受ける事実の現代的事例を挙げている。そうした圧力は、徹底した迫害から些細な差別的手段まで、色々なものがある。公的機関がそうした圧力を直接行使することは、ますます少なくなってきているが、その国で優遇的地位を享受している宗教団体ないし信念の団体が圧力を行使している場合、公的機関がそれを十分に抑制しないことはよくある[40]。分派を正式に認可することを拒否して、新しいグループをあくまで親グループの一部として見做し続ける司法制度もある。他の事例では、異論を唱えるグループが、その意思に反して強制的に親グループに併合されたり、宗教や信念を変更する権利を完全に否定される。ほとんどの宗教は、他の宗教に属していた改宗者を明らかに歓迎する一方、自己の組織から脱退を選んだ人々の改宗を認めることには消極的である。棄教は、宗教法によって禁止されたり、社会からの追放によって抑止されたりする。かつて棄教は、追放、破門または死によって厳しく罰せられた。現在も、特定集団の宗教法が国の法として認められている国では、宗教や信念の変更が法的に不可能なこともある。そうした国では、個人が宗教や信念を変えることが、ある種の家族的権利の剥奪や喪失につながることもある。宗教団体がそのメンバーに離脱の権利を与えることを拒否する場合には、同様の結果が起きることが時々ある。

　宗教の変更が法的に承認されるには、個人が正式に宗教組織または国家機関に登録していなければならないとする国もある。そうした手続きは、宗教

39　同、21.
40　同、24.

の変更を思いとどまらせるために用いられることもある。宗教教育や子どもの改宗に関連する諸問題はとくに複雑である。いくつかの国では、婚前の合意が両親ないし保護者の意思に優先する。子どもの最善の利益が最優先されるべきではあるが、亡くなった父母またはその場にいない父母が表明した意思または推測される意思も考慮されるべきである。両親の権威、国家政策と子どもの最善の利益の衝突は、しばしば難しい問題を生みだす。司法の介入が必要なこともある。

　布教の方法も一定の役割を果たす。どのような勧誘が不適当かを決めることは困難であろう。宣教師団が孤児院や学校を設立することが、時には問題を生じさせる。そのため、宣教師団による教育施設の運営を禁止してきた国もある。病院や社会支援計画を含めて、宣教師団が運営するその他の施設に対しても、同様の反対意見が表明されてきた。宣教師団の活動範囲を限定することは難しい。そうした活動が、社会の脆弱な分野でおこなわれる時はとくに難しい。

　クリシュナスワミは、個人を改宗させる試みが、その対象者の持つ、自己の宗教や信念を維持する自由と衝突する可能性があることを強調する。個人やその所属グループがそうした試みに抵抗するのは、この衝突が原因である。そうした抵抗は共存を困難にし、勧誘の内容または使われる手段のいずれが原因であるにしても衝突を起こさせる可能性がある。そうした衝突には国家の介入が必要になることもあろうが、国家は平和を回復するのに必要な範囲を超えた干渉をすべきではない[41]。

　文化的要素が、宗教の宣伝や布教活動に対する集団の姿勢を決定する可能性がある。政府や自治体が宣教師団と同じ宗教である場合も含めて、非自治的地域を支配する行政が布教活動を許可しないことがある。外国の宣教師団の活動が、既存の秩序と調和しない可能性がその理由である。クリシュナスワミは、北ナイジェリア、スーダンとソマリランドに関する英国政府の覚書を使ってそうした現象を説明する[42]。北ナイジェリアとスーダンはイスラー

---

[41] 同、30.
[42] 同、40 n.l.

ム教国・地域であり、現地の支配者たちがキリスト教の布教活動を許可したがらないことから英国政府は、それらの地域の一般市民の意見が変わらない限り、キリスト教の布教活動を許可することは誤りであろうと判断した。ソマリランドの保護領についても同じアプローチが採用された[43]。これらのケースに見られる躊躇の背後には、外部からの新しい文化的なインパクトを受け入れることに対する恐怖があったのかもしれない。伝統的な植民地主義の終焉に伴い、こうした状況は事実上、姿を消した。

　布教活動に対する適切な制限の決定に当たって、国家は安全保障と社会の安定を維持しようとするにちがいないが、いずれの場合も、不当な制限の実施を避けることが目標とされるべきである。国家は、純粋に納得の結果ではない改宗をそそのかす買収などの不適切な勧誘行為を規制する権利を持つ。二国間の政治的緊張が高まった時に、片方の国は、相手国から来ている宣教師団の活動を制限する必要を感じるかもしれない。道徳、社会一般の福祉、または公衆の健康といった他の考慮から、布教活動に対する規制が必要であるとされることもあろう。

　問題は時には、宗教的メッセージそのものではなく、相手が不快に感じる手段が使われることにある。そのことが、特定の宗教の聖職者と信者の宗教的感情を損なう活動を禁止する特別法の制定につながることがある。時には、そうした立法措置が過度に攻撃的な性格を持ち、出版物やメディアの検閲や規制を許すことさえある。ただ、冒瀆禁止法は、完全にではないにしてもほとんど時代遅れになったし、ほとんど適用されていない[44]。むしろ、今日あるのは、宗教的見方を広めるためのコンピューターの利用といった新しい問題である。クリシュナスワミ研究当時は顕著ではなかったこの問題は、そこに示される見解が国家の法秩序と両立しない場合、大きな困難を生じさせる。コンピューターによる改宗勧誘活動は、非常に難しい問題である。

　クリシュナスワミは、布教活動に対する正当化される規制と、正当性が疑

---

43 同、40.
44 Leonard W. Levy, *Blasphemy: Verbal Offense Against the Sacred, from Moses to Salman Rushdie* (1993) 参照。

わしい規制を分けるのは紙一重の差であると結論する。同氏によれば、「布教の権利は保護されなければならないが、その保護は、すべての人が持つ自己の宗教や信念を維持する自由を確保する範囲内でおこなわれなければならない」。許される規制とは、「その国ないし領土の内外の平和と安寧を維持するようなものでなければならず、さもなければ、どんな宗教の自由もありえない」。特定の形態の布教活動に対するある種の制限は、「社会全体が道徳と見做すもののために」は許されるが、それも一時的措置でなければならず、できるだけ速やかに解除されなければならない。一般的かつ明白なルールとは、誰もが宗教や信念を広める自由を持つべきであるが、その行為が「他のいかなる人の宗教や信念を維持する権利も損なわない」ことを条件とするものである[45]。

このアプローチに沿って、クリシュナスワミは、政府が考慮すべき一連の基本的ルールを慎重に作成した。第1のルールは、「いかなる人も、自己の良心の命じるところに従って宗教や信念を持つ、あるいは支持しない自由を持つべき」ことである。第3のルールは、「誰も、自己の宗教や信念を維持または変更する自由を損なうような不適当な勧誘または強制を受けない」ことである。同様に第10のルールは、「その行為が他の人の宗教や信念を維持する権利を損なわない限りにおいて、誰もが宗教や信念を広める自由を持つべき」ことである。第16(4)ルールは、公的機関の義務に関するもので、「(a) すべての人に自己の宗教や信念を維持または変更する自由が確保されなければならないこと、(c) 複数の宗教団体ないし信念に基づく集団の要求が対立する場合、公的機関は社会全体に対して最大限の自由を保障しつつ、解決を見出す努力をしなければならない。その際、すべての人の持つ、自己の宗教や信念を維持または変更する自由が、その自由を制限しようとするいかなる行為ないし宗教的儀式にも優先されなければならない」とする[46]。

国連人権小委員会は、クリシュナスワミ報告に基づいて「宗教的権利と実践における自由と非差別に関する原則草案」を作成した。改宗の勧誘と宗教

---

[45] Krishnaswami, *Study of Discrimination*, 41.
[46] 同、63.

の変更の問題に関連があるのは、二部に分けて記述される以下の原則である。第一部は、「いかなる人も、自己の良心の命じるところに従って宗教ないし信念を持つ、あるいは持たない権利を有し、(中略)3．だれも、自己の宗教ないし信念を維持あるいは変更する自由を損なうことを物質的または道徳的に強要されない」とする[47]。第二部は次のように規定する。

8. (a) すべての人は、自己の宗教ないし信念を、公的にまたは私的に布教し、広める自由を持つ。
   (b) だれも、自己の――子どもの場合には父母または法定保護者の――宗教ないし信念に反する宗教的または無神論的指示に従うことを強制されない。
9. 宗教ないし信念を表明しているどんな集団も、その行事や儀式に献身しようとする職員を訓練すること、あるいは職員訓練のために国外から講師を招聘することを妨げられない[48]。

クリシュナスワミによれば、第一部で宣明されている自由には、いかなる制限も課せられるべきではない。第二部が掲げる自由は、民主的社会における道徳、公衆の健康、公の秩序、社会一般の福祉のために必要である場合に限って制限され得る。また、そうした制限は、国連の目的および諸原則と両立するものでなければならない[49]。

クリシュナスワミ報告とそれに続く「原則草案」は、宗教の変更の権利を尊重する国連文書の発展に大きく貢献し、将来の文書に多大な影響を与えた。それらの重要性は、クリシュナスワミ報告が、この微妙な問題の包括的分析を国連に提供する初めての文書であったという事実によって更に増す。

---

[47] 同、71
[48] 同、72-73.
[49] インドその他の社会における状況について、Subash C. Kashyap, *Delinking Religion and Politics* (1993) 参照。Kashyapは、改宗の勧誘が宗教的対立を促進することを強調する。特に、社会の多数派の宗教の性格が布教的ではなく、改宗が珍しいことである場合、また、非識字と貧困がひどいことに照らして不当な、あるいは不公正な手段で改宗の勧誘がなされる場合には宗教的対立を促進する(同、25)。

6　1966年の国際人権規約

　1966年12月16日に決議2200 A (XXI) として国連総会で採択された「市民的および政治的権利に関する国際規約」(自由権規約)は、1948年の世界人権宣言の基盤である一般的方向性と傾向を正確に反映している。

　既述したように、最も関連のある規定は、18条、20条と27条である。18条1項は、概ね世界人権宣言18条の文言に従っているが、規約は、個人が自己の宗教ないし信念を「変える」権利に触れていない点で、いささか異なる。その代わり妥協的で穏やかな表現が用いられているが、それはイスラーム諸国が1項に反対し、削除を求めた結果である。世界人権宣言の文言を繰り返すことに反対した国々には、エジプト、サウジアラビア、イエメンとアフガニスタンが含まれていた。支持派であった西欧諸国は、改宗の権利を明示することが[50]、条文の不明確さと偏見のある解釈を回避するために必要であると主張した。

　サウジアラビアの代表は、最初の草案の18条の文言は、宣教師団の活動や反宗教的信念の宣伝を支持するものと理解される可能性があるという懸念を表明し、「自己の宗教ないし信念を保持ないし変更する自由」という文言の削除を修正案として提出した。同国代表は、後に自己の修正案を撤回してブラジルとフィリピンがおこなった提案を支持した。それは、「自己の宗教ないし信念を保持ないし変更する」という文言の代わりに「自ら選択した宗教ないし信念を持つ」という言葉を入れるという提案である。西欧諸国の代表は、その修正案があまりにも硬直した、一定の選択以外を許容しないものであると批判した[51]。たとえば、英国代表は、「または受け容れる」という言葉をブラジル・フィリピン修正案に付け加えることを提案した。アフガニスタンは、英国提案を単独で採決にかけることを要請し、賛成54、反対0、棄権15という投票結果で、提案はそのまま残された。修正案全体は第三委員会で、賛成

---

[50] Partsch, "Freedom of Conscience and Expression, and Political Freedoms"; Scheinin, "Article 18." 参照。また、Walkate, "The Right of Everyone to Change His Religion or Belief" (summarizing the history of the amendments and votes that finally led to the adopted text) も参照のこと。

[51] Walkate, "The Right of Everyone to Change His Religion or Belief" 参照。

70、反対0、棄権2で採択された。18条の条文全体は、1960年11月18日に、国連総会の第三委員会で満場一致で採択された[52]。ワルケイト（J. A. Walkate）は、6年後には国連総会が自由権規約全体を満場一致で採択することを予測していた[53]。18条にはどの国からも留保が付されなかった。

　結果として、自由権規約の最終草案には、すべての人の持つ思想、良心と信念の自由に対する権利が、「自ら選ぶ宗教ないし信念を持つあるいは受容する自由を含む」と謳われている。この文章が、自己の宗教ないし信念を変更する権利、つまり自己の宗教ないし信念を捨てて新しい宗教ないし信念を受け容れる権利を認めていることはかなり明白であるように見える。規約の起草過程では、このようなリベラルな解釈を支える議論がなされていた。とは言え、文言の変更は意味を持つし、また問題でもある。とりわけ、宗教法が国内法の一部である国々では、なおさら問題である。

　18条2項は、同条1項で採用されたアプローチを確認し、「何人も自ら選択する宗教または信念を受け容れあるいは持つ自由を侵害するおそれのある強制を受けない」と規定する。「強制」という言葉は定義されていないが、物理的力の行使や脅迫だけではなく、道徳的ないし精神的圧力や物質的誘惑など、捉えにくい形態の不当な影響力の行使を含むと考えることは妥当であろう。

　18条4項は、父母および（または）法定保護者が持つ、子どもの宗教的および道徳的教育が自己の信念に合致することを確保する自由を扱う。同条文は、社会権規約13条3項と関連付けて読まなければならない。改宗の勧誘と宗教の変更の問題は、この4項が扱う微妙な問題とも密接に関連している。ユネスコの「教育における差別を禁止する条約」と宗教的不寛容撤廃宣言（1981年）、子どもの権利条約とその他の複数の国際文書は、宗教と教育の重要な相互作用を扱っている[54]。

　宗教と教育の相互作用は、国際法と憲法の双方の領域で繰り返し注目され

52　Partsch, "Freedom of Conscience and Expression, and Political Freedoms," 447 nn.5-8参照。Partschは、世界人権宣言とは異なる文言が使用されたとはいえ、条文は、自己の宗教ないし信念を変更する権利を確認しているという見解をとる。（同、211）.

53　Walkate, "The Right of Everyone to Change His Religion or Belief," 153参照。

54　United Nations, *Human Rights: A Compilation of International Instruments* (1993) [hereafter *Human Rights*], 101, 122, 176参照。

てきた問題であり、しばしば、国内と国際の両方のレベルにおける司法判断を必要としてきた。例えば、自由権規約委員会は1978年に、フィンランドの「自由思想家協会」(Union of Free Thinkers)から、公立学校での宗教の歴史の授業に関する興味深い苦情を受け取った。委員会は、そうした授業が「中立的で客観的な方法」でなされ、いかなる宗教も信じない父母と法定保護者の信念を尊重するものであれば規約18条に違反しないという見解をとった[55]。この問題と改宗の勧誘との関連を単に抽象的に論じることはできない。宗教の授業が、客観的で純粋に情報の提供であって、他の宗教に属する子どもたちを教化する試みではないことを確保する方法があるだろうか。別の表現をすれば、宗教の授業が、教師の知的影響力を利用した改宗の勧誘になるのはどのような時であろうか。この問題は、具体的に検討するしかない。つまりかなりの程度、同時に起きている他の要素、あるいは学校の授業内容を均衡させるような他の要素にかかっている。

　最後に、改宗の勧誘に関係のある自由権規約20条と27条について述べよう。20条は、宗教的憎悪の唱道を禁止する。27条は、マイノリティと集団的権利に対する抑制したアプローチを反映している。改宗の勧誘活動には触れていないが、「…マイノリティに属す人々が自己の宗教を信仰し、実践する権利」を掲げる。

7　自由権規約委員会の「一般的意見」

　自由権規約の履行監視機関である自由権規約委員会は、1993年に重要な「一般的意見」を発表した。その概要は、すでに紹介した。「一般的意見」は、改宗の勧誘と宗教の変更の問題に触れ、「宗教」と「信念」の言葉を広義に解釈する必要を強調する。そうした理解は、「あらゆる理由に基づく宗教または信念に対する差別の傾向」を否定することにつながる。なお、「あらゆる理由の中に

55　*Erki Hartikainen v. Finland*, Communication No. 40/1978, in *United Nations Selected Decisions of the Human Rights Commitee under the Optional Protocol*, 74 U.N. Doc.CCPR/C/OP 1,10.4(1985) 参照。フィンランドは、委員会の見解を考慮に入れて授業計画を変更した。

は、それらが新宗教であるという事実または支配的な宗教集団の側からの敵意の対象となりうる宗教的マイノリティであるという場合も含まれる」とされる[56]。この記述は、よく確立された古い宗教団体が、最近設立された団体または宗教的マイノリティ集団に比して厚い保護や権利を享受するような状況を避けることが意図されているように見える。言論の自由も含まれるから、18条は言論の一般的保護を規定する同規約19条1項と関連付けて読む必要がある。

加えて、誰も自己の思想や保有する特定の宗教ないし信念を明らかにすることを強制されるべきではない。「一般的意見」の第5文節は、自由権規約が、現在の宗教ないし信念を別のものに変更する権利または無神論的見解を受け入れる権利、つまり改宗の権利を損なう可能性のある、あらゆる強制を禁じていることを再確認する。委員会によれば、強制とは、暴力の行使または威嚇、刑事罰の使用、教育または医学的治療、雇用その他、規約が保障する権利の制限である。ここでも、同じ保護が非宗教的信念を持つ人々にも与えられる。

「一般的意見」は、教育と宗教を教えることとの関係についても論じる。公立学校での宗教の歴史と倫理に関する授業は、「中立的」で「客観的」な方法でなされるならば許される。特定の宗教ないし信念に焦点を当てた公立学校での授業は、そうした授業がいかなる宗教も信じない父母と法定保護者の信念を尊重するものでない限り、規約に違反する。宗教ないし信念を教える自由は、父母ないし保護者が持つ、子どもの宗教的および道徳的教育を自己の信念に合致することを確保する自由を内包する。

委員会は、制限に関する自由権規約18条3項が、制約的に解釈されるべきであることを指摘する。許容される制限とは、法律で定められたものでなければならず、また規約が保障する諸権利を保護するものと解釈されなければならない。18条3項は、道徳に基づく制限に言及する。委員会は、多くの社会的、哲学的および宗教的伝統に照らして、道徳の概念を検討する。特定の宗教が国教(正式な国教ないし伝統的国教と考えられるもの)または多数派の宗教として承認されている事実が、その宗教に特権や特典を与えることがあって

---

[56] U.N. GAOR, 48th Sess., Supp. No. 40, U.N. Doc. No. A/48/40, Annex VI (1993), para. 2.

はならない。多数派の宗教の信徒に与えられるいかなる特典も、差別的と見做されるべきである。さらに、信じない人々、マイノリティである宗教のメンバー、国家による特別な認定を受けていない宗教の信徒が、規約が保障する諸権利の享受において差別や侵害を受けることがあってはならない。国家は、この分野およびマイノリティの権利に関して講じた措置について報告しなければならない。また、冒瀆、異端の主張と関連する事柄のように、処罰の対象になり得る行為についても情報提供の義務がある。

1993年の「一般的意見」は、宗教の変更に関して自由権規約委員会の主要な見解をまとめたものである。委員会は年次報告書で、宗教の変更に関する追加の情報を提供している[57]。締約国からの定期的報告書の審査の際には、宗教の変更と改宗の勧誘に関する事実と国内法について、委員が質問し、補足的な情報を求める。例えば、委員会はモロッコに対して、宗派の認定手続きに関する詳しい情報を提供すること、「国教」、「啓示宗教」(revealed religions)、異端の宗派(heretical sects) といった言葉の意味を明らかにすることを求めた。オーストリアの政府報告書の審査の際には委員会は、エホバの証人の地位および冒瀆に関する刑法について議論した。スーダンにおける棄教、英国における冒瀆、アルゼンチンにおける非カトリック教会の地位、コロンビアにおける宗教の授業なども議論のテーマとなった[58]。

委員会が審議した個人通報または苦情のなかで、宗教的権利に関するものは、他の権利に関するものに比べて非常に少ない。改宗とその勧誘に触れた事件は2、3件に留まる上、それらの問題が直接扱われたわけではない。社会権規約委員会は、この問題を扱ったことがない。そのことは、社会権規約が宗教的権利を、主として教育への権利と両親の権利との関連で間接的に扱うにすぎないことと合致している[59]。

57　General Assembly Official Records (GAOR), Supp. No. 40として発行された。
58　U.N. GAOR, Supp. No. 40 (summary of the discussion of the respective country reports) 参照。
59　社会権規約全文は、*Human Rights*, 8 On the respective Committee, see generally Philip Alston, "The Committee on Economic, Social and Cultural Rights," in *The United Nations and Human Rights: A Critical Appraisal*, ed. Philip Alston (1992) See generally Asbjorn Eide et al., eds., *Economic, Social and Cultural Rights* (1995).

8　1981年の宗教的不寛容撤廃宣言

「宗教又は信念に基づくあらゆる形態の不寛容及び差別の撤廃に関する宣言」は、16年に及ぶ交渉の成果として1981年11月25日、国連総会決議36/55によって成立した[60]。

国連総会が直面した主要な問題には、宗教の変更の問題、改宗を勧める権利とその限界に関連する問題が含まれていた。イスラーム教国の代表たちは、それらの権利の保障に反対した。結局、その問題は二重の妥協という手段で解決された。一つは、前文と1条の両方から宗教変更の権利に関する明示的言及を削除することであった。その削除によって同宣言は、世界人権宣言と自由権規約に使われた表現から離れた。そのことは宗教的自由の保障を弱め、20年間の努力を台無しにした。二つ目は、その変更を西側に受容できるものにするために必要であったもので、新たに8条が付け加えられた。同条は、宣言のいかなる規定も、「世界人権宣言と国際人権規約に定める権利を制限し、又はそれに違反するものと解釈してはならない」と定める。

ほとんどの専門家や学者は、同宣言に採用された文言が異なることが、それ以前の国際文書の意味するものからの離反であるとは考えていない。ただ、世界人権宣言18条に宗教変更の権利が含まれているとは言え、国際人権規約を批准していない国家がその権利の規定に反対した事実に照らせば、宗教を変更する権利には慣習国際法の地位を付与できないと主張できるか否か、という問題が未解決である[61]。しかし、それらの妥協は、草案の採択を多くの国が望んでいたことから成立したものである。明示的に規定されてはいなくとも、宗教を変更する権利は保護の対象として残されたことが明確であったからこそ妥協が成立したのである。1981年当時、国連総会第三委員会の議長であった、アイルランドの外交官ディクラン・オドノヴァン（Declan

---

[60] 全文は、*Human Rights*, 122に所収。同宣言の分析についてDonna J. Sullivan, "Advancing the Freedom of Religion or Belief through the U.N. Declaration on the Elimination of Religious Intolerance and Discrimination," *American Journal of International Law* 82 (1988): 487参照。
[61] 国際司法裁判所は、北海大陸棚事件の判決 (1969 ICJ, at 22) において、新たな慣習法の生成は純粋に伝統的なルールに基づくと主張した。

O'Donovan)は、「または受け容れる」という言葉を残すことが絶対に必要だとは考えなかった。それでも、その言葉の削除は「信仰の問題を前進させるためには、そうすることが必要だと考えた西欧諸国がおこなった妥協である」と認めている[62]。

　第三委員会へのオランダ代表として1981年の国連総会36会期における交渉に積極的に参加したワルケイトは、当時の交渉を要約して記述している[63]。1981年5月8日、人権委員会が用意した宣言草案が経済社会理事会に提出され、決議1981/36で採択された。賛成45、反対なし、棄権6(アルジェリアと当時の社会主義国)で成立した決議は、国連総会に宣言の採択を提案した。

　第三委員会は、12回の会合を費やして宣言草案を検討した。イスラーム教国のグループは、改宗の権利に関する部分に反対した。特に問題にされたのは、前文の第2文節と1条の一部であった。宣言草案における前文の第2文節は以下のように始まる。

　　　「世界人権宣言および自由権規約が、非差別および法の前の平等の原則、ならびに自己の宗教または信念を選び、表明し、変更する権利を含む、思想、良心、宗教または信念の自由についての権利を宣明していることを考慮し、…」

1条は次のように起草されていた。

1. すべての人は、思想、良心および宗教の自由についての権利を持つ。この権利には、自ら選択する宗教またはいかなる信念でもそれを有するまたは受け容れる自由を含む…
2. 何人も、自ら選択する宗教または信念を有するまたは受け容れる自由を侵害するおそれのある強制を受けない。

62　Clark, "The United Nations Declaration on the Elimination of All Forms of Intolerance and of Discrimination Based on Religion or Belief," 38参照。
63　Walkate, "The Right of Everyone to Change His Religion or Belief."

「選択する」、「自己の宗教または信念を変更する」、「自ら選択する宗教または信念を有するまたは受け容れる」、「自ら選択する宗教または信念を有するまたは受け容れる自由を侵害するおそれのある強制」からの自由といった表現は明らかに、世界人権宣言および自由権規約が宣明するものを意味する。イスラーム教国の代表が反対したのは、こうした文言を繰り返し、確認することであった。クルアーン〔訳注：日本では「コーラン」と表記されることが多いが、イスラーム研究において一般的な表記に従った。〕によればイスラーム教徒は改宗できない、とイスラームのスポークスパーソンは指摘した。その理由からイスラーム諸国は、「自ら選択する宗教または信念を受け容れる」という文節と「自己の宗教または信念を変更する」という文節が削除されれば、提案された宣言草案に投票なしで賛成する用意があった。それが受け容れられない場合の代替案としてイスラーム諸国は、草案を人権委員会に戻して作業を継続させること、あるいは草案審議と採択自体をそれ以降の会期に先延ばしすることを提案した。

　西欧諸国の代表は、論争の的になっている文節はすでに既存の国際人権法の一部となっており、イラン、イラク、リビア、モロッコ、セネガル、シリア、チュニジアなどのイスラーム諸国もかつては当該の文節に何の留保も付けずに自由権規約を批准したことを説明した。しかし、そうした説明は何の役にも立たなかった。クウェート、エジプト、イラク、サウジアラビアの代表は、改宗に関する表現を変更する要求においてとりわけ頑なであった。

　ワルケイトは、西欧諸国の味わった苦労について書いている。西欧諸国は、国連総会の会期中に宣言を成立させたかったが、条文の変更提案については懸念していた。同氏によれば、西欧諸国は「宣言のどの規定も、基本的な人権文書の逸脱あるいは制約と解釈されてはならない」と規定する新たな条文を加えることができれば、変更を受け容れることが可能だと感じていた。西欧諸国が熟慮した可能性の一つは、人権委員会の作業部会でオランダがおこなった提案を復活させることだった。その提案とは、「現在の宣言がそうした権利を認めない、あるいはより低い程度にしか認めないという口実のもとに」、自由権規約または宗教ないし信念に基づく不寛容と差別に関するその

他の国際文書のいかなる規定に対しても制限ないし逸脱(義務違反)をおこなわないというものである[64]。ワルケイトは、イスラーム諸国が、全体的にはその重要性を認めていた宣言の存在自体が危なくなることを危惧したと指摘する。そのためイスラーム諸国は、長い熟考の後に、第三委員会で正式な投票がおこなわれないことを条件に、「パッケージ取引」を受け容れた。第三委員会のオドノヴァン議長による集中的な交渉の結果、その取引は成立した。

東ヨーロッパ諸国は、宗教変更の権利の問題には関与しなかったが、「信念」という言葉を強めようとした。オドノヴァン議長は、「いかなる」(whatever)という語を数箇所に挿入することによって要求の度合いを穏やかにするという、もう一つの妥協を斡旋した。第三委員会が作成した新しい文案には、これらの変更が盛り込まれ、「宗教変更の権利」の明示的言及が前文と1条から削除され、一般的な安全弁として8条が追加された。新たな草案は、投票なしで採択された。修正された草案が国連総会の全体会議に提出され、1981年11月25日、宣言は投票なしで成立した。

二、三のイスラーム教国の代表は、宣言を支持した理由を説明する必要を感じていた。イスラーム会議機構を代表するイラクはシリア、イランと共に、「宣言のどの規定または文言が、シャリーアまたはイスラーム法に基づくどのような法令に反する場合も」その適用可能性について留保するとした[65]。

イスラーム諸国のそうした姿勢は、歴史的な視点から捉えなければならない。伝統的イスラーム法の視点から見た移住の問題を論じた、サミ・A・アルディーブ・アブサーリ(Sami A. Aldeeb Abu-Sahlieh)は、預言者ムハンマド自

---

[64] 同、150。

[65] 同、151。国連総会の宣言に付される留保の意味は論争的である。特に、自由権規約を留保なしで批准した国々がそうする場合である。世界人権宣言の文言を踏襲した自由権規約18条は、同規約4条により逸脱不可能な規定の一つであることを想起する必要がある。自由権規約は全会一致で採択されたのであるから、問題は1981年の宗教的不寛容撤廃宣言に関する解釈および(あるいは)解釈宣言が世界人権宣言18条と自由権規約18条の法的意義をどの程度弱めると見做すことができるか、あるいは少なくともイスラーム教国に関しては慣習国際法の性格を否定するものと見ることが可能かということである。そのことは、いくつかの国では、改宗の禁止とぶつかるという理由で、改宗の勧誘を制限する措置を含む可能性がある。

身が改宗の問題を取り上げたことを指摘する[66]。一神教ではなかった人々は、改宗か戦争の二者択一を迫られた。自己の宗教に留まることを望んだ一神教の人々は、イスラーム教徒の政治的権威を受容して納税しなければならなかった。スペインその他の国で、何千人もの非イスラーム教徒がイスラームへの改宗を強要された。クルアーンは、改宗の強制に反対してはいるが、イスラーム教徒の支配下でのキリスト教徒やユダヤ教徒のそうした改宗は、20世紀初頭まで続いた[67]。現在、イスラームは、イスラームが支配的な多くの国の国教である。いくつかの国では、市民権はイスラーム教徒のみに付与されるものであり、イスラームから他の宗教への改宗は禁止されている。

　宗教を変更する権利に関する1981年の宣言の文言に対する反対は、上述のイスラーム教国グループからのものだけであった。多少の制限付きではあるが、改宗を勧めることは自己の信仰を広めるための、表現の自由の正当な行使の手段であると考えられた。同様に、改宗と棄教も正当な人権と見做される。これらの点については、ほぼ普遍的な合意がある。1981年の宣言の文言上の妥協は、国際法の立法過程における、対立する見解の調整の典型的な例である。妥協によって、世界人権宣言と自由権規約の18条の文言は弱められたが、それらの規定の精神と大多数の国が共有する解釈からの逸脱が起きたわけではない。何人かの専門家は、そうした脆弱化は、起草過程での論争を示唆していると考える[68]。

---

[66] Sami A. Aldeeb Abu-Sahlieh, "The Islamic Conception of Migration," *International Migration Review* 30 (1996): 37. 改宗の勧誘と改宗に関するイスラームの姿勢についての詳しい記述は、Sami A. Aldeeb Abu-Sahlieh, *Les Musulmans Face aux Droits de L'Homme: Religion et Droit et Politique: Etude et Documents* (1994) 参照。

[67] Bat Yeor, *The Decline of Eastern Christianity under Islam—From jihad to Dhimmitude* (1996) 参照。

[68] Bertie Ramcharan, "Towards a Universal Standard of Religious Liberty," in World Council of Churches, *Religious Liberty* (1987), 8-13参照。Theo van Bovenは同書の中で、自己の宗教または信念を変更する自由が同宣言にはもはや明示的に含まれないと強調する ("Religious Witness and Practice in Political and Social Life as an Element of Religious Liberty," in WCC, *Religious Liberty*, 19)。1989年の作業ペーパーの中でvan Bovenは、同宣言8条に規定される一貫性の要請に言及する。同条は、世界人権宣言と自由権規約が定める権利を制限しまたはそれに違反する解釈を排除する。U.N. Doc. E/CN.4/Sub.2/1989/321, at 29.

ドナ・J・サリヴァン(Donna J. Sullivan)によれば、同宣言においては、自己の宗教または信念を変更する権利のパラメーターは不確定である。棄教・背教と異端の現象は、自ら選択するものを信じるという個人の権利と宗教団体がその活動を通じて教義を広める権利との対立の可能性を示している。

　サリヴァンは、その問題を強制の主題の下で扱っている。人権小委員会が作成した草案に示された原則は、個人が自己の宗教ないし信念を維持または変更する自由を侵害しがちなすべての強要を禁止していた。宣言の目的が達成されるべきだとすれば、強要は広義に解釈されるべきであると、サリヴァンは断言する。広義に解釈すれば、強要は肉体的ないし道徳的な強制手段だけではなく、感情的ないし精神的手段、さらに信仰の放棄または受容を政府が恩恵やサービス提供の条件にすることなどを意味する。

　信者は、良心への単なるアピール、プラカードや掲示板の提示といった非強制的形態の改宗勧誘活動をする自由を享受するべきであり、政府は表現の自由を保護しなければならない。同時に改宗勧誘活動は、「自己の信仰がそうした活動を要求ないし奨励する人々の権利を、その対象となる人々の持つ、自己の信念を変更することを強制されない権利に対立させる可能性がある」。対立が明らかな状況では、「信仰の表現として強制的形態の改宗勧誘活動をする権利は、他者が自ら選択した信念を干渉を受けずに保持する権利に道を譲らなければならない」[69]。

　このように、良心的な改宗勧誘は強要、脅かしや誘惑を含まないし、サリヴァンによれば、表現の自由と結合している。改宗の勧誘が、プライバシーおよび(または)宗教または信念に関して干渉を受けない権利の侵害を招く可能性がある事実を考慮すれば、基本的な疑問が残る。すなわち、良心的な改宗勧誘は、どの程度まで無制限の権利と見做されるべきかという問題である。このことは結局、1981年の宣言が完全に明確な答えを出さなかった対立、つまり改宗の勧誘と自己の信念を守り、保持する権利との対立の核心をなす。

69　Sullivan, "Advancing the Freedom of Religion," 495.

9　特別報告者の仕事

　1981年の宣言の成立以後、国連の特別報告者たちは宗教的権利に関する状況について報告してきた。それらの報告のすべてが、改宗の勧誘とそれに対していくつかの国で課せられている制限の問題に相当の関心を払ってきた。クリシュナスワミ報告からほぼ30年後の1987年には、国連人権小委員会に任命された特別報告者、エリザベス・オディオ・ベニート (Elizabeth Odio Benito) は、宗教または信念に基づく不寛容および差別の現状に関する研究を小委員会に提出した。オディオ・ベニートは、宗教または信念の変更を扱う主要な国連文書に使われた文言の違いをあまり重要視しない。特別報告者によれば、世界人権宣言18条と自由権規約の18条および1981年の宣言1条の条文を注意深く検討すれば、表現は多少違うとは言え、どれも正に同じことを意味している。つまり、いかなる人も、自己の宗教または信念を離れて別のものを受け容れる権利、あるいは何も持たないでいる権利を持つということである[70]。意見と表現の自由、平和的集会と結社の自由など、その他の自由は思想、良心、宗教と信念の自由と密接に結びついている。

　オディオ・ベニートは、1981年の宣言6条に「宗教を変更する」という言葉が入っていないことが、その権利自体を変質させるものではないと主張する。特別報告者によれば、主要な国際人権文書の規定と同様な明示的承認がなくても、宣言は自己の宗教を変える権利を包摂している。その権利は、「思想、良心、宗教の自由と不可分である」。宣言は、あらゆる形態の不寛容および差別を逐一撤廃する闘いのためにこそ採択されたのであり、（中略）それには、人間が宗教を変更すること、あるいはまったく持たないことを妨げる姿勢、行為または法令などと闘うことが必然的に含まれる。その種の姿勢、行為ないし法令は、不寛容かつ差別的であるからである[71]。

---

[70] U.N. Doc. E/CN.4/Sub.2/1987/26 (1986), 特にparas. 20 and 21参照。国連人権委員会および人権小委員会に任命された特別報告者（複数）の活動について、Bahiyyih G. Tahzib, *Freedom of Religion or Belief: Ensuring Effective International Legal Protection* (1996), 190; Brice Dickson, "The United Nations and Freedom of Religion," *International and Comparative Law Quarterly* 44 (1995):347参照。

[71] U.N. Doc. H/CN.4/Sub.2/1987/26 (1986), para. 201参照。

オディオ・ベニートは、多くの国家がそれらの自由を侵害していると述べる。説教、改宗の勧誘、宗教を教えること、宗教的な資料の配布、その他の活動を正式に禁止している国もある。特別報告者の1987年の報告書では、東欧諸国、アルバニア、アフガニスタン、イラン、パキスタンおよび特定されてはいないが、米大陸、アフリカとアジアのいくつかの国々が、宗教的自由に関する国際的規範の侵害国、特に外国の宣教師団に対して抑圧的・妨害的行為をした国とされている。そうした行為には、投獄、拷問、さらに死刑までが含まれる。いくつかの国では、憲法ないし法律で改宗を禁止し、異なる宗教を受容しただけで政府が人々を逮捕してきた[72]。

オディオ・ベニートの研究には、26カ国の政府が情報を提供した。特別報告者はそれらの情報を使って、宗教または信念を選ぶ自由を損なう強要を禁止する法律について研究した。1981年の宣言1条2項の条文とそれらの情報を比較した特別報告者は、4カ国(キプロス、イスラエル、カタール、スペイン)のみが自己の宗教または信念を離れて他の宗教または信念を受容することの強制を禁止していると結論付けた。他国の憲法または法規は、改宗の自由を損なう可能性の高い形態の強制を禁止している。特別報告者は、特定の国々の以下のような行為に言及する。自己のものではない宗教または信念の儀式への参加または不参加の強制——バルバドス、ドイツ、ジャマイカ、モーリシャス、モロッコ、パキスタン、スペイン、スイスとトルコ。自己の宗教または信念を明らかにすることの強制——キプロス、エクアドル、ドイツ、ペルー、ポルトガル、スペイン、トルコとウクライナ。自己のものではない特定の宗教の宗教教育を受けることの強制——バルバドス、イスラエル、イタリア、ジャマイカ、パキスタン、スイスとトリニダードトバゴ。自己のものではない特定の宗教の諸目的の達成のために使われる基金への寄付の強制——キプロス、デンマークとパキスタン。特定の宗教または信念の実践の強制——モーリシャスとモロッコ。

オディオ・ベニートは、改宗の権利は十分に保護ないし尊重されていないと結論する。完全な保護を提供する憲法規定を持つのは二、三の国に過ぎない[73]。

---

72 同、paras. 52-81.paras. 52-81.
73 同、paras. 108-110.

第7章　改宗の勧誘と宗教の変更　181

ただ、子どもの権利には特別な配慮がなされている。子どもが、父母ないし法定保護者の意思に反する宗教教育を受けることを強制されない権利に言及する政府は20カ国あり、数件の司法的判断がなされてきた[74]。

国連人権委員会は1986年に、アンヘロ・ヴィダル・ダルメイダ・リベイロ (Angelo Vidal d' Almeida Ribeiro) を特別報告者に任命した。同氏は、1981年の宣言に関して7通の報告書を作成したが[75]、用語の問題は扱っていない。同氏はむしろ、1981年の宣言1条の適用において多くの国が直面した困難を強調することで、自らに課せられた履行監視義務を果たそうとした。リベイロは、多くの事例の中で以下のような事例を取上げた。中国における宣教師団の活動の禁止、キューバでは違法な団体と見做されていたエホバの証人の違法な宣伝活動、エジプトのコプト教徒に対するイスラームへの改宗の強制、ギリシャにおける改宗勧誘活動を理由とするエホバの証人に対する迫害、インドにおけるキリスト教宣教師団に対する脅迫、イランにおけるバハーイ教徒への迫害、パキスタン、サウジアラビア、スーダンでの改宗の強制と改宗者への迫害、ベトナムにおける改宗勧誘活動の禁止などである。特別報告者は、宗教または信念に基づく不寛容および差別が「自ら選択する宗教または信念を持つ権利、自己の宗教または信念を変更する権利、その目的に適した場所で宗教または信念を教える権利、父母が自己の選ぶ宗教または信念に合わせて子どもを育てる権利」に関係すると結論付ける[76]。同氏によれば、西洋に共通の状況とは対照的に、イスラームが普及した国ないし国教である国、またシャリーアが実施されている国では「改宗の勧誘と棄教は、特に微妙な問題である」[77]。

74　例えば、*Kjeldsen, Busk Madsen & Pedersen, European Human Rights Report* 1 (1976: 711 (court decision). 同事件は、公立学校における性教育に対する異議申し立てを扱ったものであるが、国家がおこなう宗教教育にも類似の原則が適用可能であろう。裁判所は、「国家が、両親の宗教ないし哲学的信念…を尊重しないと見做される可能性のある教化をおこなうことは禁止される」と判じた。*Angelini v. Sweden*, App. No. 10491/83, Eur. Comm. H. R. Dec. & Rep. 10, 123 (1988); Article 14 of the 1989 Convention on the Rights of the Child (for the text, see *Human Rights*, 174) も参照のこと。

75　U.N. Docs. E/CN.4/1987/35, 1988/45 and Add.1 and Corr. 1, 1989/44, 1990/46, 1991/56, 1992/52, and 1993/62 and Add.1.

76　U.N. Doc. E/CN.4/1992/52, at 173.

77　同、177参照。

リベイロ特別報告者の辞任後、人権委員会はアブデルファター・アモール（Abdelfattah Amor）を後任の特別報告者に任命した。アモールは、1994年以来提出した複数の報告書の中で、改宗と改宗勧誘の問題を取り上げた[78]。同氏は、自己の宗教を変更する権利が、1981年の宣言を含む人権分野において国際的に確立された基準の枠組みの中で承認されていることを強調する。その権利は、前述したように1993年の自由権規約委員会の一般的意見22に述べられているように、同委員会の規約解釈においても認められている。特別報告者は、自由権規約18条2項が宗教または信念を持つ、あるいは受け容れる権利を損なう可能性のある強制を禁止していることも強調する。このように18条2項は、信者または信じない人々に、信仰を持つこと、または自己の宗教ないし信念を否定すること、または改宗を強要することの手段としての暴力による威嚇または刑法上の制裁を禁止する[79]。特別報告者は、イスラーム教徒の他宗教への改宗が、決して改宗者またはその宗教の聖職者への圧力、禁止または制限を誘発すべきではないことを特に強調する[80]。

1995年12月にアモール特別報告者がイランを訪問した際、イラン政府の代表は、世界人権宣言18条が明示的に改宗の権利を承認していること、それについてイスラーム諸国は留保を表明したこと、自由権規約18条が改宗に触れていないことを認めた[81]。アモールは、プロテスタントに改宗するイスラーム教徒が増加しているが、それが秘密裡になされていると述べる。イラン政府は、あらゆる形態の改宗勧誘およびイスラーム教徒の他宗教への改宗を禁止しており、特別報告者によれば、そのことはプロテスタント教会の宗教活動が制限されている理由を説明している[82]。

アモールは、改宗の勧誘の禁止は、1981年の宣言1条の主要な違反行為の

---

[78] アモール教授は、17の一般的報告書と現地調査に関する多くの報告書を提出した。最後の報告書は、国連文書E/CN.4/2004/63である。アモール教授の後任は、Asma Jahangirであり、同氏は最初の報告書E/CN.4/2005/61において、改宗とりわけ強制された改宗の問題に言及している。同氏の見解によれば、改宗の強制は認めがたく、「宗教または信念の自由への権利の最も深刻な形態の侵害の一つ」である。

[79] U.N. Doc. E/CN.4/1996/95/Add.2, paras. 92 and 116.

[80] 同、para. 116参照。

[81] 同、paras. 21 and 22参照。

[82] U.N. Doc. E/CN.4/1996/95/Add.1, paras. 31 and 32.

一つであると述べる。改宗の強制は、もう一つの主要な侵害行為である。そうした違反行為は、インドネシア、ビルマ(ミャンマー)、スーダン、モルジブ、マレーシア、エジプト、モロッコ、ネパール、ギリシャといった国々で頻繁におこなわれてきた。スーダンでは、カトリック教会の教皇と大統領の会見の後、宣教師団に制約を課す新法は廃止された[83]。パキスタンへの訪問に関する追加報告書の中で、特別報告者は、パキスタン政府関係者が改宗と改宗の勧誘が訴追されないと断言してはいるものの、政府に従順な司法がイスラームから他宗教への改宗を犯罪と判じる傾向があることを示す兆候があると述べている[84]。

1994年についての詳しい報告書には、関連のある調査結果が記載されている。アフガニスタンでは、イスラーム教徒ではない人々が改宗勧誘活動をすることは禁止されているという申し立てがあること。ブータンでは、地元のヒンドゥ教徒たちをキリスト教に改宗させようとする試みが継続していることに対して、ヒンドゥ教徒たちが反感を持ち、宣教師団の布教活動を禁止するための行動がとられたこと。エジプトでは政府が、イスラーム教徒の改宗を処罰するために刑法を適用して、改宗勧誘活動をした外国人を追放したこと。インドでは、いくつかの州の法律が改宗勧誘活動を妨げていること。マレーシアでは1991年に、ジョホール州がイスラーム以外の宗教の布教を管理し制限する立法をおこなったこと。メキシコでは、チャムラの宗教を捨てキリスト教に改宗したことで二、三百人が報復を受けたこと、などである[85]。

アモールが1996年12月30日に提出した報告書はとくに、改宗ないし棄教の問題に関連してイラン、エジプト、アラブ首長国連邦に送付された緊急アピールに言及している[86]。特別報告者は、宗教的自由の侵害を分類して分析し、改宗の自由が数カ国で侵害されていると指摘する。自己の宗教または信念を表明する権利の侵害には、改宗勧誘活動の禁止がしばしば含まれており、拘

83　U.N. Doc.E/CN.4/1996/95参照。
84　同、Add.1参照。
85　U.N. Doc. E/CN.4/1995/91.
86　U.N. Doc. E/CN.4/1997/91 and Add.l.

禁刑さえ実施されている。アルメニア、ブータン、ブルネイ・ダルサラームとモルジブでは、改宗勧誘活動の禁止は特定の宗教的共同体だけに効果的に適用される。ラオス、モロッコ、メキシコ、ギリシャは、改宗勧誘に対する制限を課す国として挙げられている。アモールは、改宗の権利が宗教的自由の法的に不可欠な側面であることを再度強調する。宗教と宗派の区別との関連では、「国家であれ、どのような集団または共同体であれ、人々の良心の護り手として行動し、いかなる信仰も信念も奨励、押し付け、非難すべきではない」と述べる[87]。

特別報告者は、1998年1月22日に提出した報告書では、77カ国から受け取ったアンケートへの回答に照らして、寛容の領域についての分析に専念している。宗教の教導の問題を扱う中では、改宗の自由と改宗勧誘の問題を含む宗教的権利の侵害のいくつかの形態を調査している。アモールは、自己の任務が信念――不可知論、自由思想、無神論や合理主義――の自由を含むと同時に、不寛容と差別の否定的含意を排除するよう、自己の職務の正式名称を「宗教と信念の自由に関する特別報告者」に変更することを提案した。また、改宗の勧誘、宗教の自由と貧困に関する研究を可能にする資源が提供されることも提案した[88]。

アモールは、国際人権文書が宗教を定義せず、新しい現象に触れていないことによって複雑化している、宗派や新宗教の問題に言及する[89]。

10　その他の国際人権文書

改宗の勧誘と宗教の変更を間接的に扱う二、三の国際人権文書には論及しておく価値がある。

10-a.　マイノリティ

---

[87] 同、19.
[88] E/CN.4/1998/6, p. 27参照。
[89] 同、28参照。

マイノリティに関する諸問題についてはすでに他章で触れた。文書の性格から、1992年の「民族的(national or ethnic)、宗教的、言語的マイノリティに属する者の権利に関する国連宣言」(以下、宣言)がとくに重要である。宗教的および民族宗教的(ethno-religious)集団は、その国の多数派の姿勢や宗教間の関係に関する国内法によって深刻な影響を受ける可能性がある。宣言は、自由権規約27条を発展させる形で策定されたものながら、国際社会が集団的権利の役割を認めることに消極的なことを反映している。それでも、宣言は、マイノリティの存在とそのアイデンティティの保護を含めた、マイノリティのニーズといくつかの権利を認める。その保護は、宗教的マイノリティに及ぶ。宣言は、集団の宗教的アイデンティティの促進のための条件づくりを奨励さえするものである。

2条5項は、とくに関連性が大きい。同条は、とりわけ宗教的マイノリティに属する人々が持つ下記の権利を承認する。

「集団の他の構成員および他のマイノリティに属する人々との自由かつ平和的な接触、ならびに自己が民族的、宗教的、または言語的紐帯によって関係を有する他国の市民との国境を越えた接触を、いかなる差別もなしに樹立し、かつ維持する」権利である。

この規定を、自己の宗教を他のマイノリティに属する人々に教え、あるいは改宗を勧めることを目的とする接触を認めると解することは拡大解釈かもしれない。8条2項は、宣言に定められた権利の行使は、普遍的に承認された人権と基本的自由の享受を妨げないとする。ただ、宣言にはこの規定以外に、改宗の勧誘と改宗に関連のある規定はない。

10-b. 移住労働者

国連は1990年に、「移住労働者とその家族の権利保護に関する条約」を採択した[90]。条約の包括的かつ詳細な規定は自由権規約の文言を踏襲しており、自己の宗教を変更する権利を明示的に規定する。条約12条は、以下のように述べる。

90　文書は、*Human Rights*, 550に所収。

1. 移住労働者とその家族は、思想、良心及び宗教の自由についての権利を有する。この権利には、自ら選択する宗教または信念を受け入れまたは保持する自由並びに、単独でまたは他の者と共同して及び公にまたは私的に、礼拝、儀式、行事及び教導によって、その宗教または信念を表明する自由を含む。
2. 移住労働者とその家族は、自ら選択する宗教または信念を受け入れまたは保持する自由を侵害する怖れのある強制を受けない。

　12条は、宗教の自由に対する制限についても規定する。宗教または信念を表明する自由が、法律で定める制限であって公共の安全、公の秩序、公衆の健康もしくは道徳または他の者の基本的な人権および自由を保護するために必要なもののみを受ける可能性があるとする(3項)。また、父母および場合により法定保護者が、自己の信念に従って子どもの宗教的および道徳的教育を確保する自由も規定されている(4項)。
　さらに、国境にかかわりなく、情報および考えを伝える権利を謳う13条2項も関連性がある。

10-c. 先住民族

　国連が1993年を世界の先住民族のための国際年に指定したことは、先住民族に関する国連作業部会が、数百に上る条約、協定や政府と先住民族間でなされてきたその他の取決めの研究を始める契機になった。先住民族は、本書が検討する問題のいくつかに密接な関係を持つ。文化相対主義や伝統的宗教の保存の問題は、明らかに関連性がある。
　作業部会が作成した文書には、先住民族が「その宗教的伝統と儀式を表明し、教え、実践し、保持し、それらの目的のために(神聖な)場所を維持し、保護し、そこにアクセスする」権利、と「自己の文化的アイデンティティと伝統を維持する」権利が認められている[91]。

91　U.N. Doc. E/CN.4/Sub.2/1985/22, Annex II.

第7章　改宗の勧誘と宗教の変更　187

　この点では、1989年の国際労働機関(ILO)の「先住民族および種族民に関するILO169号条約も重要である。同条約は、1957年の「先住民族・種族民条約」を修正したものである[92]。169号条約は、改宗の勧誘と改宗に関する明示的規定を置かないが、間接的にはそれらの問題を扱っている。前文は、先住民族の「生活様式」を支配・管理し、経済発展をし、「自己のアイデンティティ、言語および宗教を維持し、発展させようとする」願望に言及する。5条は、先住民族の精神的な価値および慣行を承認することを保障する。7条は、先住民族が「その生活、信条、制度、精神的幸福、および自己が占有しまたは使用する土地に影響を及ぼす開発過程に対し、その優先順位を」決定する権利を謳う。8条は、「国際的に承認された人権に矛盾する場合を除き」、先住民族の習慣および慣習法に適当な考慮が払われると規定する。

10-d.　子どもの権利

　1981年の宣言が議論されていた当時、主要な困難の一つは、子どもの権利についての規定に関するものであった。宗教の問題は、教育に関する権利と密接に結びついている。改宗の問題も例外ではない。父母の権利、子どもの宗教に関する父母の対立、子どもが宗教または信念に関して自分で決められるようになる年齢、国家や父母の役割と、一般的に受容されている「子どもの最善の利益」原則との調和をどう図るか、といったテーマに関して異なる見解が示された。

　この分野の主要な国際文書は、1989年の「子どもの権利条約」である。同条約は、1959年の国連「子どもの権利宣言」を発展させたもので、全会一致で採択された[93]。14条は宗教を扱う。締約国は、思想、良心および宗教の自由についての子どもの権利を尊重すること、また子どもが自己の権利を行使するに当たって父母および場合によっては法定保護者が子どもに対し、その発達しつつある能力に適合する方法で「指示を与える」権利を尊重するとされる。

92　文書は、*Human Rights*, 471に所収。
93　条約と宣言の全文は、*Human Rights*, 171, 174に所収。この件に関する概論は、Geraldine van Bueren, *The International Law on the Rights of the Child* (1995) and Lawrence J. LeBlanc, *The Convention on the Rights of the Child* (1995) 参照。

自由権規約14条の文言を使おうとする試みは反対に遭った。イスラーム諸国の代表が、クルアーンと国内法の諸規定を援用して反対したのである。子どもは宗教または信念を選んだり、変更したりする能力がない、というのが彼らの主張であった。モルジブの代表は、「すべてのモルジブ人はイスラーム教徒でなければならない」と明記する留保さえおこなった。イランは、伝統的イスラーム法のルールに抵触するいかなる規定にも留保を付すると述べた。他のイスラーム教国も、類似の留保を提出した。西洋諸国は概ね人権法の伝統的な方向性を支持したが、いくつかのカトリック教国は留保の意思を表明した。条約に宗教を変更する自由の保障を入れようとする米国の試みは、結局失敗に終わった。

　1948年の世界人権宣言、1966年の国際人権規約、および1981年の宗教的不寛容撤廃宣言に含まれる基準に比べた場合、14条が一歩後退であると見る人は多い。バヒー・G・ターズィブ（Bahiyyih G. Tahzib）の言葉を借りれば、14条は「保護の範囲がいくらか狭い」[94]。ただ、ターズィブは同時に、「子どもの権利条約」にはそれを補う規定があることを認めている。41条が国際法の諸規定の適用を、子どもの権利により有利な形で規定していることである。

　養子縁組に関する20条に関しても困難が生じた。さらに、子どもの宗教に関する父母の対立によって起きる問題に対しては何の解決も示されていない。子どもがどのような宗教教育を受けるかを決めるに当たって国家と父母が対立するという主要な対立問題については、いくつかの司法判断がなされてきた[95]。

10-e. 教育における差別

　ユネスコ総会は、1960年に「教育差別禁止条約」を採択した[96]。同条約は、改宗についてとくに言及はしていない。それでも、宗教と教育の相互作用は

94　Tahzib, **Freedom of Religion or Belief**, 101.
95　*Kjeldsen, Busk Madsen & Pedersen*参照。*Hoffman v. Austria*, 255C Eur. Ct. H. R.（ser. A）(1993)も参照のこと。事件は、エホバの証人である母親が、その信仰を理由に子どもの親権を拒否されたことに対する苦情を申し立てたものである。
96　文書は、*Human Rights*, 101に所収。

周知のことである。国家の教育政策が、生徒たちに改宗を促す試みを含むと信じる宗教団体から反感を持たれるのはよくあることである。反対者たちは、改宗の勧誘とは、ある種の宗教教育の間接的意図である、特にその宗教教育が父母ないし法定保護者の希望に反している場合はそうである、と一度ならず主張してきた。この問題は、1981年の宣言の中の子どもの権利に関する規定との関連で上述した。

同ユネスコ条約の5条1(b)項は、父母ないし法定保護者が「子どもの宗教的および道徳的教育を自己の信念に合致させる権利」を持つこと、また「いかなる個人また集団も、自己の信念と相容れない宗教教育を受けることを強制されてはならない」ことを再確認する。ヨーロッパの地域レベルの司法判断ないし准司法的判断は、宗教教育が教化または改宗の勧誘を含むと非難された事件を扱ってきた。

11　宗教的不寛容と差別に関する条約(案)

「宗教又は信念に基づくあらゆる形態の不寛容及び差別の撤廃に関する条約」草案についても、ここで触れておく必要がある。同草案は、1965年にすでに書き上げられていた。同条約の採択を再度審議する見込みが薄いことについては、すでに第1章で述べた。

同草案によれば、国家は思想、良心および宗教の自由への権利を保障しなければならない。3条1(a)項はその権利に含まれるものを次のように規定する。7条に掲げられるいずれの制限、あるいは選択や決定を妨げがちないかなる強制を受けることもなく、良心に従って自分で選択した宗教または信念を有する自由、また持たない自由、ならびに宗教または信念を変更する自由である。ただし、同項は、宗教または信念を表明する自由までを包摂すると解釈されてはならない、とされる。

条約草案12条に列挙される制限は、通常のものと変わらない。3条1(b)項は、すべての人に「自己の宗教又ないし信念および神聖な言葉や伝統を教え、広め、学ぶ自由、宗教的な本や文書を書き、印刷し、出版する自由」を保障する。

すでに採択された国際文書とは異なる文言が用いられているのは、明らかに草案が作成された時代が原因である[97]。

12　地域的文書

地域や区域の人権文書に置かれる、改宗の勧誘に関する規定は、その問題に対するメンバー国グループのアプローチを反映している。

12-a.　欧州人権条約

欧州審議会の全加盟国が批准している「人権および基本的自由の保護のための条約」(1950年)(以下、欧州人権条約)9条1項は、「すべての者は、思想、良心及び宗教の自由について権利を持つ。この権利には、自己の宗教又は信念を変更する自由(中略)を含む」と規定する。同条約は、世界人権宣言の文言を踏襲しているため、自由権規約や1981年の宣言とは表現が異なる。1990年に欧州安全保障協力会議(CSCE)が開催した「人間的側面に関するコペンハーゲン会議」も類似のアプローチを採用したため、その成果文書9条4項は、ほとんど同じ文言になっている。1989年のウィーン会議の最終文書は、宗教の変更にとくに言及してはいない。ただ16条は、宗教教育、職員研修、および宗教の変更や改宗の勧誘に関するその他の権利に触れている。

12-b.　米州人権条約

1969年に採択された米州人権条約は、良心および宗教の自由(12条)と思想と表現の自由(13条)を分けて扱う。12条1項は、「すべての人は、宗教と信念を維持または変更する自由を損なうような制約を受けない」と付言する。13条1項は、「思想と表現の自由の一部として、あらゆる媒体を使って情報と考え方を伝える」自由を含める。米州人権裁判所は、考え方の表現と普及は不可分の概念であることを強調し、本条を広く解釈した[98]。

---

[97] 修正された条約草案は、U.N. Doc. A/7930(1970)参照。
[98] Inter-American Commission on Human Rights, Case 9178(Stephen Schmidt)(Costa Rica, 1984)(1985), *Human Rights Law Journal* 6(1985): 211参照。

12-c. カイロ人権宣言

「イスラーム諸国会議機構」に加盟するイスラーム教国にとって、カイロ人権宣言（1990年）は、国際人権に対するイスラームの考え方を反映する権威ある文書である。10条は、「他の宗教ないし無神論に変更を迫るあらゆる形態の強要、および相手の貧困や無知を利用すること」を禁止する。22条は、シャリーアの諸原則に反しない限りにおいて表現の自由を許容する。

12-d. OSCEの「人間的側面に関する会議」

欧州安全保障協力機構（OSCE）は、東欧に広がる状況からも、近年、改宗とその勧誘の問題についてかなりの関心を払ってきた。OSCEの「民主的機構と人権のための事務所」は、1996年4月16-19日、宗教の自由の憲法的、法的、行政的側面に関するセミナーをワルシャワで開催した。セミナーは、国家と教会と宗教団体や宗教的共同体の関係、法と教会と宗教的共同体の関係、国家と個々の信者の関係といったテーマを扱った。47の参加国と非参加の1ヵ国およびいくつかの国際機関の代表、さらに55の非政府組織の代表がセミナーに出席した。

改宗とその勧誘の問題は、三つのグループに分かれておこなわれた議論の中で繰り返し浮上した。そのことは、「いくつかのOSCE加盟国においていくつかの宗教的集団に対して示された不寛容」に起因する「深い懸念」を反映したものであろう[99]。参加者は、事務局がOSCE加盟国における宗教の自由に関連する憲法的、法的、行政的規定について包括的な調査をおこなうこと、ならびに寛容と改宗の勧誘をテーマとするセミナーを将来、開催することを提案した。

セミナーの概要の記録は、良心と信念の自由が、OSCEが保障を約束する絶対的な権利である事実について、参加者の間に広範な合意があったことを強調している。さらに、良心と信念の自由には、信じる自由ならびに自己の

---

[99] OSCE, Office for Democratic Institutions and Human Rights, Human Dimensions Seminar, Constitutional, Legal, and Administrative Aspects of the Freedom of Religion, Consolidated Summary, Warsaw (April 16-19, 1996), 6参照。

信仰を変更する自由が含まれることも合意された。「歴史的価値の維持に貢献してきたと見做されてきた伝統的な宗教と新興の宗教グループの間に緊張関係があること」が認識され、参加者は個人の権利と文化的・歴史的価値のバランスをとる必要を強調した。

　教育における宗教の自由も、セミナーで注目された問題である。OSCE加盟国の多くにおいて、多数派の宗教(一つとは限らない)が公立学校で教えられている。この事実を認識することで、議論は改宗の勧誘や公立学校での宗教的標章の着用の問題に及んだ[100]。あるグループは、大多数の宗教が、精神的ないし物質的恩恵を約束することを含めて、何らかの段階で説得をおこうこと、またそれが多くの国際人権文書において不明確のまま残る未踏の法領域であると認識した[101]。

12-e. マイノリティ保護枠組み条約

　欧州審議会の閣僚委員会は1994年11月10日、「民族的(national)マイノリティ保護枠組み条約」を採択した。同条約は、宗教の変更と改宗の勧誘の問題についてとくに触れていないが、明らかに関連性のある条文がいくつか含まれている。同条約を正確に理解するには、欧州人権条約やOSCE文書などの文書と関連付けて読む必要がある。

　同条約前文は、「民族的(national)マイノリティに属する個人の宗教的アイデンティティ」を尊重する必要に言及する[102]。多元的で真に民主的な社会は、「一人ひとりがそのアイデンティティを表現し、維持し、発展させることができるような適当な条件を創らなければならない」。5条1項は、宗教を民族的(national)アイデンティティの不可欠の要素と捉える。6条1項は、社会が「宗教的アイデンティティやその他の要素に関係なく、寛容の精神と文化間の対話」を奨励すべきであるとする。7条によって、平和的な集会、結社、表現、

100　同、23-24.
101　同、25.
102　条約には「民族的(national)マイノリティ」が定義されていない。「民族的(national)マイノリティ」は、複雑な概念であり、筆者の見るところ、誤った使い方をされることが多い。

思想、良心と宗教は尊重されなければならない。8条の下で、マイノリティに属する個人は誰でも、自己の宗教または信念を表明する権利を持つ。12条は国家が、多数派の宗教だけではなくマイノリティの宗教に関する知識を育てるべきだとする。13条1項の下で、民族的(national)マイノリティに属す人々は、私立学校を設立し管理する権利を持つ。1990年にCSCEの「人間的側面に関するコペンハーゲン会議」で採択された最終文書を土台にする17条は、マイノリティに属する人々がアイデンティティ、とりわけ宗教的独自性を共有する人々と国境を越えて、自由に平和的な接触を持つことを保障する。

13　判例法

　宗教に関する国際法の判例は、非常に少ない。欧州人権裁判所は、二、三の事件で宗教と教育の問題を扱ったことがある。ホフマン対オーストリア事件(*Hoffman v. Austria*)では、オーストリア最高裁が扱った事件を欧州人権裁判所が再検討した。子どもの監護権が争われた同事件で、オーストリアの下級審は、母親がエホバの証人の原則に従って子どもを養育していることを理由に、父親に監護権を認めた。下級審のそうした判断を覆す形で、最高裁は、両親の合意なしに子どもの宗教の変更を禁じる国内法に基づいた決定が必要であると判じた。欧州人権裁判所は、オーストリア最高裁の判断に欧州人権条約(1950年)違反を認めた。具体的には、8条の権利の行使において禁止される、宗教に基づく差別が含まれるという判断から、14条違反が導き出された。子どもの最善の利益が図られなければならないという原則に基づいて、欧州人権裁判所は、輸血に関する通報者(母親)の見解は子どもを危険に晒したとして、父親に監護権を認めたのである[103]。

　関連性のある別の事件、オットー・プレミンガー協会対オーストリア事

---

[103] Francois Rigaux, "L'incrimination du proselytisme face a la liberte d'expression," *Revue Trimestrielle des Droits de I'Homme* 17(1994): 144-150参照。Rigaux は、エホバの証人がキリスト教の過激な一派であることを主たる理由に、諸国政府がエホバの証人に対して敵意を示してきたことに注意を喚起している。*Manoussakis and Others v. Greece*, 59/1995/565/651(September 26, 1996) も参照のこと。

件(*Otto Preminger Institute v. Austria*)では、欧州人権裁判所は、自己の信仰に敵対的な理論を他者が広める場合に寛容が必要なことを強調した[104]。同裁判所は、影響を受けた人々の宗教的感情を考慮した上で、オーストリア地裁がフィルムを没収したことを批判した。アンジェリーニ対スエーデン(*Angelini v. Sweden*)、ハーティカイネン対フィンランド(*Hartikainen v. Finland*)、キェルドセン他対デンマーク(*Kjeldsen et al. v. Denmark*)などの事件については、本章ですでに触れた。

13-a. コッキナキス(*Kokkinakis*)事件

コッキナキス事件は、改宗の勧誘の問題について国際的な裁判所が下した初めての判断である[105]。9人の判事の判断とそれに対してなされた法的批判は、同事件の論争的性格を示している[106]。欧州人権委員会は、全員一致でヨーロッパ人権条約9条違反を認めた。1993年5月25日に欧州人権裁判所は、同事件についての判断を下した。9条違反については6対3に票が分かれた。7条違反については1人を除き、8人が違反を否定した。10条あるいは9条との関連で14条違反の有無を検討する必要性には全員が賛成した。裁判所は被告であるギリシャ政府に対して、通報者であるコッキナキス氏への二種の賠償を命じた。一つは非金銭的損害に対する賠償であり、他方は経費を含む金銭的賠償である。

コッキナキス氏は、1919年にクレタ島でギリシャ正教の家庭に生まれた年配のビジネスマンで、1936年にエホバの証人になった。それ以来、彼は改宗勧誘活動を理由に60回以上逮捕され、そのうち数回は勾留ないし拘留されていた。改宗勧誘を規制するギリシャの憲法およびその他の法令に基づき有罪

---

[104]　295 Eur. Ct. H.R.(ser. A)(1994).

[105]　*Kokkinakis v. Greece*, 260 Eur. Ct. H.R.(ser. A)(1993) 17 Eur. H.R. Rep., Part 5(1994), 397-440.

[106]　T. Jeremy Gunn, "Adjudicating Rights of Conscience under the European Convention on Human Rights," in van der Vyver and Witte, *Religious Human Rights in Global Perspective: Legal Perspectives*, 305-330; Alain Garay, "Liberte religieuse et proselytisme: l'experience curopeenne," *Revue Trimestrielle des Droits de l'Homme* 17(1994): 7; Rigaux, "L'incrimination du proselytisme," 137.

とされた最初のエホバの証人メンバーである。

1986年に同氏とその妻は、クレタ島シティアにキリアカーキ夫人を訪問し、議論を始めた。地元のギリシャ正教会の聖歌隊長であったキリアカーキ氏が警察に通報した後、コッキナキス夫妻は逮捕された。夫妻はその後、改宗勧誘を犯罪とするギリシャの国内法1363/1938に基づいて訴追され、ラシティ刑事裁判所で裁判を受けた。1986年3月20日、裁判所は夫妻を有罪と判じ、罰金の支払いによって代替可能な懲役4カ月の刑に処した。裁判所は、夫妻が販売しようとしていた小冊子の没収と廃棄処分も命じた。

コッキナキス夫妻が控訴したクレタ島高等裁判所は、夫人の有罪を覆す判断をした。夫のコッキナキス氏については、有罪判決を支持したが、罰金の支払いに代替可能な懲役3カ月に減刑した。同氏は、有罪の根拠とされた国内法1363/1938がギリシャ憲法に違反すると主張して上告した。1988年4月22日、再審裁判所は、それまで常にそうしてきたように憲法違反の主張を退けた。

コッキナキス氏は、即日、欧州人権委員会に苦情を申し立てた。委員会は、通報の受理可能性を部分的に認め、最終的に9条違反を認定したのである。欧州人権裁判所は、9条に規定される一般原則を分析した。9条は思想、良心および宗教の自由が民主的社会の基礎の一つであり、信じる人々のアイデンティティと人生観を構成する最も重要な要素の一つであると見る。それは、「無神論者、不可知論者、懐疑論者および無関心な人々にとっても価値あるもの」である。思想、良心および宗教の自由には、たとえば教導によって他者を説得する権利も含まれる。

欧州人権裁判所は、ギリシャの裁判所の下した懲役刑が、自己の宗教または信念を表明する自由と権利の妨害になると判断した。そうした妨害は、次のいずれかの場合に該当していない限り、9条に違反する。(1)「法律で定め」られた制限である場合、(2)9条2項に示される正当な目的の一つまたは複数の目的を目指す場合、および(3)それらの目的を達成するために「民主的社会において必要な」場合である。欧州人権裁判所は、改宗勧誘に関する刑法規定を含めて、関連する国内法の条文の多くにかなり曖昧な表現が使われている

ことに留意しながら双方の主張を分析した。また、国内法の合憲性の判断は、当該国の公的機関によってなされるべきであると宣言した。

　同事件の状況と国内司法判断の根拠を検討した上で、欧州人権裁判所は、通報者から不服申し立てのあった措置は、9条2項に示される正当な目的の一つ、つまり他者の権利と自由の保護を求めてなされたものであると判断した。コッキナキス氏は、民主的社会においては宗教について隣人に話す権利を制限する必要はなく、そうした会話は犯罪とされるべきではなく、有罪とされたのは自分の行為が原因ではなく、自分がエホバの証人であるためであると主張した。こうした主張を検討するに当たり、欧州人権裁判所は、政府側の主張も検討した。それには、コッキナキス氏は、虚偽の口実を使って執拗にキリアカーキ家に入ろうとしたこと、教典を使った同氏の巧みな説明が、理論に詳しくないキリアカーキ夫人を騙す意図をもってなされたことが含まれていた。

　欧州人権裁判所は、条約解釈における「評価の余地」を各国が保有していることを認めつつ、その「余地」は、あくまで地域機構による監督を受けるものであると判じた。つまり、「評価の余地」とその監督は、立法と法の適用における決定、さらに各裁判所の判断にも該当する。欧州人権裁判所は、異議申し立てのあった司法判断を審査する際には、事件の背景全体に照らして審査する。欧州人権裁判所はこの事件では、キリストの証人となることと不適当な改宗勧誘とを区別するという論争的なことをおこなった。同裁判所によれば、前者は真の福音伝道であり、後者はその堕落または変形を表す。それは、集団への新入会員を獲得する目的で、物質的ないし社会的利益の提供を申し出たり、苦悩や困窮の中にいる人々に不適当な圧力をかけるといった形をとることがある。時には暴力を使うことや洗脳といったことさえ含まれる[107]。1956年の世界キリスト教協議会の文書に基づいて欧州人権裁判所がおこなったこうした区別は批判を受けてきた[108]。

　欧州人権裁判所は、コッキナキス氏がどのように「不適当な手段」を用いた

107　*Kokkinakis*, 17 Eur. H.R. Rep., 422.
108　例えば、Rigaux, "L'incrimination du prosélytisme," 146-147.

のかをギリシャの司法が十分に明確にしなかったこと、また同氏の処罰が「差し迫った社会的な必要」によって正当化されることも立証しなかったことに留意した。したがって、(通報者によって)「非難された措置は、正当な目的の達成に均衡しているとは見えず、その結果、他者の権利と自由を護るために民主的社会において必要なものであるとも見做されない」と判示した。

　プティッティ（Pettiti）判事は、部分的賛成意見を書いた[109]。同判事によれば、改宗の勧誘に関するギリシャの刑法は、それ自体がヨーロッパ人権条約9条に違反する。コッキナキス事件は、宗教の自由に関して実際に起きた事件として、初めて欧州人権裁判所に提訴された事件であった。同裁判所によれば、宗教の自由および良心の自由は、「改宗の勧誘が上品な仕方ではない場合でも受け容れること」を含むのであり、「その権利の行使に対する制限は、相手に同意させようとする強要や操作的テクニックの使用が試みられる場合に、他者の権利の尊重を目的としてなされるもの」のみに限られる[110]。国家は濫用を防止し、洗脳の試みに繋がる逸脱を防ぐために、「特定の偽宗教団体の行動に見られるような、公衆の健康を脅かす洗脳や労働法違反あるいは不道徳の煽動など」に対抗する立法措置をとることができる。通常の民法と刑法によってそれらの行為を抑制することもできよう。ただ、それらの行為の除去を装って正当な改宗勧誘活動を規制してはならない。犯罪的ではない改宗勧誘活動は、宗教の自由の表現にすぎないのである[111]。

　プティッティ判事は、事件の状況からコッキナキス氏の処罰が正当化されないという多数派の意見に反対した。同判事によれば、多数派意見の文言は、ギリシャの裁判所が将来抑圧的な解釈をする余地を大きく残した。同判事は、改宗勧誘活動に対して許容される制限は明確化できるという意見であった。許容される事例には、強要、他者の権利を損なうような形で自己の権利を濫用すること、良心の蹂躙につながるような方法による操作が含まれる[112]。

　ヴァルティコス（Valtikos）判事は、多数派意見に対して激しく異議を申し立

---

[109] *Kokkinakis*, 17 Eur. H.R. Rep., 425.
[110] 同、426.
[111] 同、427.
[112] 同、428.

てた。同判事は、ギリシャの刑法による改宗勧誘の定義に賛成した。それによれば、改宗勧誘とは「異なる宗教を持つ個人の信仰を弱める目的をもって、いかなる種類のものであれ勧誘、または精神的なサポートないし物質的支援の約束、欺瞞的方法、または相手の経験不足、信頼、必要、知識不足や信じ易さなどを利用して、直接・間接に相手に自己の宗教的信念を押し付ける試み」である。同判事はさらに、「他者の信念に対するレイプ」という、自分なりの定義も付け加えた[113]。

フォイヘル（Foighel）判事とロァゾウ（Loizou）判事は、欧州人権条約9条1項の違反認定に反対した。両判事によれば、自己の宗教を布教する人は他者の宗教を尊重する義務を負う。宗教的寛容とは他者の宗教的信念の尊重を含意する。「狂信的なものが、他の人々を自己の宗教的信念に変えようとして、実際には強要に相当するような許されない心理的テクニックを使って執拗な努力をおこなうことは、教導という言葉の意味に含まれない」[114]。

マータンス（Martens）判事の部分的反対意見は、9条の違反は認めながらも、判決に採用されたのとは異なる理由を挙げた。同判事は、7条1項の違反もあったと見る。同判事によれば9条は、他者を改宗させようとする試みを犯罪化することを締約国に許すものではない。9条1項が保障する思想、良心および宗教の自由は絶対的なものであり、人間の尊厳と自由の尊重という人権原則を含む。国家が特別なケアの義務を持つような極めて特殊な状況を除いて、改宗を勧誘する者とされる者の対立に介入することは、国家がとり得る行動の領域に属さない。このことは、特定の宗教がその国で支配的な地位を占める場合にも該当する。宗教的不寛容の「高まる潮流」の下では、この分野での国家の権力行使を「可能な限り厳しい境界線」の内部に留めることが不可欠であると付言した。同判事によれば、欧州人権裁判所は残念ながら、「不適当な改宗勧誘」という曖昧な概念を定義しないまま用いてその境界線を確定しようとした。通常の犯罪が含まれる場合を除き、改宗勧誘に対する法的救済は刑法ではなく民法の規定によるべきであるとも主張した[115]。

---

[113] 同、429.
[114] 同、439.
[115] 同、432-439.

第7章　改宗の勧誘と宗教の変更　199

　欧州人権裁判所がコッキナキス事件で示した判断は、改宗の勧誘の問題について国際的な法廷が下した初めての判決であり、非常に重要である。欧州人権条約9条は、世界人権宣言18条と自由権規約18条の文言を踏襲したものであるから、判決は普遍的な意義を持っている。

　欧州人権裁判所は、コッキナキス事件以前にも、不適切な改宗勧誘活動の問題に時折触れることがあったが、その問題を直接扱ったことはなかった[116]。欧州人権委員会は、9条を含む多数の事件を扱ってきたが、今回は、改宗の勧誘の問題自体が人権裁判所の前に出されたわけである。欧州人権委員会が、コッキナキス事件以前に許容性を認めた通報のうち、9条が扱われた（適用されたわけではない）ものは1件に過ぎない[117]。

　欧州人権裁判所の判決は、多くの批判を浴びた。ただ、意見に含まれる視点の多様性を考えれば、予測可能なことではあった。ジェレミー・ガン（T. Jeremy Gunn）は、裁判所が最初から既定の結論に向かったのであって、法廷に出された議論を注意深く検討することをしなかったと観る。ガンによれば、裁判所は、「信念を表明する基本的権利の範囲を理解ないし解釈する努力をまったくせずに、ギリシャの司法がすでに改宗勧誘罪を十分に定義していたことに満足」した[118]。ガンは、裁判所が曖昧さの問題を無視したまま、ギリシャ政府が信念の表明を制限するに当たって正当な理由をもっていたと認め、改宗の勧誘を取り締まる法律自体の正当性を検討せずにコッキナキス氏に対する有罪判決という特定の問題に絞って審理したことなどを批判した。ガンによれば、欧州人権裁判所は「マイノリティである宗教の信者を抑圧することに度々利用されてきた法律を批判することを拒否した」のであり、その判決は、欧州人権裁判所が「良心の自由の権利を真剣に捉え」ず、宗教と良心の自由の表明に対する規制を軽減するように諸国政府に要請してこなかったことの証左である。同時に判決は、伝統がなく、主流でもない宗教に対する偏見を現している。ガンは、キリスト教以外の宗教に対して裁判所が持つ偏見を強調

116　例えば*Kjeldsen*, 1 Eur. H.R. Rep. 711参照。
117　*Darby v. Sweden*, 187 Eur. Ct. H.R. (ser. A) (1990).
118　Gunn, "Adjudicating Rights of Conscience," 323ff.

する。ガンは、ヴァルティコス判事の反対意見が、「1990年代の米国の裁判官には到底想像できないような意見」であり、悪罵であるとも述べている[119]。

リゴー（Rigaux）も、反対意見を表明した裁判官の言葉遣いを非難し、異なる形態の信念の間の平等と宗教的多様性のルールを尊重すべき判決に相応しくないと述べた[120]。リゴーによれば、欧州人権裁判所は特定の立法の合憲性を検証し、改宗の勧誘の犯罪化がどのようなときに宗教的事柄における表現の自由の侵害になるのかを決定する義務があった。

ガレー（Garay）は、ヨーロッパ諸国の憲法とその他の法令が、宗教的表現の自由を一般的にどの程度保護しているかを調べた。ギリシャは例外であって、国内法による保護はない。ガレーによれば、ヨーロッパの宗教的マイノリティは一般的に、その精神的アイデンティティの承認の拒否に苦しんではいないが、むしろ、支配的な宗教の文化を反映する形で社会が構成されていることに苦しんでいる。その場合、国家の中立性は神話となる。ガレーは、時には人権を脅かすような過激な形態の改宗勧誘活動に含まれる危険性に触れた。公教育における独占的な状況、またマジョリティである宗教が自己の宗教的目的のために、主要なコミュニケーション手段を意図的かつ排他的に使うことから生まれる可能性のある種々の濫用について詳細に検討した[121]。

13-b. ラリシス（*Larissis*）事件

ラリシスほか対ギリシャ事件（*Larissis and Others v. Greece*）は、欧州人権裁判所に、「囚われの聴衆」と表現される状況、つまり軍隊内部の人々に対する改宗勧誘の正当性を検討する機会を提供した[122]。それは、コッキナキス事件には現れなかった改宗勧誘の重要な一側面である。1998年2月24日にストラス

---

[119] 同、328.
[120] Rigaux, "L'incrimination du proselytisme."
[121] Garay, "Liberte religieuse et proselytisme," 20. ガレーは、特にフランスにおける良心および宗教の自由の状況を調査した。ガレーの著作の3年半後、リヨンの裁判所が、サイエントロジー教会が自らを宗教と規定することを承認する判決を出し、フランス内外から批判を浴びた。
[122] 同事件について、the Registrar of the Court発行のプレス・リリースNo.126, February 24, 1998参照。

ブールで出された判決で欧州人権裁判所は、ヨーロッパ人権条約7条違反はなかったと判じた。9条に関しては、空軍所属の兵士に対する改宗勧誘で使われた手段について違反を認定せず、一般市民に対して用いられた手段についてのみ違反を認めた。ギリシャは、通報者に対する非金銭的損害賠償と訴訟費用」の支払いを命じられた。

　3人の通報者は、長年ギリシャ空軍に所属する軍人のギリシャ人であり、ペンテコステ派の信者であった。彼らは1986年から1989年にかけて、ペンテコステ派の教義を伝えようとして、全員ギリシャ正教の信者である部下の兵士に接近したことを非難された。3人のうち2人は、多くの市民を改宗させようとしたことでも非難された。ギリシャの国内法1363/1938のセクション4に基づき、改宗勧誘の罪で訴追されたのである[123]。通報者たちは、1992年にアテネの空軍常設裁判所(軍法会議)で裁かれた。セクション4が憲法違反であるという主張は退けられ、被告である通報者たちは、兵士と市民に対する改宗勧誘について有罪とされた。彼らは、3年の執行猶予付きではあるが、異なる期間の懲役刑を言い渡された。彼らは、上級審の軍法会議に控訴したが、懲役期間について減刑されたものの有罪は覆らなかった。法律上の争点に関しておこなった再審裁判所への上告も1993年に棄却された。裁判所は、ギリシャ憲法または欧州人権条約9条との抵触を認めなかった。

　ラリシスと他の被告たちは1994年、欧州人権委員会への通報手続きを開始した。彼らの通報は、1995年11月に受理可能性を認められた。友好的解決〔訳注：和解に類似する手続き〕はもたらされず、委員会は1996年9月12日に報告書を採択して事実を認定し、意見を表明した。委員会は、2人の通報者が市民に対する改宗勧誘で有罪とされたことが欧州人権条約9条に違反すると宣言したが、兵士の改宗勧誘に対する有罪判決については9条違反を否定した。7条に関しても、28対1で違反がなかったと決定し、9条との関連での14条または10条に関して問題はないという見解で一致した。

　同事件は、1996年10月28日から欧州人権裁判所によって審理された。同裁判所はコッキナキス事件を参照し、ギリシャ国内法の解釈については1993

123　改宗勧誘の定義については、コッキナキス事件を参照のこと。

年の同事件の際とまったく同じ解釈を採用した。したがって、7条違反はなく[124]、ギリシャ政府の措置は法に基づいたものであり、他者の権利と自由を保護するという正当な目的を持っていたと判断された。裁判所は、宗教の自由が、近隣の人を説得しようとする権利を含めて、自己の宗教を表明する自由を含意することを強調した。しかしながら、9条は、物質的ないし社会的利益供与を申し出たり、集団の新しいメンバーを獲得するために不適当な圧力を用いるといった、不適当な改宗勧誘活動を保護するものではない。兵士と市民という二種の対象に対する改宗勧誘活動に関しては異なる要素が含まれているため、別々に評価される必要があった。

状況によっては、国家が下級軍人を嫌がらせや権力の濫用から護るための特別な措置をとることが正当化される可能性がある。下級軍人は、軍における階級が自分より上位の軍人によるアプローチを拒絶することや、その人物が始めた会話から離れることに困難を感じるかもしれない。欧州人権裁判所は、通報者たちが宗教の話をした相手の三人の兵士は、通報者たちの階級が上であることから、その場から逃れる自由がなく、一定の圧力を感じていた事実を認めた。通報者たちに対してとられた措置は、特に厳しいものではなく、均衡性の原則に反するものでもなかったとされ、したがって兵士に対する改宗勧誘活動に関連して9条違反はなかったと判断された。

市民に対する改宗勧誘活動に関しては、事情が異なる。下級軍人とは違って、市民は拘束されていたわけではなく、その意味で特別な保護を必要としていたわけでもない。通報者たちが市民に対してとった行動は、不適当だったとは言えず、ギリシャ政府の措置はその点で正当化され得ず、9条違反に相当すると判断された[125]。

9条との関連での14条または10条に関しては〔委員会同様〕欧州人権裁判所も、問題は生じないという見解をとった[126]。ギリシャ政府は、非金銭的損害に対する賠償として1,556ドルの支払い、ならびに訴訟費用の支払いを命じ

---

[124] Paragraphs 32-35 of the judgment and point 1 of the operative provisions.
[125] Paragraphs 36-61 of the judgment and points 2-4 of the operative provisions.
[126] Paragraph 64 and paragraphs 65-69 of the judgment and points 5 and 6-7 of the operative provisions, respectively.

られた。

14　結　論

　本章では、改宗の勧誘とその限界、国連の下で発達した現代国際人権法の枠組みにおける改宗の権利を扱った。以下のような結論を導き出すことができよう。

　第一に、人々に改宗を勧め、特定の宗教に帰依するように説得する権利が一方にあり、他方に人間が自己の宗教を捨てたり、改宗する権利があるが、それらは密接に相互関連している。それらは絶対的な権利ではなく、社会によっては、その両方を制限してきた。改宗の勧誘は、表現、結社、科学的な研究や活動、教導などと関連性を持つ。宗教の変更は、組織化された宗教の枠組み、信徒集団や教会から脱退する権利に関係するが、いくつかの社会ではそうした権利が制限されている。宗教の枠組みが法によって規制されている場合、組織化された宗教への加入にも何らかの手続きが必要なことがある。家族法が宗教の影響の下にある国々では、複雑な状況がある。

　第二に、思想、良心および宗教の自由が、厳密に内心の領域に属することであることから、全体主義的国家のみが力によって行使するようなテクニックを用いることでもしなければ、外部から干渉することは不可能である。改宗勧誘活動を通じてなされるにしても、あるいは自発的改宗への正式な手順を通じてなされるにしても、宗教的見解の表明の権利こそが規制と保護を必要とするものかもしれない。

　第三に、民主的な社会では、人々は自分の宗教的見解を広めることについて自由でなければならない。単に、彼らの見解を聞きたくない人々がいるからという理由で沈黙させられることがあってはならない。ただ、プライバシーの権利というものがあるから、招かれざる言論は必ずしもプライバシーの権利に優越してはならない。

　第四に、そのことはとくに、人々が法によって自由を剥奪されている場所で改宗勧誘活動がおこなわれる場合、つまり教室、軍隊の施設、刑務所、病

院など、人々が「囚われの聴衆」となる場所でなされる場合に当てはまる。望まれず、あるいは招かれざる改宗勧誘活動に人々を「囚われの聴衆」として晒すことは、それらの人々の権利の侵害であり、ある種の強要である。ラリシス事件は、この点に関係する。

　第五に、金銭、贈り物や特典などの物質的誘惑を含む改宗勧誘活動は、強要の一形態であると見做されるべきであり、法による制限を受ける可能性があろう。そうした物質的誘惑は、言論と表現の自由の領域を超える。ただし、ボーダーライン上の事象についての判断は容易ではない。

　第六に、改宗勧誘の権利の制限方法の一つは、共同体のアイデンティティないし集合的アイデンティティの保護である。マイノリティの権利はこの概念との関連性を持つ。国際社会は従来、国連の設立以来維持されてきた個人主義的アプローチを放棄することに消極的であるが、集団の権利は保護に値するのであり、アプローチの転換が必要であるように思われる。

　第七に、宗教的権利と教育は密接なつながりがある。したがって、宗教教育は慎重な扱いを要する難しい領域である。国家による教育が宗教の教導を含むこともあろうが、一定の制限の範囲内では許容されることである。教えることが改宗の勧誘になり、子どもがそうした教育に晒されることに反対な両親ないし法的保護者の子どもたちが否定的影響を受ける場合には、予防が必要である。ほぼヨーロッパに限定されているとはいえ、この領域で国際的な司法的判断がなされてきた。

　第八に、改宗を勧誘する権利と改宗の権利の二つの権利を承認することにおいては、下降ないし衰退気味の傾向が国際人権文書に反映してきた。1948年の世界人権宣言はそれらの権利を十分に承認しているが、1966年の国際人権規約は穏やかな表現を採用せざるを得ず、1981年の宗教的不寛容撤廃宣言は、妥協が成立しなければ採択が危ぶまれた。こうした経緯は、それらの権利に関して、国際社会の姿勢に変化があったことを示している。あるいは、意見の対立が深まり、容易に解消できないところまで来たことを示しているのかもしれない。

　第九に、西欧の国際法学者たちは、国際社会の姿勢は変化していないと主

張する。国連の特別報告者は、国際人権文書に使われる文言の変化が、多かれ少なかれ表面的なものであると考える。世界人権宣言と自由権規約に宣明されるように、それらの権利の範囲を制限するような解釈は許容されないからである。世界人権宣言8条は、権利の保護を意図して置かれた規定である。いくつかの宗教的共同体の代表は異なる見解を持ち、それらの共同体が深く根付いた伝統から離れることは期待できないと主張する。彼らの反対の激しさは、彼らをも拘束する慣習国際法を反映したものとして改宗の権利と改宗勧誘の権利を捉えることを彼らに期待するのは難しいと感じさせる。その点では、〔国際人権基準の〕普遍性と特殊性の問題が関わってくる。例えば、先住民族の特定の状況は、熟慮される必要がある。

　第十に、自由権規約18条に関する自由権規約委員会の一般的意見は、伝統的な普遍性志向のアプローチを踏襲している。この関連の司法判断はほとんどない。宗教的権利に関する義務的条約を策定することにおける遅れと困難は、思想的な論争があることを示唆している。この数年見られる宗教的原理主義と、政治と人権の間の混乱、とりわけ宗教の領域での混乱は、その問題を一層複雑にしてきた。

　改宗の権利と改宗の勧誘は、もちろん絶対的な権利ではない。それでも、それらの権利は保護される必要があり、その意味で法的な定式化が急がれる。

第8章　宗教とテロリズム

　国際機構は、近年とくに2001年9月11日の米国に対する野蛮な行為以来、スペイン、トルコ、ロシア、インドネシアなど世界各地で増加したテロリズムを、現代における深刻な問題であり、国際平和と安全に対する主要な脅威であると認識してきた。国際的なテロリズム対策の行動と様々な計画には、そうした行動と人権、とりわけ宗教的自由との関係の問題を取り扱う必要性が含まれていた。

　テロリズムと闘うグローバルな法的枠組みは、国連安全保障理事会の一連の決議、とくに決議1269(1999年)、1368、1373、1377(2001年)、1456(2003年)および国連の他の機関と他の国際組織が採択した文書に基づいている。そのいくつかは宣言であり、その他は法的義務を課すものである。国連諸機関と複数の地域的機構は、テロリズムの防止と対策のための措置をとる必要性を感じたが、そうした措置には、国際協力、治安対策、関連する国際文書の速やかな批准と実施、適切な社会的・経済的措置、各国が関連する行動をとるように奨励することなどが含まれている。

　国連安全保障理事会の諸決議は、その性格上、国際的テロリズムが内包する国際平和と安全に対する脅威を強調し、各国がテロ行為の実行を防止し、テロ行為に加担した個人を確実に訴追するのに必要な措置を速やかに取ることを要請した[1]。他方、その後間もなく、テロリズムの根本的原因を取り除くためには、強力な民主的制度を備え、人権と法の支配が十分に尊重される

---

[1] 例えば、9.11事件の余韻さめやらぬ時期に採択された安保理決議1373(2001年)の文言を参照。

社会環境が必要であることにも留意がなされた。いくつかの反テロ対策や声明は、宗教団体のメンバーに汚名を着せることによって宗教界全体を傷つけるものであるとみなされ、国際諸組織はそうした影響を抑える方法を模索した。

現在、複数の国際組織が、重要さを増すテロリズム対策と人権尊重のバランスを取ろうとしている。たとえば欧州審議会は、基本的な価値と基礎的な権利を維持しながらテロリズムと効果的に闘うことに配慮した基準を設定すべく多数の文書を起草してきた。「テロリズムとの闘いが、テロリストが破壊しようとしている価値や自由を損なうことに繋がってはならない」のである。他方、法律上の犯罪行為を煽動することが、「表現の自由」によって保護されてはならない[2]。

2001年に、欧州安全協力機構（OSCE）がブカレストで念入りに策定した包括的な「テロリズムとの闘いのための行動計画」は、攻撃的なナショナリズム、人種主義、優越主義、外国人嫌悪、反ユダヤ主義を防止し、それらと闘うと同時に、寛容と多文化主義を奨励し、民族間の摩擦に対応し、憎悪を煽る言説と闘うことを目的として様々な措置をとることを要請している[3]。OSCEは、テロリズムの問題をしばしば議論してきたが、人権とテロリズムとの闘いをテーマとする最近の会合では、討議の主題として宗教的自由、拷問、テロリズムとの闘いと市民社会の役割の三つを選んだ。

会議の第1セッションでは、テロリズム対策の文脈において宗教の自由が議論された[4]。最終報告書には、宗教の自由が民主主義社会の基礎の一つであり、テロリズムとの闘いにおいて損なわれることがあってはならない基本的な自由の一つであることが合意されたことが指摘されている。テロリズム

---

2 欧州審議会が近年発行した書籍— *The fight against terrorism, Council of Europe standards* (3rd eds., 2005); *Apologie du terrorism and Incitement to terrorism* (2004) 参照。

3 Selected OSCE Commitments Relating to Human Rights and the Fight Against Terrorism, a guide prepared for the OSCE Supplementary Human Dimension Meeting, Vienna, 14-15 July 2005参照。OSCE/ ODIHR, *Guidelines for Review of Legislation Pertaining to Religion or Belief*, adopted by the Venice Commission and welcomed by the OSCE Parliamentary Assembly in 2004 も参照のこと。

4 See, Final Report of the Supplementary Human Dimension Meeting, Vienna, 14-15 July 2005 参照。宗教の自由に関する勧告は、Laila Bokhari報告者によって提案された。

の概念にどのような宗教の名前も付与されるべきではなく、宗教的集団は自由な活動を許されるべきである。さらに、テロリズムの防止と対策において、宗教的集団は重要な役割を果たすことができる。

　同会議で決まったOSCE加盟国向けの提案は世界的な価値があり、詳しい紹介に値する[5]。宗教的自由は権利であり、不当な制限が国家の安全保障を理由に正当化されてはならない。個人には、一人ないし集団で礼拝すること、教育によってその信条を伝えることが許されるべきである。宗教的集団は、自由に活動することを許されるべきであり、宗教団体としての登録資格は国際人権法と整合するものでなければならない。社会におけるマイノリティやその他の集団に、それらの人々の宗教ないし信念を理由に汚名を着せることは防止されなければならない。特定の宗教集団の名前が挙げられてはいないが、この文章はイスラームを指したものと思われる。イスラームの組織は、テロリストの行為への関与をしばしば名指しで非難されるからである[6]。たとえば、ロバート・F．ドリナン（Robert F. Drinan）はこう書いている。

　　「2001年9月11日に世界を変えたイスラーム教徒のテロリストたちがしたことは、イスラームから導き出されるどのような神学的信念にも基づかないということが明白であるにもかかわらず、彼らの無謀さは長期にわたって、預言者ムハンマドの教えと関連があると見做されるであろう」[7]。

　他方、宗教的活動を装って犯罪をおかす集団に対しては、国家は、公正な裁判の基準に従って確実に訴追すべきである。国家はテロリズムとの闘いにおいて、マイノリティである宗教的集団に協力を要請するべきである。宗教的集団に対する偏見や固定観念を持つべきではない。思想・信条の自由と宗教・信仰の自由に対する「適切で効果的な保障」は、すべての人々に分け隔てなく与えられなければならない。それには、それらの権利、自己の宗教を自

---

[5] 前掲、最終報告書7-10頁参照。また、上述の第1セッションの冒頭のスピーチ参照。
[6] 同セッションでなされたスピーチのいくつかに、このことが表現されている。
[7] Robert F. Drinan, S.J., *Can God & Caesar Coexist?* (New Haven, Yale University Press, 2004) 189参照。

由に実践する権利、また自己の宗教ないし信念を変更する権利などが侵害された場合の効果的な救済が含まれる。

いかなる人も宗教や信念を理由に、恣意的に逮捕されたり、拷問されたり、生きる権利や自由と安全への権利を奪われないことを確保する目的で特別な提案がなされた。これらの権利の侵害者はすべて、裁判にかけられなければならない。

宗教的な場所や寺院は十分に尊重され、保護されなければならない。特に、冒瀆や破壊を受けやすい場所や寺院は、十分に尊重・保護されなければならない。宗教や信念に基づく不寛容を動機とする憎悪、不寛容、暴力、脅迫や強制に、宗教的マイノリティへの特別な配慮をもって反対する必要がある。思想、良心、宗教や信念の自由の実践を含む、女性の人権を侵害する行為には特別な注意が払われなければならない。

宗教ないし信念の自由に関するすべての事柄における寛容と尊重が奨励されるべきである。しかし、特定の宗派・教団の自由と表現が「憎悪や暴力、あるいはテロリストの主張を擁護する方向への改宗の勧誘などを奨励する過激思想に資する」場合には、許容されるべきではない。国家は、テロリズムと特定の宗教ないし信念の同一視を拒否し、宗教や信念の自由を権利として擁護し、宗教間および各教団内部の対話を促進すべきである。宗教の自由を憎悪や暴力の煽動、あるいはテロリストの主張の宣伝の隠れ蓑にすることが許されてはならない。

宗教的共同体は、テロリズムの防止と対策において重要な役割を果たすことができる。宗教や信念の実践と宗教間および教団内の対話は、寛容、相互理解と多様性の尊重を促進する枠組みの中で促進されるべきである。教育には特別な関心が払われるべきである。政治的プロセスにおいては、宗教的集団の代表の参加が奨励されるべきである。文化的・宗教的多様性が尊重され、差別と人種的・宗教的プロファイリング〔訳注：人種や宗教を強調した差異化〕は防止されなければならない。表現の自由、宗教の自由および結社の自由が危険に晒されてはならない。

これらの提案に、宗教の自由に関してすでに一般的に受容された諸原則を

超えるものは見当たらない。目新しさがあるとすれば恐らく、国際機関と関心を持つ非政府組織(NGO)が、テロリズムの行為と宗教や信念に関連性があり得る動機との相互作用、あるいは少なくとも、多くのテロリズム実行者の宗教への関わりといったことを主題として当別な会合を開く必要があると考えたことにある。そうした相互作用の問題は過去にも議論の課題とされたことがある。ただ今回は、テロリズムの増加とその明らかな国際的性格、またその増加の責任はすべての宗教的共同体にあると多くの人が考えていることなどが、諸国家と国家間機構がこの問題を緊急課題として取り上げる理由となったといえよう。

2004年7月に「宗教ないし信念の自由に関する特別報告者」に任命されたアスマ・ジャハンギルが国連人権委員会に提出した第一回報告書でも、反テロリズム立法とそれが宗教的人権に与える影響を扱われている[8]。特別報告者は、過去二、三年の間に多くの国がテロリズム対策として立法その他の措置を講じたことを指摘している。報告書によれば、「それらの立法その他の措置は、テロリズムと宗教の関連を単純化している」のであり、そうしたアプローチが「暴力につながる宗教的不寛容の行為を却って増加させた可能性がある」。

その関連で特別報告者は、「宗教ないし信念の自由は、自由権規約第4条が明示するように、公の緊急事態や国家の安全に関する懸念があっても、それを理由に制限されてはならない基本的な権利の一つである」ことを強調する。「宗教ないし信念の自由が持つこの側面は、緊急事態であっても、いかなる個人もこの権利を奪われることがないことを意味するだけではなく、国家が特定の宗教とテロリズムを同一視することを避けるべきであることを意味している。さもなければ、関連する宗教的共同体や信仰によって結ばれた共同体のすべての構成員の持つ、宗教ないし信念の自由が否定的な影響を受けるからである」[9]。

結論と勧告の部分で特別報告者は、2001年9月11日の出来事が、宗教ない

---

[8] UN Doc.E/CN.4/2005/61, page 18.
[9] 同。

し信念の自由を含む人権全般の状況に非常に大きな影響を与え続けていることを強調している。それは、諸国家が「特定の宗教とテロリズムの関係について混乱し誤った見方を採用することで、対象とされる宗教や信念を持つ人々の権利に否定的な影響を与える」ことを懸念する理由である[10]。

アブデルファター・アモール前特別報告者が人権委員会に提出した最終報告書は、この点について一層明確であった[11]。アモール氏は、2001年9月11日の出来事が「本物のイスラーム嫌悪を野放しにした。その範囲は未だに推定できていないし、イスラームが多くの人の眼に疑わしいものとして映ることの原因になっている」と書いた[12]。

国際人道法の促進・強化を担う国際赤十字委員会も、2005年の年報をこの問題に割いて、宗教とテロリズムに関する議論に参画した[13]。その中で編集主幹は、次のように述べている。

「政治において増加し激しさを増す宗教者の意見表明、またその逆〔訳注：宗教界における政治家の意見表明〕は、国際赤十字委員会の活動環境の一部になっている。赤十字と赤新月社という異なる名称さえもが、宗教的意味合いを持つと見做される。それはとくに、複数の文化にまたがる活動において起きている。政治、宗教と福祉活動が結びつくことが増えるとともに、暴力的な社会運動が増加し、人道的活動に携わるいくつかの組織がテロリズム支援を疑われることも起きた。「ジハード（聖戦）」の教義は自衛だけではなく、人道的なものを含めて、よい目的を促進するためにも使われてきた。長い間イスラーム教徒は西欧の援助制度には隠された目的があると見てきたし、キリスト教原理主義団体の多くは人道的活動部門を持っている」[14]。

10　同21頁。
11　2004年1月16日付UN Doc.E/CN.4/2004/63.
12　同25頁。
13　International REVIEW of the Red Cross, Vol. 87, No. 858, June 2005.
14　Tony Pfanner, 同年報241頁。

同年報に掲載されたインタビューの中で、イラン・イスラーム共和国の国立赤新月社総裁であるアーメッド・アリ・ノーバラ博士は、赤十字職員から「イスラームの慈善団体は、イランから支援されている数団体を含めて」基本的に「人道主義の衣を纏いながら『テロリズム』を支持する」団体と見做すことができるかどうかを尋ねられ、「いくつかの組織、いわゆるイスラームの団体や組織は許されない行為を犯している」ことを認めた[15]。

---

15 同247－8頁。

第9章　非宗教的人権観

　マイケル・J・ペリー(Michael J. Perry)の著作"The Idea of Human Rights: Four Inquiries"(『人権の思想―四つの問い』)は、人権の思想を明確化することに大きく貢献した。ペリーによれば、人権は20世紀の中央舞台に登場した影響力のあるすべての道徳的思想のうち、もっとも難しいものである。ペリーは、人権が「様々な形態をとる」「古い思想」であるとして、その序章でレゼック・コラコウスキ(Leszek Kolakowski)の「人権思想が現代に起源を持つ」という主張を退ける。コラコウスキと同様に「人権の熱心な非宗教的支持者」を自認する筆者(私)にとって、人権が比較的新しい現象であることを否定するペリーの見解は、確かに「問題」である[1]。続く第1章で、ペリーがさらに、人権の思想および「人は誰も神聖なものである」という考え方は不可避的に宗教的であると主張することには、重大な疑問を感じる。

1　「不可避的」？

　私自身の非宗教的な「熱意」を説明するに当たり、いくつか権威ある著述を引こう。『人権百科事典』によれば、「第二次世界大戦以前には、国民国家を拘束する国際人権法は存在しなかった」。――もちろんそれは、それ以前には人権が完全に無視されていたことを意味しない。国際人道法の前身である、奴隷制度と奴隷貿易の廃止運動および戦間期のマイノリティ条約を超えて諸国が「国際人権法の概念的かつ法的基礎を整える」必要を感じたのは、「ナチス

---

[1] Michael J. Perry, *The Idea of Human Rights: Four Inquiries* 29 (Oxford U Press, 1998).

のホロコーストに応えて」のことであった[2]。

　「オッペンハイムの国際法辞典」によれば、そうした方向に向けた様々な展開はあったものの、国連憲章以前の国際法は、今日、人間の持つ基本的で不可譲な権利ないし自然権と称されるものを認めていなかった。第一次世界大戦後の時期に、様々な形態の権威主義的独裁が勃興したことは、基本的人権の国際的承認と保護の主張に新たな弾みをつけた[3]。

　ペリーが、人権思想を古いものであると主張することは正しい。ただ、ペリーもそれが「第二次世界大戦後の時期に国際法の中に生まれた」ことを認めている[4]。疑いもなく、人権思想は、宗教的な思想、自然法、ローマ法と啓蒙哲学に起源を持つ。また、個人がなぜ法が遵守される社会に生きる必要があるのか、国家がなぜ国際法に基づく国際社会に生きる必要があるのかを説明するその他の観念にも根ざしている。それらの思想が導入されていなければ、現代の人権法はこれほど発展しなかったであろう。ただし、人権思想と人権法を区別しておく必要がある。後者は、1945年——あるいは1948年——以降の半世紀に、世界的および地域的機構による一連の条約、宣言、司法判断や決議などによって文書化された国際法——および憲法——の体系であって、基礎的かつ基本的な個人の人権および集合的人権を宣明し、保障し、保護しようとしてきたものである[5]。

　ポール・シーガー(Paul Sieghart)の言葉を借りれば、国際法体系は「共通の合意によって確立された上位の国際基準」を構成するものであり、「神への信仰に基づく法や自然法の上に築かれた基準の必要や、（中略）実定法主義者がそれに反対する必要を」消滅させたのである。「創造主や自然、あるいはそのいずれかを信心することに頼って自然法の善悪、正義か否かを判断する必要

2　Edward Lawson, ed, *Encyclopedia of Human Rights* 21 (Taylor & Francis Pub, 2d ed, 1996).
3　Sir Robert Jennings & Sir Arthur Watts, eds, *Oppenheim's International Law* 984-85 (Longman Pub, 9th ed 1993).
4　Perry, *The Idea of Human Rights* at 11 (cited in note 1).
5　人権を、個人の権利、集合的権利(個人の権利の集合)、集団の権利というように分類すること自体、現代の法的かつ政治的思想が生み出したものである。ただし、それ以前の複数の条約や人道的介入などに、その先駆けは見出される。

がなくなった」[6]。

　古代ユダヤ法の権威であり、イスラエルの最高裁副長官であった故ハイム・コーン判事は、四千年を超える法の歴史と法制度が「宗教と天啓をその根源とするだけではなく、基本的な指針である原則"*Grundnorm*"をその根源とするする法制度の伝統的な例であり、法規範の体系全体が"*Grundnorm*"の周囲あるいは"*Grundnorm*"からのみ生成することが許されてきた」と述べる[7]。

　判事は、次のように続ける。「人権概念について言えば、ユダヤ法にはその種の概念の明示は見出されないと即座に言わなければならない。ユダヤ法形成の起源は、市民的自由、市民の権利ないし個人の自由といったスローガンが初めて宣明されるより数千年前にさかのぼる。古代の法制度ないし宗教の中でユダヤ法だけが、人権を明示的には認めていなかったわけではない。宗教の法としてのユダヤ法に特有の構造、つまり愛と崇敬の主たる対象として神を持ち、すべての法の目的が神に仕えることと神への崇拝であることが、権利のシステムよりも義務のシステムを要求する。権利の付与は、おそらく義務の履行に付随して発生したというのは正しい。多くの場合、義務を課すこと自体がすでに、付随する権利の創造とその権利の法的実施可能性さえ示唆する。義務の存在が行使可能な権利を付随的に付与するというより、その義務の履行が何らかの恩恵の付与をもたらすのみの場合もある[8]」。

　コーン判事は、ユダヤ法の中の「人権」の存在と範囲を確認するためには、肯定的な教訓と否定的な訓戒（禁止条項）を含む「戒律」(*mitzvot*)を検討する必要があると指摘する。「そして、同胞に様々な義務を課すことの目的は、同胞が持っている権利を認め、実現することにあるという前提から出発しなければならない。生命への基本権を殺人の禁止から導き出すことが正当であるよ

---

[6] Paul Sieghart, *The International Law of Human Rights* 15 (Clarendon Press, 1995). シーガーは、世界人権宣言の採択寸前に、その草案から創造主や自然への言及が削除されたことを想起させてくれる。

[7] Haim H. Cohn, *Human Rights in Jewish Law* 16 (Ktav Pub House, 1984).

[8] 同、18. コーン判事は、いくつかの事例を挙げる。例えば、「汝盗むなかれ」とか「隣人の土地の境界標識を撤去するなかれ」といった禁止は、所有の権利と財産私有の権利を示唆すると読めるかもしれないが、そのような権利はどこにも明記されていない。学ぶ義務と教える義務が繰り返し述べられているが、教育への権利はどこにも明記されていない。

うに、貧者を支え、助ける義務から、生計を立てて生きることへのすべての人の基本的権利を導き出すのは正当なことである」[9]。

しかしコーン判事によれば、法のすべての命令は個人に向けられている。神に対してはいかなる義務を課すことも不可能である。支配者、王、預言者およびその他の公法の執行者たちに向けて神の口から発せられる宣言は、そのほとんどが国家の行為に関してであって、「人権とはまったく関係がない」。

法的には、人権を付与し、実施し、その履行が求められるのは国家ではなく、当該の事件における個人だけである。その個人に課せられる義務は、しばしば一般論として語られるのであって、特定の人に具体的な権利ないし恩恵を付与するものではない。したがって、その恩恵を受ける可能性のある人が、自己の「人権」の実現を求めて行動する根拠を手に入れるわけではない。つまりその人物は、どこかに自分を助ける義務を負う人がいるはずであるという根拠の疑わしい慰めで自分を満足させる他ないのである[10]。

以上、コーン判事の文章を長く引用した。ユダヤの立法者たちが課した義務は、彼らの倫理的基準を反映するものであって、「神への崇拝と奉仕によって制約されると同時に、完全にそれに奉仕する」法秩序が要求したものであるという同氏の結論は、古代の法思想が通常、誰よりもそうした権利の主要な侵害者である国家つまり自国政府に対して法的強制力のある現代の人権理論の形成に果たした貢献を評価する上で鍵になる。そうした貢献があったこと、しかも重要な貢献であったことに異論はない。そこで必然的に問題になるのは、人権思想が「不可避的に」宗教的であるか否かである。宗教的思想のなした重要な貢献は、世界の「偉大な」伝統的な宗教が持つ、ペリー自身の表現によれば[11]「種族主義、人種主義、性差別主義やその他のより悪質なもの」への傾向をそれほど強力に乗り越えるであろうか。

---

9 同、18-19.
10 同、19.
11 Perry, *The Idea of Human Rights* at 22 (cited in note 1).

2　神　聖？

　ペリーは一貫している。人権思想の「本質的であり基盤とさえいえる」要素である、すべての人は「神聖」であるという確信は、「人権の熱心な非宗教的支持者にとっては問題」かもしれないが、「不可避的に宗教的」であると述べる[12]。
　「神聖」というのは無論、法的な用語ではない。"The New Shorter Oxford English Dictionary on Historical Principles"（辞書）によれば、「神聖」とは次のように定義される。

(1) 宗教的な目的のためだけに用いられ、あるいは献ぜられ、崇敬または尊敬に値する
(2) 崇敬または尊敬に値すると見られる、あるいは崇敬または尊敬をもって見られる何か聖なるもの
(3) 宗教的認可ないし畏敬によって侵害、干渉、侵入、その他から保護される[13]

　汎用されている別の辞書は、「神聖」を宗教と関係のある、あるいは結びついたもの——つまり世俗的ないし冒瀆的とは反対のもの——と説明している[14]。
　私にとって、「神聖」をこの様に定義することは何の問題もない。人権に関するいかなる宗教的見解もが、すべての人は「神聖」であるという前提と、ペリーの適切な表現を借りれば「誰に対してもなされてはならない特定の事柄があり、他方、誰に対してもなされるべき特定の事柄もある」。あるいは、少なくとも、「特定の状況下では誰に対してもなされてはならない特定のことがあり、他方、誰に対してもなされるべき特定のこともある」という前提に基づくことは、絶対に正しい[15]。しかし、これが人権尊重の必要を正当化す

12　同、29.
13　Lesley Brown, ed, 2 *The New Shorter Oxford English Dictionary on Historical Principles* (Clarendon Press, 1993).
14　*Webster's College Dictionary* (Random House, 1998).
15　Perry, *The Idea of Human Rights* at 13 & n 5 (cited in note 1).

る唯一の理屈であれば、回答困難な疑問がたちまち生じる。一体誰が、特定のことをおこなう義務あるいはおこなわない義務を負うのか、ということである。明らかに、他の個人、個々の国家、あるいは地球的共同体またはその地域的支部であろう。個人に関しては問題ないように見えるが、国家レベルないし国際レベルについても、この「神聖」という概念が、人権保護システムの正当化として有用であろうか？

ペリーは、国際人権章典(International Bill of Human Rights)やそれに呼応する地域的文書を引き、すべての人は「神聖」であるという確信に等しい概念として「人間に固有の尊厳と価値」に言及する。ペリーは、「話す」といった概念が「非宗教的意味」で理解し得るかどうかを問う。私には、国際社会はそのように理解した上で異なる見解をとったように見える。人権の尊重の基盤を宗教的考え方のみに限ることは——宗教的な人々にとってはまったく正当なことではあろうが——、人権を健全な保護の傘の外に置く。国際社会もその構成員のほとんども、そうした論拠には賛成しないであろう。人権に対する宗教の肯定的なアプローチは一般的に受容されるかもしれないが、それはあくまで人権の保護の理由の一つとしてである。

「神聖」という言葉は、他の困難をも示唆する。すべての人が「神聖」であるなら、自衛や集団的安全保障といった状況に見られるように、国際社会において許可された場合も含めて、力の行使は許されないものとなる。死刑——廃絶されることが望ましいが——は、常に、どのような状況でも違法——残念ながら、現在そうなってはいないが——となるであろうし、基本的な国際刑法を含めて、刑法は深刻な障害に直面するであろう。とりわけ、「神聖」の意味に関して解決しがたい不一致があるであろうし、実定法として執行可能な——あるいは可能な範囲において執行できる——人権法にそういった概念を導入することは、事実上不可能であろう。

ペリーは、「ホロコースト以後の時代」を「無邪気が失われた」時代と呼ぶ[16]。その半世紀を通じて国際法と人権法は、最低基準の実現を保証する人権保護制度を精緻化するべく努力してきた。その成果は、少ないにしても皆無では

---

16 同、105.

ない。ペリーが正しく指摘するように、我々の多くにとって主として知識の問題であった諸問題は、「存在に深く関わる」問題となった。エルサルバドル、ボスニア、それに言うまでもなくコソボ、ルワンダ、拷問、「人権の思想に対する相対主義的挑戦」、また、その多くがホロコーストの記憶と切り離すことができないその他の行為などである。国内レベルにおいても世界的レベルにおいても、人権の実現は非常に困難な仕事である。人権侵害が人類の平和と安全にとって脅威であると見做された状況に対処する上で、国連安全保障理事会がまれに国連憲章7条を使ったことを、人権〔法〕の執行を容易にすることと見ることもできよう。恐らくそう言うことができるだろう。ユーゴスラヴィアとルワンダに関する国際法廷とハーグの国際刑事裁判所が、深刻な人権侵害の処罰における進歩を含んでいると主張することもできよう。そうであって欲しいものである。しかし、「ホロコースト以後の時代」全体としては、未だに満足できるような、基礎的で実際的な人権保護制度を作り上げたとは言えない。

　そうした失敗ないしは不十分な進歩があればこそ、人権の思想に対する包括的かつ実際的で、網羅的なアプローチが採用されたのである。それには、世界人権宣言、その一日前に採択されたジェノサイド条約、1966年の国際人権規約、1965年の人種差別撤廃条約、1981年の宗教的不寛容撤廃宣言、女性差別撤廃条約、子どもの権利条約、拷問等禁止条約など、多くの文書によって宣明され、カタログ化されたあらゆる人権を、すべての人が――その意味が何であれ「神聖」か否かに関わりなく――享有するという「明解」かつ「説得力のある」非宗教的確信が含まれる。宗教的な人々が人権に対する自己の考え方を宗教的な根拠の上に構築することに、私は何の異論も持たない。ただし、それが「唯一の明解な」説明であるという主張を受け容れるわけにはいかない。人権の思想は、今のところ弱く不完全ではあるが、人権法という形で表現されているのであり、人権法は1948年以来の、あるいはペリーの言葉を借りれば「ホロコースト以後の無邪気が失われた」時代における国際法の発展と密接に結びついた非宗教的現象である。

3 「明解な」非宗教的人権観

　ペリーが提起した四つの疑問は、非常によく説明され、かつ議論されており、そのすべてについてコメントする価値があるが、私はこの「円卓会議」〔訳注：本書に登場する様々な主張と議論のやりとりを著者がこう呼んだもの。〕の主催者からの指示に従い、四つの疑問のうちの一つに取り組むことを選んだ。疑問に対する主な回答のうちの一つに賛成できないことは、ペリーの著作を読むことを一層楽しいものにしてくれた。しかし、そこに留まっては不十分であろう。人権思想の基盤としての「明解な」非宗教的人権観を提供するという課題に挑戦するべきであろう。

　ジャック・マリタン（Jacques Maritain）は、ユネスコが編集した"*Symposium with Comments and Interpretations on Human Rights*"（『人権に関するコメントと解釈を伴うシンポジウム』）[17]という本の序文で、ある物語を語っている。ユネスコ国内委員会のある会合で人権が議論された際、激しく反対された思想を主張していた人々が人権のリストに賛成したことに驚きを表明した参加者がいた。彼らは、「我々はそれらの権利に賛成するが、なぜ賛成するのかを誰からも訊かれないことが条件だ」と言う。マリタンは、その訊かれたくない「なぜ」とは、「議論がどこから始まったか」という意味であると付言する[18]。人権の問題に関して、人類は二つの対立するグループに分かれるとマリタンは言う。「程度の差はあれ、はっきりと認める人々と、程度の差はあれ、人権が自然法に基盤を置くことをはっきりと拒否する人々である」。しかし、「我々が現実的な視点を採用して、人権の哲学的な基礎や意味を探求することを止めて、文書化されたものだけに関わることにすれば、全く違う景色が見えてくる。哲学的に対立するグループのメンバーが合意することが可能になるだけではなく、人権を集団で主張するようになった歴史における重要な要素は、哲学の様々な学派の思想というよりもむしろ、…経験と歴史から得られる教訓が主要な役割を果たしてきた思想の潮流である…。したがって、特定のカ

---

[17] UNESCO, *Human Rights−Comments and Interpretations*（A. Wingate, 1949）．
[18] 同、9．

テゴリーの権利の承認が特定の一思想に支配されたものでは決してないことは、いくら強調してもし過ぎることはない…[19]。

マリタンがこう書いたのは50年以上も前のことである。その後、過度に論争的ではなく、一般的に認められる広範な人権のカタログが、主として国際的なレベルで発達した。国内レベルでも憲法の枠組み内で発達することもあった。そうしたカタログが存在すること、また多数の国に受容されていること自体、今日の世界に事実上、「明解」で「非宗教的な」人権観があることを示唆している。ただ、「なぜ」ということに関する論争、すなわちペリーの提起した最初の疑問に関する論争は起きるかもしれない。

シーガーの主張はすでに紹介したが、彼は、現代人権法につながる提案が「初めて」なされたのが19世紀の米国とフランスで作成された文書においてであると書いている。(1)普遍性、(2)剥奪不可能性と(3)法の支配という三つの原則が提案されていた。普遍性の原則は、「すべての人が、列挙され、定義され得る特定の権利を持つこと、それらの権利はいかなる支配者によっても与えられるものではなく、獲得、購入されるものでもなく、その者が人間であることによってその者に備わるものであること」を宣明する[20]。これらの三つの原則は、現代の民主的社会の憲法に導入されたが、国家主権の絶対的かつ排他的優越をくつがえす最低基準として、ほとんど普遍的な価値を獲得したのは国際人権法の出現と発展によってであった。1945年以降、より正確には1948年以降、宗教的、道徳的、あるいは思想的正当化の必要を免れた国際人権法が発達した。二つの国際人権規約の前文には、人権が「人間に固有の尊厳に由来する」ことが明記されている[21]。そうした表現を、非宗教的な意味において理解することがなぜ、それほど困難なのであろうか。あるいは、我々はマリタンの物語に含まれている忠告を聞いて、「なぜ」という問いを横

---

19 同、13-14.
20 Sieghart, *The International Law of Human Rights* 8 (cited in note 6).
21 International Covenant on Civil and Political Rights, Preamble, GA Res 2200A, 21 UN GAOR, Supp No 16 at 52, UN Doc A/6316 (1966); International Covenant on Economic, Social and Cultural Rights, Preamble, GA Res 2200A (21), 21 UN GAOR, Supp No 16 at 49, UN Doc A/6316 (1966).「人間に固有の尊厳と価値」という表現は、1993年にウィーンで開催された世界人権会議で用いられた言葉である。

に置くべきなのであろうか。このような文字による「円卓会議」の土台を提供するペリーの労作を読み、楽しんだ後で私は、我々が「何」ということについては必ず合意できると確信する。

第10章　宗教的標章（シンボル）
評価の余地(margin of appreciation)の範囲：
トルコ・ヘッドスカーフ事件、
欧州人権裁判所と世俗主義的寛容

1　はじめに

　2004年6月29日、欧州人権裁判所は、シャーヒン対トルコ事件(Şahin v. Turkey)における判決を全員一致で下した[1]。トルコ国籍のレイラ・シャーヒン(Leyla Şahin)は、トルコ政府が高等教育の場でイスラームのヘッドスカーフ〔訳注：イスラーム教徒の女性が頭部を覆うために被る布〕を被ることを禁止したことが、ヨーロッパ人権条約[2]第8条、9条、10条と14条および第1議定書[3]の保障する権利と自由の侵害にあたるとして提訴した。欧州人権裁判所は、国内救済措置が尽くされていないというトルコ政府による異議申し立て〔訳注：国内の裁判所による司法的救済を尽くすことが通報受理の条件であることに基づく異議〕を退けて通報を受理した上で、9条違反はなく、シャーヒンが援用した他の条項に関しても問題は生じないと判断した[4]。判決は、同条約44条2項に従って確定した[5]。

　この判決は、自国の司法制度を決定することに関して、各締約国が「評

---

[1] Şahin v. Turkey, App. No. 44774/98 (Eur. Ct. H.R. June 29, 2004), http://www.echr.coe.int/Eng/Judgments.htmで閲覧可能。筆者は、編集されていた可能性のある英語訳の判決を使用した。判決が確定したのは、2005年11月10日である。
[2] 1950年11月4日に署名解放された、「人権および基本的自由の保護のための欧州条約」、312 U.N.T.S. 221.
[3] Protocol to the Convention for the Protection of Human Rights and Fundamental Freedoms, *entered into force* May 18, 1954, 213 U.N.T.S. 262.
[4] 前掲注1、para. 117.
[5] 同、序文。

価(解釈)の余地」を持つことを認めてきた過去の判決に概ね沿ったものである[6]。ただ、この判決は、宗教と国家の関係に否定的影響を及ぼしてきた最近の展開に照らして検討する必要がある。そうした背景事情には、提案されたヨーロッパ憲法における神と宗教的伝統の位置に関する論争[7]、米国最高裁における「十戒事件」[8]と「忠誠の誓い事件」[9]、スペインにおける政教分離計画[10]、最近、イスラームのヘッドスカーフ着用の禁止令が発効したフランスの状況[11]などが含まれる。

---

6 概論として、P. VAN DIJK & G.J.H. VAN HOOF, Theory and Practice of The European Convention on Human Rights(1990); Ronald St. John MacDonald, *The Margin of Appreciation in the Jurisprudence of the European Convention on Human Rights*, in INTERNATIONAL LAW AT THE TIME OF ITS CODIFICATION: ESSAYS IN HONOUR OF ROBERT AGO (Dott. A. Giuffre ed., 1987)参照。宗教関係の問題についての欧州人権裁判所の判断に関する概論として、MALCOLM D. EVANS, RELIGIOUS LIBERTY AND INTERNATIONAL LAW IN EUROPE(1997). 欧州人権裁判所の判決の比較的新しい検討として、Leo F. Zwaak & Therese Cachia, *The European Court of Human Rights: A Success Story?*, 11 HUMAN RIGHTS BRIEF 3(Spring 2004).

7 Richard Potz et al., *God in the European Constitution? – Opinions of the European Consortium Members*, NEWSLETTER OF EUROPEAN CONSORTIUM OF CHURCH AND STATE RESEARCH, Year 4, Issue 4(April 2004)(2004年における"European Consortium for Church and State"のメンバーの意見を載せている。), http://www.church-state-europe.org/newsletter/April2004-Inserto.pdf参照。

8 *Van Orden v. Perry*, 351 F.3d 173(5th Cir. 2003)(判決は、十戒の記念碑が、理性のある観察者の目から見れば、宗教を促進または抑制する主たる効果を持つものではなく、その設置を許可した国内法は妥当かつ非宗教的も目的を持っていたとした。), *cert. granted*, 125 S.Ct. 346(U.S. Oct. 12, 2004)(No. 03-1500); ACLU of Kentucky v. McCreary County, 354 F.3d 438(6th Cir. 2003)(郡の裁判所と学校で十戒を配布したことが、Establishment Clauseに違反した。), cert. granted, 125 S.Ct. 310(U.S. Oct. 12, 2004)(No. 03-1693)参照。David Stout, *Ten Commandments case taken up by Supreme Court*, INT'L HERALD TRIBUNE, Oct. 13, 2004, at 5(政府所有の場所で十戒を展示することの合憲性に関するテキサスとケンタッキーの事件を審理するための移送命令書を米国最高裁が受理したことを検討する)も参照のこと。

9 Elk Grove Unified Sch. Dist. v. Newdow, 124 S.Ct. 2301(2004)(原告適格性を理由に、忠誠の誓いの中の「神の下で」の文言を違法とした控訴裁判所第10巡回区の判断を覆した判決); Charles L. Butler, *Federal Funding to Faith-Based Organizations: Unconstitutional, Wherever the Spirit Moves Them*, 13 WILLAMETTE J. OF INT'L L. & DISP. RESOL. 27, 43-45(2005)(Newdow判決を検討している). Carl Hulse, *House Passes Court Limits on Pledge*, N.Y. TIMES, Sept. 24, 2004, at 17も参照のこと。

10 Marlise Simons, *Church and State Clash, Noisily, in Spain*, N.Y. TIMES, Oct. 4, 2004, at 3(ロドリゲス・サパテロ首相の声明を引用し、検討している)参照。

11 概論として Elisa T. Beller, *The Headscarf Affair: The Conseil d' Etat on the Role of Religion and Culture in French Society*, 39 TEX. INT'L L.J. 581(2003-2004) 参照。

欧州人権裁判所は、自己の判例法に厳密に従ったのであろうか。同裁判所は、トルコ政府の措置を承認することで、ヨーロッパのほとんどの国が採る方針に近い考え方を採用したのであろうか。それとも、それを超えたのであろうか？　ここでは、この事件について純粋に非宗教的かつ人権のアプローチからコメントしよう[12]。宗教の自由に関する最近の主要な書物の編集者たちが指摘するように、ヘッドスカーフやその他の宗教的標章を公的な空間で着用することに関する一般社会の議論は、「文化から市民社会、政治からアイデンティティ、安全保障から紛争といった現代社会の重要な分野」に浸透している[13]。

本章では、シャーヒン事件の事実の概要とその背景としてのトルコにおける立法、司法判断、トルコ政府によるヘッドスカーフ規制に関する法とその運用から始め、ヨーロッパにおける宗教に対する規制の実行を検討する。さらに、「評価の余地」の概念に関する欧州人権裁判所と訴訟当事者の主張についても検討する。最後に、欧州人権裁判所の判決を評価した上で、人権の視点と世俗的角度から、過去の判例とシャーヒン事件判決の不整合の可能性、評価の余地、宗教的信念を表明する権利について議論する。

2　事実と背景

通報者であるレイラ・シャーヒンは、トルコ国民である[14]。1973年にイスラームを実践する伝統的な家庭に生まれたシャーヒンは、自分の宗教的義務の一つはヘッドスカーフを被ることであると信じている[15]。シャーヒンは、1999年にイスタンブールを離れてウィーン大学医学部で勉強を続けた[16]。

12　国家と宗教に関する筆者の見解の概要について、Natan Lerner; *Group Rights and Discrimination in International Law* (2d ed. 2003) 参照。

13　Tore Lindholm et al., "Introduction", in *Facilitating Freedom of Religion or Belief: A Deskbook* xxviii (Tore Lindholm et al. eds., 2004).

14　*Şahin v. Turkey*, App. No. 44774/98, para. 10 (Eur. Ct. H.R. June 29, 2004), http:// http://www.echr.coe.int/Eng/Judgments.htm で閲覧可能。

15　同。

16　同。

シャーヒンは、その前年(1998年)に、ヨーロッパ人権条約の旧25条に基づき、トルコ政府に対する苦情を欧州人権委員会に申し立てた[17]。シャーヒンは、トルコ政府による高等教育の場でのヘッドスカーフ着用禁止が、欧州人権条約8条、9条、10条と14条および第1議定書2条の下での権利と自由の侵害にあたると訴えた[18]。

　同条約の第11議定書が発効した1998年11月8日に、同事件は欧州人権裁判所に付託されて最終的に第4部の担当となり、2002年7月2日に受理可能性が認められたことが公表された[19]。当事者双方は、裁判所に対して文書による主張と証拠を提出した。2004年6月29日に裁判所は、事件の事実関係の概要と判決を発表した[20]。

　シャーヒンは、トルコ国内のブルサ大学医学部に5回生として在籍していた1997年、イスタンブール大学のジェラフパシャ医学部に入学した[21]。シャーヒンは、ブルサ大学在学中は常にヘッドスカーフを着用していたし、1998年2月にイスタンブール大学に通学するまでずっとそうしていた[22]。同年2月23日、イスタンブール大学の副学長は、学生が大学のキャンパスに入ることに関する規制を通達した[23]。通達は、トルコ憲法とその他の国内法令、トルコ行政最高裁判所と欧州人権委員会の判例、大学運営委員会の決議などを引用しながら、「頭部が覆われている(イスラームのヘッドスカーフを着用している)学生、および海外からの留学生を含み、顎鬚を蓄える学生は、授業・講義を受講することが許されない」とした[24]。その結果シャーヒンは、ヘッドスカーフの着用を理由に、イスタンブール大学から授業やテストを受けることを拒否されたのである[25]。

---

[17] 同、para. 1-2.
[18] 同。
[19] 同、para. 6.
[20] 同。
[21] 同、para. 11.
[22] 同。
[23] 通達の当該部分につき、同上para. 12 参照。
[24] 同。
[25] 同、para. 13.

1998年7月29日、シャーヒンは、上記通達がヨーロッパ人権条約8条、9条、10条と14条および第1議定書2条の下での権利と自由の侵害にあたると主張して通達の破棄を要請した[26]。1999年3月19日、イスタンブール行政裁判所はシャーヒンの訴えを退けた。イスタンブール大学の副学長は、関連する法令およびトルコ憲法裁判所と行政最高裁の判断に沿ってその権限が行使される限り、秩序を維持するために学生の服装を規制する権限を持つというのがその理由である[27]。2001年4月19日、トルコ行政最高裁は法的な根拠に基づき、シャーヒンの控訴を棄却した[28]。

イスタンブール大学は、シャーヒンに対して数回の懲戒処分をおこなった。例えば、シャーヒンは同大ジェラフパシャ医学部で未認可の集会に参加したことを理由に警告を受け、その後、一学期の停学に処せられた[29]。1999年6月10日、シャーヒンは、その処分を無効とする行政命令を求めてイスタンブール行政裁判所に提訴した[30]。1999年8月20日、イスタンブール大学は、懲戒処分の合法性を主張する文書を裁判所に提出した[31]。

1999年11月30日、行政裁判所は、関連する判例と状況に鑑みて訴えを退けた[32]。2000年6月28日、懲戒処分を受けた学生に特赦を与える法4584が成立したため、シャーヒンも特赦を与えられた[33]。そのことを理由にトルコ行政最高裁判所は、シャーヒンの控訴が訴えの利益を失っており、審理は不要であると判断した[34]。一方シャーヒンは、勉学を続けるためにウィーン大学に入学した[35]。

---

26 同、para. 14.
27 同、para. 15.
28 同、para. 16.
29 同、para. 17-20.
30 同、para. 21.
31 同、para. 22.
32 同、para. 23.
33 同、para. 24.
34 同。
35 同、para. 25.

3　トルコ国内法とその運用

　欧州人権裁判所は、関連する国内法とその運用を要約している[36]。トルコ憲法2条によれば、トルコ共和国は「人権を尊重する、民主的で、世俗主義的(*laik*)な、社会的法治国家」である[37]。10条1項によれば、「すべての個人は、法の下で平等であって、言語、人種、肌の色、性別、政治思想、哲学的信条、宗教、特定の宗派への帰属や類似の理由による差別を受けない」[38]。24条1項は、すべての人に、

> 「良心、信念と宗教的確信の自由に対する権利を付与する。祈禱、礼拝や宗教的儀式は、14条の規定に違反しない限り、自由におこなわれる。だれも祈禱、礼拝や宗教的儀式への参加、自己の宗教的信念や確信を明らかにすることを強制されず、自己の宗教的信念や確信の故に非難されず、訴追されない」

とする[39]。

　トルコ政府が、自らが理解するところの世俗主義的体制を弱めるために宗教が利用されることを禁じる強い決意をもっていることは24条4項に反映されており、同項はその意味で重要である。同項は、

> 「何びとも、国家の社会的、経済的、政治的ないし法的秩序を宗教的教訓に基づくものにする意図をもって、あるいは部分的であれ、政治的ないし個人的利益または影響力を得ようとして、宗教、宗教的感情や、宗教によって

---

[36] Özlem Denli, "Between Laicist State Ideology and Modern Public Religion: The Head-Cover Controversy in Contemporary Turkey", in *Facilitating Freedom of Religion or Belief: A Deskbook* 497 (Tore Lindholm et al. eds., 2004)（ヘッドスカーフに関する論争を、現代トルコの政治的発展の中に位置づけて論じている）参照。Simons, supra note 10も参照のこと。

[37] TURK. CONST. art. 2 (rev. Oct. 17, 2001).

[38] 同、art. 10, para. 1.

[39] 同、art. 24, para. 1.

神聖だと考えられている物などを、どのような方法であれ利用または悪用してはならない」

とする[40]。

　欧州人権裁判所は、その判決の中で、1923年の共和国設立宣言以来のトルコの政策の発展を要約した[41]。共和国は、国家が世俗主義的(*laik*)でなければならないという原則〔訳注：つまり政教分離原則〕に基づいて建設されており、公的領域と宗教的領域は、女性に平等を付与することを含めた一連の改革を通じて分離された[42]。服装に関しては、人々はオスマン帝国時代のように宗教団体への帰属に応じた服装をする必要はなく、新体制は「すべての市民が平等を保障される宗教的フリーゾーン」を創る努力をした[43]。そのために、1925年11月28日の「ヘッドギア(頭部の被り物)規制法」に続いて一連の立法がおこなわれた[44]。

　1980年代以降、学校や大学におけるイスラームのヘッドスカーフ着用の問題については、激しい議論がなされてきた[45]。一方に、着用を宗教的アイデンティティに関連する表現の一形態ないし義務と見る人々がおり、他方には、それを宗教的教訓に基づく体制を建設することを目指すイスラームの政治的意図のシンボルであり、女性の権利を弱め、社会を不安定にするという脅威であると見做す人々がいた[46]。1996年に連立政権が成立すると議論はさらに激しくなり、欧州の地域的機構にまで波及したのである[47]。

40　同、art. 24, para. 4.
41　Şahin(前掲注14)、para. 27.
42　同。
43　同、para. 29.
44　同。
45　同、para. 31. Susanna Dokupil, *The Separation of Mosque and State: Islam and Democracy in Modern Turkey*, 105 W. VA. L. REV. 53, 127 (2002) (トルコ政府が、ヘッドスカーフの着用のような、宗教的熱意のそうした側面を管理していると断定する)も参照のこと。
46　Şahin(前掲注14)、para. 31. Elizabeth Mayer, *A "Benign" Apartheid: How Gender Apartheid has been Rationalized*, 5 UCLA J. INT'L L. & FOREIGN AFF. 237, 297-300 (2000-2001) (大学を含む政府の施設内で、ヘッドスカーフの様な宗教的服装を着用することを男女にかかわらず禁止する世俗主義的な、トルコの正式な政策を論じている)も参照のこと。
47　Şahin(前掲注14)、para. 31.

1981年にはトルコ政府が、公務員と国立施設の職員と学生に現代的な服装をすることを要請する通達を出した[48]。その通達によって、女性の職員と学生はヘッドスカーフの着用を禁じられた[49]。1982年にはトルコ政府は、高等教育の場でのヘッドスカーフ着用を禁止したが、その措置は、上述のようにトルコ行政最高裁判所によって肯定されたのである[50]。1988年、高等教育に関する法2547が、関連する施設と敷地内での「現代的な服装ないし外観」を義務とした。ただし、「宗教的確信から…首や頭髪を覆う」ベールやヘッドスカーフを使用することは許可された[51]。

　1989年3月7日、トルコの憲法裁判所は、同法が、世俗主義と法の下で平等、宗教の自由を定める憲法の規定に反し、男女平等原則にも反するという判断を示した[52]。世俗主義が、同国の歴史的経験とイスラームの特色故にすでに憲法的な地位を獲得していたと述べたのである[53]。同憲法裁判所によれば、世俗主義は、国家が特定の宗教や信念を優先することを防ぐことから、民主主義に不可欠の条件であり、宗教の自由と法の下の平等を保障するものである[54]。また、宗教の自由は、特定の宗教を受け容れるか否かの決定の自由を保障するが、特定の宗教の服装をする権利を含まない[55]。個人の内心の外において宗教を表明する自由は、世俗主義の原則を護るために公の秩序による制約を受けるとされた[56]。特定の服装が宗教の名の下に強制されるとき、その宗教は「現代社会の諸価値とは相容れない価値の総体」として立ち現れるという見解である[57]。学生たちは、「宗教的帰属を示すものによって惑わされることなく、静かで、寛容で、相互に支えあう環境」を楽しむことができるべきであるとされた[58]。憲法裁判所は1991年にも、高等教育の場で宗教的理由

48　Şahin（前掲注14）、para. 33.
49　同。
50　Şahin（前掲注14）、para. 34.
51　同、para. 35.
52　同、para. 36.
53　同。
54　同。
55　同。
56　同。
57　同。
58　同。

に基づくヘッドスカーフ着用を許容することは、世俗主義と平等の原則に反するとして上記の判決を追認した[59]。

次に欧州人権裁判所は、イスタンブール大学における規制の適用について検討した。大学当局は、ヘッドスカーフの着用禁止措置と学内の秩序維持に関する懸念とを説明する文書を配布した[60]。職員や学生は、特に保健の領域においては服装規則に従うように求められた[61]。1998年7月9日に同大学が採択した決議によれば、学生は「いかなる宗教、信仰、人種、または政治的ないし思想的確信を象徴ないし表明する衣服を着用してはならない」[62]。学内報は「学生懲罰手続き規定」[63]を公表したが、それは大学当局におる適切な力の行使であり、したがって有効な法源と見做された。

4　比較法

欧州人権裁判所は次に、ヨーロッパの関連する国内法を比較検討した。ベルギーやフランスといった国々では、ヘッドスカーフ問題は、大学よりも公立の小中学校に関して議論されている[64]。フランスでは、世俗主義に関する委員会が、大学では大学運営に関する規則の違反につながらない限り、学生の宗教的、政治的、哲学的確信を表明する権利が優先されるべきであると断定した[65]。

ドイツ、オランダ、スイスや英国では教育関係の省庁が、イスラーム教徒の生徒や学生のベール着用を許可している[66]。ドイツで論争の的になったのは、教師がヘッドスカーフを着用する権利である[67]。ドイツ憲法裁判所は2003年に、公立学校の教師が教室でヘッドスカーフを着用する権利を認めた。

59　同、para. 38.
60　同、para. 40.
61　同。
62　同、para. 45.
63　同、para. 46.
64　同、para. 53.
65　同、para. 54.
66　同、para. 56.
67　同。

ドイツ憲法が明示的に禁止していないということがその論拠である[68]。欧州人権裁判所は、英国ではイスラームのヘッドスカーフが許容されており、論争もわずかな上、地域の中で解決されていることに留意した[69]。スエーデン、オーストリア、スペイン、チェコ、スロバキア、ポーランドといった国では、この問題に関して綿密な法的議論がなされてこなかった[70]。

5 判決

欧州人権裁判所は、シャーヒンの通報の受理可能性に関するトルコ政府による異議申し立てを却下し、シャーヒンが国内救済措置を尽くしていたと判断した[71]。その上で、トルコ政府による高等教育の場でイスラームのヘッドスカーフ着用禁止が、欧州人権条約9条の下での「宗教の自由に対する権利」と「宗教を表明する権利」の「正当化できない干渉」であるというシャーヒンの主張を検討した[72]。トルコ政府は、そうした干渉があったとしても、法に基づいておこなわれたということを根拠に正当性を主張した[73]。

判決は、一般的に受容されているいくつかの原則を再確認した。思想、良心および宗教の自由は、「民主的社会」の基盤であって、信じる人々のアイデンティティと人生観を構成する重要な要素である[74]。それはまた、「無神論者、

68　Kopftuch-Urteil [Headscarf Decision] (Sept. 24, 2003), Bundesverfassungsgericht [BVerfGE] [Federal Constitutional Court] 108, 208 (F.R.G).

69　同。Shabina Begum v. Denbigh High School, E.L.R. 374 (Q.B. 2004), 2004 WL 1174215(イスラーム教徒である15歳の少女が学校にヒジャーブを着て行くことは許されるが、ジルバーブと呼ばれる長い衣服は、制服に関する英国の学校の方針に反するため、着用が許されないとする判決である)参照。

70　同、para. 57. 本書を執筆中、ベルギー政府が、一般市民と接触する仕事をする国家公務員に職場での宗教的標章の着用を禁止することを検討中であるというニュースがAPによって報じられた。そのニュース(2004年12月8日付)によれば、禁止はあらゆる宗教に影響を及ぼすと予想される。Anthony Browne, *Belgium next in line as Europe's veil ban spreads*, THE LONDON TIMES, Jan. 19, 2004, at 11参照。一般論として、Francis Raday, *Culture, religion, and gender*, 1 INT'L J. OF CONST. L. 663 (2003)(ヘッドスカーフを含む、宗教とジェンダーの問題に関する判例の包括的な検討がなされている)参照。

71　Şahin(前掲注14)、para. 58, 63.

72　同、para. 64.

73　同、para. 65.

74　同、para. 66.

不可知論者、懐疑論者や無関心な人々にとっても貴重であり、多大な犠牲を払い、何百年もかかって獲得された民主的社会と不可分の多元主義もそれらの自由なくしては成立しないものである」[75]。「基本的に、宗教の自由は個人の心の問題であるが、私的に単独ないし他の人々と共に、あるいは公的に信仰を共有する集団の中で自己の宗教を表明する自由を特に含む」[76]。宗教の表明は、「礼拝、教導、行事、儀式」といった多様な形態をとる[77]。

ただし、欧州人権条約9条は、信仰を動機とするあらゆる行為を保護するわけではなく、いかなる状況でも公の場で信念の命ずるままに行動する権利を常に保障するわけでもない[78]。したがって欧州人権裁判所は、イスタンブール大学がシャーヒンの権利を制約したか否か、制約したとすれば「その措置が9条2項の意味における「法律で定める」ものであり、正当な目的のためであり、民主的社会において必要なものであったかどうか」を判断しなければならなかった[79]。

欧州人権裁判所は、通報者の権利が制約された事実を認め、その措置がトルコの国内法に基づくものであったと断定した[80]。また、教育の場における宗教的標章の着用の規制に関する限り、国家に「評価の余地」を付与することが妥当であると判示した[81]。しかし、こうした結論は行き過ぎであり、広く受容された複数の原則に矛盾する[82]。問題にされるべきは、「評価の余地」が一般的に、また本事案においても、それらの原則に優越するのかということであった[83]。

大学におけるヘッドスカーフ着用の権利の制限が、通報者の宗教を表明す

---

75 同。
76 同。
77 *Id.* Kokkinakis v. Greece, 260 Eur. Ct. H.R. (ser. A) 1 (1993); discussion *infra* notes 148-156 and accompanying text参照。Cha'are Shalom Ve Tsedek v. France, 350 Eur. Ct. H.R. 233 (2000)（教義に従って屠殺の儀式をするのに必要な許可を拒否された宗教団体のケース）; discussion *infra* notes 160-162 and accompanying textも参照のこと。
78 Şahin（前掲注14）、para. 66.
79 同、para. 67.
80 同、para. 81.
81 同、para. 81, 84, 101, 102.
82 後節VIの議論を参照のこと。
83 Şahin（前掲注14）、para. 103.

る権利の制約を構成するという前提に立ち、欧州人権裁判所は、その正当性、つまり「法律で定める」ものであったか否かを議論した[84]。裁判所は、ヘッドスカーフを着用する学生ないし顎鬚を蓄える学生を大学のキャンパスから締め出したイスタンブール大学副学長の1998年2月23日の通達が、トルコの「高等教育法」に抵触するという主張を退けた[85]。同裁判所は、国内法の解釈と適用の権利は主としてその国の政府、とくに裁判所に属することを繰り返し強調した[86]。また、トルコの行政裁判所は行政最高裁と憲法裁判所の確立された判例法に依拠したのであり、「法」という言葉は、議会の承認を得て専門的な規制機関がとった措置を含めた、意味の広い言葉である[87]。本件では、「法」という言葉は、法典化された法と判例法の両方を意味する[88]。

　欧州人権裁判所によれば、トルコの行政裁判所の決定には拘束力があり、しかるべく公表され、同裁判所と行政最高裁の判例法に沿ったものであった[89]。イスタンブール大学は、シャーヒンが入学するかなり前から服装の規制をおこなっていたし、それらはとくに保健関連科目を履修する学生に関連のある規制であった[90]。欧州人権裁判所は、多様な大学の様々な措置を抽象的に評価することを避け、本件における当該措置が「法律で定める」ものであったか否かを判断した[91]。欧州人権裁判所は、法律が明確で、知ろうとすれば知り得るものであったこと、イスタンブール大学にはヘッドスカーフ着用規制があることをシャーヒンははっきり知っていたこと、したがってシャーヒンは、大学が授業を受けさせない可能性を認識していたはずであると判断した[92]。

　判決はこのように、問題の措置が次のような正当な目的を持っていたと認めた。(1)他者の権利と自由および公の秩序を保護すること、(2)「世俗主義の

---

[84]　同、para. 72.
[85]　同、para. 75.
[86]　同、para. 76.
[87]　同、para. 77.
[88]　同。
[89]　同、para. 78.
[90]　同、para. 79.
[91]　同、para. 80.
[92]　同、para. 81.

原則」を掲げて「トルコ国内の大学の中立性を確保すること」である[93]。したがって、イスタンブール大学の措置は、「法律で定める」ものであったとされた[94]。他方、同じ措置が「民主的社会において必要」なものであったかどうかについて裁判所は、双方の主張を検討した[95]。シャーヒンは、自分が敬虔なイスラーム教徒であり、女性は頭部と首を被わなければならないという自己の宗教的信念に基づいてヘッドスカーフを被ったと主張した[96]。世俗主義の原則に異論を唱えたことはなく、スカーフの被り方も示威的ではなかった、つまり何らかの抗議の表明、宗教的圧力、挑発、改宗の勧誘を意図したものではなかったと主張した[97]。ブルサ大学での4年間では、ヘッドスカーフの着用が公の秩序を乱したり、妨げたり、脅かしたりすることはなかったにもかかわらず、スカーフを着用しながらトルコで勉学を継続することができなかったと主張した[98]。

　シャーヒンは、トルコの圧倒的多数の人々が世俗主義の原則に深い愛着を持っており、神権政治に反対しているが、イスラームのヘッドスカーフには反対していないとも主張した[99]。シャーヒンによれば、ヘッドスカーフは、共和国の価値観や他者の権利に挑戦するものではなく、世俗主義や教育の中立性と本質的に矛盾すると見做すことはできない[100]。また、他のヨーロッパ諸国の実践も、教育の場におけるあらゆる宗教的標章の着用の禁止が不必要であることを示している[101]。多元的社会では集団間の緊張が避けられないが、政府は、多元主義自体を廃止するのではなく、対立する集団間の寛容を確保すべきである[102]。イスラーム教徒の学生は他の学生とは異なる立場にあるから、異なる扱いがなされるべきであるとも主張した[103]。

---

[93] 同、para. 82-84.
[94] 同、para. 80.
[95] 同、para. 85-96.
[96] 同、para. 85.
[97] 同。
[98] 同、para. 86.
[99] 同、para. 87.
[100] 同。
[101] 同。
[102] 同、para. 88.
[103] 同。

シャーヒンはさらに、大学による規則の適用が一貫していなかったとも批判した。イスラーム教徒以外の学生は懲戒処分の対象ではなく、ユダヤ教徒の男子学生はユダヤ教の頭蓋帽を被ることを許され、キリスト教徒は十字架をかけていた[104]。大学当局は、ユダヤ教の祭日にユダヤ教徒の学生が欠席することさえ許可していた[105]。シャーヒンによれば、これらの事実が示す一貫性の欠如は差別を示唆している[106]。

トルコ政府は、宗教を表明する自由が絶対的な権利ではないと反論した[107]。トルコ政府によれば、諸権利は、当該国家の世俗主義的性格および公的サービスの中立性維持のための措置と衡量される[108]。世俗主義の原則は、自由かつ多元的民主主義の前提であって、西欧社会からそう見做されているように、リベラルな民主主義を採用した唯一のイスラーム教国であるトルコにとってはとくに重要である[109]。「世俗主義の原則を厳格に適用した」からこそ起きた事件である[110]。宗教と自由は異なる二つの概念であって、調和させることは容易ではない。イスラームの女性が着用するヘッドスカーフは、国や地域によって異なる。同一の宗教的規則から生まれてはいても多様な衣服のすべてと公教育における中立性の原則とを調和させることは難しい[111]。「世俗主義の原則が適用される公的サービスである公教育の場」では許されないが、私的な場所や集団内部でヘッドスカーフを着用することには何の規制もないから、学生は学外では自由に着用できる[112]。トルコでは、ヘッドスカーフは原理主義的な宗教運動が政治的目的のために利用してきたものであって、女性の権利を脅かすものである[113]。公的な施設でヘッドスカーフを着用する権利を認めることは、「特定の宗教に特権を与えることに相当」する、と

---

104 同。
105 同。
106 同。
107 同、para. 90.
108 同。
109 同、para. 91.
110 同。
111 同、para. 92.
112 同、para. 93.
113 同。

いった主張である[114]。

　トルコ政府は、「刑法、処罰としての拷問、女性の地位に関するシャリーア」の規定が、「世俗主義および欧州人権条約と矛盾する」と主張した[115]。政府によれば、医学の領域では、「保守的な宗教的アプローチ」が衛生学的必要性と調和せず、男性患者に対して差別的となり得る[116]。イスタンブール大学は、対立する過激な集団が暴力的に対決してきた場所であり、原理主義的な宗教運動の圧力に関する苦情も寄せられてきた[117]。大学側は、したがって措置は予防的なものであり、大学の中立性を維持するためのものであったと主張した[118]。

　欧州人権裁判所は、基本的に、どの国も「評価ないし裁量の余地」を享有しており、国内のニーズや状況を評価することにおいて、原則的に国際的裁判所よりも政府の方が有利な立場にあるという確信に基づいて判断を下した。ただし国家の決定は、欧州人権裁判所の審査を受けるのであって、欧州人権条約との整合性の判断は欧州人権裁判所でなされる。

　欧州人権裁判所は、コッキナキス事件を引用して[119]、「複数の宗教が共存する民主的社会では、自己の宗教を表明する自由を制約することが必要かもしれない」と指摘した[120]。裁判所は次に、カラドゥマン対トルコ事件（*Karaduman v. Turkey*）[121]における欧州人権委員会の決定およびダーラブ対スイス事件（*Dahlab v. Switzerland*）における同裁判所の判決を引用する[122]。カラドゥマン事件では欧州人権委員会が、ヘッドスカーフを着用しない写真の提出義務の問題を取り扱った。教師がヘッドスカーフを着用したダーラブ事件では、欧州人権裁

114　同、para. 94.
115　同。
116　同、para. 95.
117　同、para. 96.
118　同。
119　Kokkinakis v. Greece, 260 Eur. Ct. H.R.（ser. A）1（1993）.
120　*Şahin*（前掲注14）、para. 97.
121　Karaduman v. Turkey, App. No. 16278/90, 74 Eur. Comm'n H.R. Dec. & Rep. 93（1993）（学生が、ヘッドスカーフを着用しない写真を提出しないことを理由に大学の修了証書の交付を拒否された事件）.
122　Dahlab v. Switzerland, 2001-V Eur. Ct. H.R. 447（2001）（教師がイスラームのヘッドスカーフ着用を禁止された事件）.

判所は、宗教的標章が小学生に与える影響と改宗を勧誘する効果に注目した[123]。

欧州人権裁判所は、世俗主義が国家の基本原則の一つであると同時に、国民の大多数が特定の宗教に属するトルコのような国では、宗教を持たない学生や他の宗教に属する学生に原理主義的な宗教運動が圧力を及ぼすことを防止する措置を大学がとることが、ヨーロッパ人権条約9条2項の下で正当化される可能性があると付言した[124]。世俗主義の大学は、学生の平和的共存を確保し、公の秩序と他者の信念を保護するために、宗教の表明の場所や方法に制約を課すことで多数派の宗教の儀式や標章の使用を規制してもよいとされた[125]。

規制の必要性を最初に判断するのは政府機関だが、その決定は欧州人権裁判所によって再検討される。国家に任される「評価の余地」の範囲は、「条約が保障する権利の重要性、制約される行為の性格および規制の目的に応じて」決められなければならない[126]。国家と宗教の関係に影響が及ぶ問題の場合、決定に携わる国家機関の役割は非常に重要である[127]。

欧州人権裁判所は、教育の場における宗教的標章の着用を国家が規制する場合、「評価の余地」ルールの適用がとくに適切であるとした。「この問題に関する規則は、その国の伝統によって国ごとに異なるからであり」、「他者の権利の保護や公の秩序の必要性について統一された概念はヨーロッパにはない」からである[128]。裁判所は、「教育という事柄の性格上、規制権限は必要で

---

[123] 同、para. 449-450.
[124] Şahin（前掲注14）、para. 99.
[125] 同、para. 101.
[126] 同。
[127] 同。(「そのような場合には、影響を受ける様々な利益——他者の権利と自由、社会不安の回避、公の秩序と多元主義の要請など——を保護を適正に均衡させる考慮が必要である。」). Kokkinakis v. Greece, 260 Eur. Ct. H.R.(ser. A) 1, 17, para. 31(1993); Manoussakis and Others v. Greece, 1996-IV Eur. Ct. H.R. 1364, para. 44(1997) (教育・宗教問題大臣の許可を得ずに礼拝所を設立し、運営したエホバの証人の有罪判決を含む); Casado Coco v. Spain, 285 Eur. Ct. H.R.(ser. A) 1, 21, para. 55(1994) (職業的宣伝の禁止に違反した弁護士に対する懲戒処分を含む) も参照のこと。
[128] Şahin,（前掲注14）、para. 102(Wingrove v. United Kingdom, 1996-V Eur. Ct. H.R. 1937, 1958, par. 58(1996)——*Visions of Ecstasy* という題名の映画が冒瀆的だという理由で British Board of Film Classificationから配給許可が下りなかった事件——を引用する); *Casado Coca*, 285 Eur. Ct. H.R. at 21, para. 55.

ある」ことに留意した[129]。ただし、それも地域機構による監督を排除するものではなく、「とくに、そうした規制による多元主義原則の蹂躙、条約が保障するその他の権利の侵害、あるいは自己の宗教または信念を表明する自由の完全否定は、絶対にあってはならない」と強調した[130]。

　これらの指摘をシャーヒン事件に適用した結果、欧州人権裁判所の役割は、規制の理由として挙げられたものが妥当で十分な理由かどうか、とられた措置が目的と均衡したものであったかどうかの審理に留まるとされた[131]。規制は、世俗主義と平等という二つの原則に基づいておこなわれた。世俗主義が民主主義的価値を保障するものであり、宗教の自由が侵すべからざるものであり、市民が法の下で平等であるとしたトルコの憲法裁判所の1989年の判決も参照された[132]。欧州人権裁判所は、それらの価値や原則を護るためには、宗教を表明する自由を規制することができるとした[133]。トルコの憲法秩序が、女性の権利とジェンダー平等を重視していることも想起された[134]。

　シャーヒン事件の判決では、トルコにおける宗教的標章の着用が、そうしないことを選択した人々に対して、それが宗教上の義務として提示される、あるいは義務として映るという影響を持つ可能性が考慮された[135]。国民の大多数がイスラームを信仰するトルコのような国では、他者の権利と自由の保護や公の秩序の維持は、正当な目的である[136]。そのことは、とくに「女性の権利と非宗教的生き方を重視する」と表明する市民にとって重要であり、とりわけ、宗教的標章が政治的意味を持ち始めた場合に重要である[137]。裁判所は、過激な政治運動が自己の宗教的標章や考え方を社会全体に押し付けようとすることを「見逃がさない」[138]。判決によれば、世俗主義はこのように、大

129　Şahin（前掲注14）、para. 102.
130　同。
131　同、para. 103.
132　同、para. 105. para.36も参照のこと。
133　同。
134　同、para. 107.
135　同、para. 108.
136　同。
137　同。
138　同、para. 109.

学という多元主義の価値、他者の権利の尊重と男女平等を教える場所における宗教的標章着用禁止の基礎にある優れた考え方である[139]。

欧州人権裁判所は、トルコの大学では一般的にイスラーム教徒以外の学生が自己の習慣的な宗教的義務を自由に実行することができ、大学側は宗教を象徴ないし表明するあらゆる形態の衣服をキャンパスで着用することを禁止することで平等な扱いをしてきたと指摘した[140]。いくつかの大学では規則が厳格に適用されていなかったとしても、そのことは規則自体の不当性を示すものではなく、それらの大学の当局が規制する権限を放棄したことを意味するわけでもない[141]。各国に任される「評価の余地」に関しては、イスタンブール大学による規制は正当なもので、目的と均衡しており、「民主的社会において必要」なものであったとされた[142]。

判決は、「したがって、9条違反はなく[143]、8条、10条と14条および第1議定書2条といった他の条項に関しても問題は生じない」と結論付けた[144]。

6　判決の評価

シャーヒン事件の判決は、深刻な疑問を生じさせる。国家に任される「評価ないし裁量の余地」は、どの範囲まで認められるのか。同一の文言を使用して世界的および地域的人権文書に規定され、一般的に受容された国際法の原則の遵守が問題である場合に、「評価ないし裁量の余地」は、どの程度まで適用されるのか。欧州人権裁判所は、シャーヒン事件の判決で引用した自らの判例法から逸脱しなかったか。裁判所は、イスタンブール大学の敷地内でシャーヒンがヘッドスカーフを着用することが、公の秩序の破壊あるいは他者の権利を脅かす効果を持つという見方を徹底的に立証したかどうか。国教を持つ国が、無神論や不可知論の信念、あるいは他の宗教への帰依を表明す

---

[139] 同、para. 110.
[140] 同、para. 111.
[141] 同、para. 112.
[142] 同、para. 114.
[143] 同、para. 115.
[144] 同、para. 116-117.

る標章の使用を禁止した場合にも、裁判所は同じ「評価の余地」を与えたであろうか。大学を含むあらゆるレベルの教育現場での絶対的禁止を、「評価の余地」原則に基づいて裁判所が承認したことは、ヨーロッパに多元主義的、平等主義的で寛容な法制度を構築することに役立つのか、といった疑問である。

　これらの疑問のうちのいくつかは、純粋に法的な問題の枠を超えているが、厳密に法的で重要な問題もいくつか含まれている。その主なものは、自己の宗教または信念を表明する自由の意味と範囲である。宗教の自由に関するすべての基本的な人権文書に謳われるように、自己の宗教または信念を表明する自由は、「法律で定められ」、公共の安全、公の秩序、健康、道徳、他者の権利と自由の保護ために「民主的社会において必要」な制限のみに服する。宗教または信念を表明する自由は、単独ないし他の人々と共に、私的にあるいは公的に礼拝、教導、行事、儀式といった多様な形態をとって行使することができる[145]。

　国連の差別防止マイノリティ保護小委員会の特別報告者であったアーコット・クリシュナスワミは、世界人権宣言は、「礼拝、教導、行事、儀式」といった言葉に、宗教または信念の、考えられるすべての形態の表明を含めることを意図していたと十分推定することができると指摘した[146]。宗教または信念に関連する標章の着用の禁止ないし制限については、「そうした服装を命じる信仰を持つ人々が、着用を不当に妨害されないことが望ましいが」、一般的に適用できるルールを作ることは困難であろうとした[147]。「望ましい」とか「不当に」というのは相対的な概念であって、「評価の余地」原則を強化するとは言

---

[145] Universal Declaration of Human Rights, art. 18, G.A. Res. 217(III), U.N. GAOR, 3d Sess., at 71, U.N. Doc. A/810(1948); International Covenant on Civil and Political Rights, *opened for signature* Dec. 16, 1966, art. 18, 999 U.N.T.S. 171; Declaration on the Elimination of All Forms of Intolerance and Discrimination Based on Religion or Belief, art. 1, G.A. Res. 36/55, U.N. GAOR, Supp. No. 51, at 171, U.N. Doc. A/36/51(1981); European Convention for the Protection of Human Rights and Fundamental Freedoms, *opened for signature* Nov. 4, 1950, art. 9, 312 U.N.T.S. 221; American Convention on Human Rights, *opened for signature* Nov, 22, 1969, art 12(3), 1144 U.N.T.S. 123参照。

[146] Arcot Krishnaswami, Study of Discrimination in the Matter of Religious Rights and Practices 17(1960).

[147] 同、33.

え、欧州人権裁判所がどの程度一貫して同原則を適用してきたかを見極める必要がある。

改宗勧誘活動を理由に48年間に60回以上逮捕されたエホバの証人[148]に関する論争的なコッキナキス事件で[149]、欧州人権裁判所の9名の裁判官から構成される法廷は、改宗勧誘を犯罪とするギリシャの国内法の下での有罪判決がコッキナキスの宗教を表明する自由の侵害にあたると判断した。欧州人権条約9条違反の有無については、法廷は6対3に意見が分かれた。裁判所は、地域機構の監督を受ける「評価の余地」の存在を認め、異議申し立てのあった国内判決の審査は、事件全体に照らしてなされなければならないと述べた[150]。それには、社会がとくに必要としているもの(こと)、均衡性、民主的社会における必要性が含まれる[151]。プティッティ(Pettiti)判事は、賛成意見の中で宗教と良心の自由の行使に対する制限に触れ、強要、他者の権利を侵害する方法での諸権利の濫用、良心の自由の侵害に結びつくような手段を用いた操作などが制限の対象行為に含まれるべきであるとした[152]。判事は改宗勧誘活動の許容範囲にも言及したが[153]、挑戦的ではない標章の使用、とくに公の秩序やその標章が示される組織の通常の機能を妨げない場合、そうした形態による宗教の表明に対する制限には一般的に同じ論理が適用された。

コッキナキス事件で反対意見を書いたマータンス(Martens)判事は、「宗教的不寛容の潮流が高まる状況下では、この分野での国家の権力行使を可能な限り厳しい境界線の内部に止めることが非常に重要である」と述べた[154]。この意見はもちろん、宗教的信念の平和的な表明に対する制限に当てはまる。

判決を批判したジェレミー・ガン(T. Jeremy Gunn)は、裁判所が「信念を表

---

148 Kokkinakis v. Greece, 260 Eur. Ct. H.R. (ser. A) 1 (1993) at 8, para. 6.
149 Kokkinakis v. Greece, 260 Eur. Ct. H.R. (ser. A) 1 (1993). 改宗の勧誘に関する7章参照。T. Jeremy Gunn, Adjudicating Rights of Conscience Under the European Convention on Human Rights, in *Religious Human Rights Global Perspective: Legal Perspectives* 305 (Johan D. van der Vyver & John Witte, Jr. eds., 1996) も参照のこと。
150 同、18, para.35.
151 同、para. 36.
152 同、26-27(プティッティは部分的に賛成意見である).
153 同。
154 同、38, para. 16(マータンスは部分的に反対意見である).

明する基本的権利の範囲を理解ないし解釈する努力をまったくしなかった」と主張する[155]。ガンによれば、判決は良心の自由の権利を真剣に捉えず、宗教と良心の自由の表明に対する規制を軽減するように諸国政府に要請してこなかったことの証左である[156]。裁判所は、コッキナキス事件では「評価の余地」を制限したが、シャーヒン事件では「評価の余地」原則を完全に適用した。

　裁判所は、シャーヒン事件では、マヌーサキス他対ギリシャ事件 (*Manoussakis and Others v. Greece*)[157] とシャール・シャロム・ヴ・ツェデック対フランス事件 (*Cha' are Shalom ve Tsedek v. France.*)[158] における同裁判所の判決を援用した。マヌーサキス事件では裁判所は、「評価の余地」を無制限にするには、何が脅かされているのかを考慮する必要があることを強調した。同事件の争点は、宗教的多元主義を真の民主的社会に備わる特徴として確保することの必要性であった[159]。シャール・ツェデック事件では、会員数が4万人の少数派である厳格正統主義のユダヤ教のグループ「シャール・ツェデック」がその教義に従って——つまりフランスに住むユダヤ教徒70万人を代表する "Consistorial Association of Paris" という多数派団体のやり方とは異なる——屠殺の儀式をおこなう権利を持つかどうかが問題になった[160]。後にシャーヒン事件で裁判長となるニコラス・ブラッツァ (Nicolas Bratza) 卿を含み、反対意見を持つ7名の裁判官は、マヌーサキス事件に似た論理が適用できると考えた[161]。すなわち、"Consistorial Association" には与えられていた許可をマイノリティである「シャール・ツェデック」には与えないということは、「儀式的屠殺を許可する独占的権利」を与え、「宗教的多元主義を確保すること、あるいは達成しようとする目的と用いる手段の間の均衡のとれた合理的な関係を確保することに失敗したことに相当する」という論理である[162]。

155　Gunn,（前掲注148）、322-23.
156　同、323, 328.
157　Manoussakis and Others v. Greece, 1996-IV Eur. Ct. H.R. 1364 (1997).
158　Cha' are Shalom Ve Tsedek v. France, 350 Eur. Ct. H.R. 233, 265 (2000).
159　*Manoussakis*, 1996-IV Eur. Ct. H.R. Rep. at 1364.
160　概要につき、*Cha' are Shalom*, 2000-VII Eur. Ct. H.R. Rep. 参照。
161　同、266 (Bratza, Fischback, Thomassen, Tsatsa-Nikolovska, Panîiru, Levits, and Traja, J., dissenting).
162　同。

少数派の反対意見に、「評価の余地」を最重要視して宗教的多元主義の確保に失敗した多数意見とは異なる見解が含まれていることは明白である。シャーヒン事件についても同じことが言える。欧州人権裁判所は、シャーヒンがヘッドスカーフを着用することで公の秩序を破壊し、禁じられた方法を用いて教室内で改宗勧誘活動をおこない、あるいは政治的な宣伝をおこなったとは断定しなかった。また、一般的な人権視点から、政府と大学当局による禁止の妥当性を検討することもなかった。その上、裁判所は、国内法を監督することができる特権を用いて、大学のキャンパスで宗教的標章を使用することに含まれる社会的なリスクと、包括的な禁止が宗教を表明する自由に及ぼす打撃を比較することもしなかった。裁判所は、シャーヒン事件では「評価の余地」原則の承認に忠実だったが、欧州人権条約や世界的な人権文書が宣明した、宗教を表明する自由に関する権利と同原則が完全に両立するか否かを評価する権限を放棄した。

　判決は、イスラームのヘッドスカーフの問題について、ヨーロッパ諸国の見解が不一致であることを述べるにとどまり、異なる意見の分析もしなければ、トルコとフランスの政策の比較もしなかった。フランスは、大学レベルではないが、包括的な禁止措置が最近、実施された国である[163]。欧州人権裁判所は、2004年2月に施行された、フランスの国内法の範囲を検討することもできた。その現行法は、同国の行政最高裁判所"Conseil d'Etat"が1989年に出した判決とはかなり異なる内容のものである。1989年の判決は、学校での宗教的標章の着用が「示威的」ではなく、「他人に怖れを与える行為、挑発、改宗勧誘活動ないし宣伝活動」を構成せず、「学生または当該する教育的共同体の他のメンバーの尊厳や自由を脅かしたり、その学校の通常の機能を妨げる」ことがない限り許されるとした[164]。"Conseil d'Etat"は、ヘッドスカーフの着用が常に「示威的」なわけではなく、着用を理由とする退学処分は、公の秩序に対する脅威を含む場合に限り許されると判断したのである[165]。トルコの採

---

163 Şahin v. Turkey, App. No. 44774/98, para. 54 (Eur. Ct. H.R. June 29, 2004), http://www.echr.coe.int/Eng/Judgments.htm.で閲覧可能。
164 Beller, 前掲注11、584参照。
165 同、585.

用する世俗主義(laik)国家の概念は、フランスの「非宗教性の原則」にルーツを持つ可能性があるから、フランスとの比較がなされることが望ましい[166]。欧州人権裁判所は、シャーヒン事件では公立学校と大学の環境の違いを事実上無視した。

ウーズレム・ダンリ(Özlem Denli)は、トルコにおける禁止措置の支持者が、ヘッドスカーフの着用が何ら隠れた政治的目的もない、単にクルアーンの命じることの完全に適切な解釈である可能性を排除していると書く。ダンリによれば、彼らはヘッドスカーフの着用と違法ないし破壊的活動の関係を明らかにする責任を果たしてこなかった。政府の対応は、ヘッドスカーフの着用を単純に観念的に捉え、ヘッドスカーフの着用が持つ、個人の信心深さの表れとしての意味を完全に無視している[167]。

エモリー大学の「法と宗教プログラム」の代表でありジョン・ウィット・ジュニアは、以下のように記す。

> 単独ないし他の人々と共に、私的にあるいは公的に自己の宗教を表明ないし実践する自由は、「法律で定められ」、公共の安全、公の秩序、健康、道徳、他者の権利と自由の保護のために必要な制限のみに服する。後半にあるのは、宗教の表明を制限する根拠として認められるものの網羅的リストであり、立法者はその他のいかなる理由によっても宗教の表明を制限してはならない[168]。必要性の要件は、宗教の表明に対する制限が、列挙されたこれらの国家利益のいずれかを保護する目的と均衡していなければならないことを示唆している。そうした制限は、18条が保障する権利を損なうような方法で適用されてはならない。(中略)宗教の実践を制約する法律は、国家の重要な利益に奉仕するものでなければならず、その利益を実現するにも、最も非制限的な代替手段が用いられるべきである[169]。

---

166 Şahin(前掲注14)、para. 54.
167 Denli, 前掲注36、510.
168 John Witte Jr., Religion and The American Constitutional Experiment, 237 (2d ed. 2005).
169 同。

ウィットによれば、「国際人権基準は、宗教的マイノリティを一般的に許容することを要求するだけではなく、マジョリティの法律や政治では考慮されていないことが多い、宗教的マイノリティのニーズに対する特別な配慮を要求する」[170]。

7　結　論

　純粋に人権の視点に立てば、欧州人権裁判所は国家の持つ「評価の余地」に対する尊重を再確認したものの、個人が誠実な宗教的確信を表明する権利を無視し、大学を含むすべてのレベルの教育現場でそうした表明を全面的に禁止することが、民主的社会を護るためにどう必要なのかを示そうとしなかったと言える。非宗教的視点からは、ヘッドスカーフの問題を、個人による宗教的確信の表明に政治的意図が隠されている兆候のない場合に、世俗主義がそうした表明をどの程度許容できるかというというテストケースと見ることができよう。世俗主義的、民主的体制における個人の反対行動を、公的機関が体制に対する脅威と見做して、その趣旨を法典化した場合、国家は制限を課すことができる。いずれの場合も、立証責任は国家にある。国家の持つ「評価の余地」は、国際法と国際人権法の制約を受ける。その制約を乗り越えた場合は、欧州人権裁判所が宣言したように、国際社会は介入の権限を持つ。

170　同、244.

第11章　国家と宗教的共同体──イスラエルの事例

　イスラエルの国家建設の特異性は明らかである。19世紀と20世紀における多くの国家建設の展開は、世界の政治地図を塗り替えた。しかし、そのいずれも、イスラエルが1948年5月14日の主権国家の設立に至るまでにたどった劇的な、時には悲劇的な経緯に似てはいない。パレスチナ分割に関する1947年の国連決議の表現に従えば、イスラエルはユダヤ的かつ民主的国家と自己規定しており[1]、ある目的の実現を目指す国家として発想され、実際に生まれ、建設された。建国目的であるシオニズムとは[2]、二千年前にユダヤ人の国が存在した領土と概ね同じ土地に、ユダヤ人を多数派とする近代独立国家を建設することによって、世界に離散したユダヤ人あるいはユダヤ民族と呼ばれる共同体の生活条件を改善することを目的としていた。

　建国の宣言は1948年、つまりユダヤ人が第二次大戦中に体験したホロコーストの衝撃の後に、デイヴィッド・ベン・グリオンによってなされた。イスラエルは、民族的、宗教的および文化的に多様な人々を抱える国である。国民の大多数は、宗教としてのユダヤ主義〔訳注：つまりユダヤ教〕が中心的な役割を果たす一民族(nation)への帰属意識を共有する。他方、大きなマイノリティ集団、あるいはむしろ、いくつかのマイノリティ集団は、民族性、宗教、文化、言語、民族的起源などにおいて多数派とは全く異なると自己認識しており、多数派のユダヤ人もそれらの差異とその法的意味を十分に認識して

1　イスラエルの複雑な法体制について、Introduction to The Law of Israel (Amos Shapira and Keren C.DeWitt-Arar, eds.), 1995, (イスラエルの法令および法的思想の概要についての包括的かつ比較法的著作) 参照。

2　シオニズムに関する概論として、Walter Lacqueur, A History of Zionism, 1972参照。

いる³。イングラード(Englard)判事が指摘したように、「イスラエルの建国は、ユダヤ人への見方に根本的な変化をもたらした。ユダヤ人はもはやマイノリティの宗教的共同体とは見られなくなり、他の宗教的共同体にとって、現状維持が懸念事項になった」⁴。

イスラエルの総人口は、2005年には約690万人であった。その約80パーセントに相当する526万人が、ユダヤ人である。宗教については、2003年末現在、1,072,500人のムスリム〔訳注：イスラエルのイスラーム教徒を、とくに「ムスリム」と表記する。〕がおり、キリスト教徒は全体で142,400人であった。そのうち115,700人がアラブ・クリスチャンであり、26,700人が「その他のキリスト教徒」である。ドルーズ派は110,800人、「分類できない宗教」の人々が254,800人となっている。1995年以後国勢調査はおこなわれていないため、これらの数字は推定値である。人口構成は、宗教と「人口グループ」によって分類される。そうした分類は、必ずしも自己認識ないし宗教的確信を反映するものではない⁵。

「ユダヤ人のための祖国として建設され」ながら、「あらゆる宗教のメンバーに良心および宗教的礼拝の自由が保障される」イスラエルにおける宗教と国家の「込み入った」関係は、1998年にイスラエル政府が自由権規約委員会に提出した⁶、「市民的および政治的権利に関する国際規約」（自由権規約）の履行に関する初回・第一回政府報告書にしかつめらしく記述されている。同規約18条の履行に関する章で⁷、政府報告書は、歴史、政治的都合、政党政治、宗教の自由を明示的に規定する憲法がないこと、クネセット（国会）が宗教的事

3　60年足らずの期間に結束を強化してきたイスラエル社会については、膨大な論稿がある。特に、本書に関連性があるのは、David Kretzmer, *The Legal Status of The Arabs in Israel*, 1990; Sammy Smooha, *Israel, Pluralism and Conflict*, 1978; Izhak Englard, *Religious Law in The State of Israel*, 1975. イスラエルにおけるマジョリティとマイノリティの関係の性格の概要について、Natan Lerner, "Affirmative Action in Israel", in The Rockefeller Foundation, *International Perspectives on Affirmative Action*, 1982.

4　Englard, 同上、13.

5　これらの数字は、政府統計による。

6　Richard D. Bardensteinが書いた政府報告書は、1998年6月1日に出版されたが、general directors of the Ministries of Justice and Foreign Affairsが序文を書いており、宗教に関する国家政策を正式に述べたものと見做される。引用部分は、p. 223. また、Second Periodic Report of Israel, CCPR/C/ISR/2001/2,page 49も参照のこと。

7　同上、政府報告書、223.

柄に関する広い立法権限を持つことなどが、「容易に一般化できないような、寄せ集めの法律と行政」をもたらしたと述べる[8]。それを、現状維持の試みが常になされている状況と描写することもできるし、あるいは、しばしば感情と歴史的記憶と結びついた戦争、テロリズム、国際的圧力と国内問題に悩まされて、宗教と信念の自由に関する合理的で一貫した体制を自由に客観的に綿密に構想することを妨げられてきた国家の、当面のニーズを満たすための妥協的な政治の産物と表現することもできよう。

イスラエル国樹立宣言[9]と人間の尊厳に関する基本法[10]には、「ユダヤ人国家」および「ユダヤ的かつ民主的国家」という表現がそれぞれ用いられているにもかかわらず、イスラエルは正式な国教を持たず、政教分離体制の採用もしてこなかった。現在までに達成されたことは、「宗教的事柄への不介入と、数種の形態における宗教と国家の相互浸透のある種の混合である。その顕著な例は、「個人の地位」という特定の事柄に関する司法判断をおこなう、複数の異なる宗教による宗教裁判所の設立であり、いくつかの宗教的共同体にサービスを提供する公的機関に対する政府の資金提供であり[11]、ユダヤ人に対してユダヤ教の規範を適用する一連の法制度とその実施である」[12]。このことは、自分が信心深いとは考えないユダヤ人や信仰を実践していないユダヤ人であっても、ユダヤ人という自己認識を持ち、政府からもそう見做される人々には適用される。

前述の政府報告書は、結論として「イスラエルは、宗教の実践の自由の保障および三つの唯一神教にとっての聖地の使用の保障、特にユダヤ人以外の共同体に対する保障において、かなり成功してきた」が、「宗教の自由が完全に保護されてきたとは言いがたく、特にユダヤ人にとっては言いがたい」と述べる[13]。この結論は、イスラエルにおける宗教の自由に関する公平な評価

8 　同、page 223-224.
9 　1 L.S.1, 3 (1948).
10 　同法の英語版は、26 Isr. L. Rev. 248 (1992).
11 　イスラエルにおける「宗教的共同体」の意味については後述する。
12 　政府報告書（前掲注6）、224. Aviezer Ravitzky, *Is a Halakhic State Possible? The Paradox of Jewish Theocracy*, Israel Democracy Institute, Jerusalem, 2004.
13 　政府報告書（前掲注6）、224.

に見える。神権政治ではなく、あらゆる宗教の実践と表明の自由があり、多数派であるユダヤ人に関しては、非正統派と非宗教的ユダヤ人に対して、主として家族法と登録基準の分野における制限を課す、妥協的な政策が常に採られてきた[14]。イスラエルは自由権規約を批准する際に、イスラエルでは当該の団体の宗教法によって規律されている個人の地位に関する事柄に関して留保を付けた。宗教または信念に関する国際的な最低基準に国を近づけることを意図した判例法を形成する仕事は司法に任されている[15]。この点では、まだまだ不十分である。

1 宗教的共同体

　イスラエルで発展してきたシステムを理解するには、オスマン帝国時代（1517~1917年）および英国統治下（1918~1948年）に確立した制度を検討することが不可欠である。オスマン帝国時代には、支配的なムスリム社会が、非ムスリムの共同体に、主として宗教的性格を持つ行事をおこなう自治を与えていた。それらは、宗教的指導者の権限の下での"*millets*"である。一般的に、結婚、離婚、扶養や家族法のその他の側面といった、ムスリムの「個人の地位」に関するあらゆる問題には、イスラーム法であるシャリーアが適用されてきた。認定された非ムスリムの共同体は、個人的地位に関する問題に対処する独自の裁判所を持っていた。もっとも、管轄権の範囲は各共同体に与えられた権利に基づいており、一律ではなかった。そうした管轄権は通常、結婚、離婚、扶養、相続、教育、慈善事業といった事柄に及んでいた。外国人には、オスマンの法に従う義務はなく、領事の管轄権に委ねられた。

　パレスチナに対して国際連盟が確立した英国の統治は、制度の変更をもた

14　周知のように、イスラエルには正式な、成文化された憲法がない。憲法の必要性について、2001年のCaesarea会議後にIsrael Democracy Institute が出版（ヘブライ語）した論文集"Towards a Solution of The Constitutional Approach to The Religion and State Relationship"に複数の論考がある。

15　それらの基準について、Natan Lerner, "The Nature and Minimum Standards of Freedom of Religion or Belief", in *Facilitating Freedom of Religion or Belief: A Deskbook*（Tore Lindholm, W. Cole Durham, Jr., Bahia G. Tahzib-Lie, eds.）, 2004参照。

らさなかった。1922年のパレスチナ委任統治令(1939年に改定)では[16]、10種の宗教的共同体が認められていた。東方ないしギリシャ正教、ラテンないしカトリック、グレゴリオ系アルメニア教会、アルメニア系カトリック、シリア人(カトリック)、カルデア人(東方帰一教会信徒)、ギリシャ系カトリックのメルカイト、マロン派、シリア正教会、それにクネセット・イスラエルと呼ばれたユダヤ人である。オスマン時代と同様、ムスリムは「認定された共同体」とは見做されていなかったが、ムスリムの裁判所が「個人の地位」に関する問題を扱っていたし、ムスリムの宗教裁判に服することになった外国人に対しても管轄権を行使していた。それ以外のすべての外国人は、本人が宗教裁判を希望しない限り、世俗主義の地方裁判所の裁きを受けることになっていた。

　英国政府は1939年に、ムスリムでも他の宗教的共同体のメンバーでもない人の結婚に関するある規定[17]を採用したが、その規定は英国統治下では実施されることがなかった[18]。その規定が実施されていれば、どの宗教的共同体にも属さない人々、宗教的共同体を脱退した人々、あるいは正式に認定されていない宗教のメンバーといった人々の問題を解決することができたであろう。実施されなかった結果、それらの人々は、認知された宗教的共同体のいずれかに加入しない限り結婚することができなかった。その状況は今日のイスラエル社会でも変わっていない。

　イスラエル国は、世俗主義的政党と宗教的政党との間の対立を避ける必要を感じて、現状を維持した。それでも、そうした対立は時々勃発して立憲的体制の発達を妨げた。宗教法は、「個人の地位」に関する諸問題におけるルールであり、認定された宗教的共同体の管轄権は、現在も維持されている。

　最も重要な変化は、多数派であるユダヤ人に関係している。ユダヤ人共同社会の宗教的組織は、現在、国家機関であり、宗教の有無と帰属宗教に関わらず、イスラエルのすべてのユダヤ人に対して権限を行使している。結婚を望む不可知論者や無神論者のユダヤ人は、正統派の権威者によっておこなわ

16　文書は、R.H.Drayton, The Laws of Palestine, 1933, III, 2569に所収。
17　Article 65A of the Palestine Order in Council.
18　政府報告書(前掲注6)、225。

れる宗教的儀式で結婚しなければならない。それを避ける手段は容易なものではない。例えば、カップルは海外の民間の権威者の下で結婚することはでき、人口登録局はその結婚を記録するものの、ユダヤ教会の権威からは無視される。あるいは法的効力を持つ民事契約を結ぶこともできるが、宗教的権威からは認定されない。多くのイスラエル国民は、子どもたちのために、自己の信仰と矛盾しても正統派の権威者の認知を確保することを選ぶ[19]。宗教的結婚ができない、あるいは望まない人々が代替制度の設立を試みたが、不成功に終わった。

　イスラエル内務省は、無宗教の人々または認定されていない宗教のメンバーが外国の領事館でおこなった結婚を承認し、登録することを提案した。過去にはそうした手続きが存在したが、外務省の依頼によって、1995年7月に中止されていた。2005年4月に高等裁判所が首相に、その手続きを復活することを承認するか否かを尋ねた。イスラエルは建国以来初めて、ロシア大使館でおこなわれた領事による離婚手続きを正式に承認した[20]。言うまでもなく、これはすべて離婚にも当てはまる。とくに、夫が離婚に同意しない妻たち、あるいは夫が不在の妻たち、夫が病気のために離婚できない妻たち、またシャリーアに縛られているムスリムの女性たちにとって特別の障害となってきた。

　イスラエル国では、他に三つの宗教的共同体が認知されてきた。1957年と1995年にドルーズ派、1970年に福音監督教会（Evangelical Episcopal Church）、そして1971年にバハーイ教である。ムスリムとドルーズ派の宗教裁判所が設置された。イスラエルには他にも、正式に認定されてはいなくても活動している宗教的共同体が存在する。例えば、英国国教会、スコットランド教会、ルーテル教会、ユニテリアン派、バプティスト、クエーカーなどである。キ

19　自分が「信仰の実践をまったくしていない」と考えるユダヤ人が何者なのかを正確に定義することは不可能である。ただ、そのように自己規定する人々の多くが、宗教的な動機を否定するだろうが、主として割礼、"bar mitzvah"の儀式、宗教的結婚式など、何らかの宗教的教えを実践している。もちろん、ユダヤ教と国家が歴史的に重なることは、認識と行為の間のこうした明らかな矛盾や混乱を説明するものと見做されてきた。

20　*Haaretz*, April 6, April 15 and May 5, 2005参照。

リスト教徒の数は減少しているにもかかわらず、イスラエルには、数十の教団と教派があり、そのいくつかが聖地の支配権をめぐって対立し、時には暴力行為さえ起こしている[21]。これらの集団はすべて、組織を設立する権利を含む完全な宗教的自由と権利を享受しているが、そのメンバーを管轄する宗教裁判所を持ってはいない。また、税務上の優遇措置の恩恵を受けてはいるものの、政府の財政援助は受けていない。認定されたユダヤ教以外の宗教的共同体が行事や場所に対して受け取る財政援助は、ユダヤ教の団体に比較してかなり少ない。いくつかの共同体に対する財政援助を増額する提案や措置があったが、その効果は不満足なものである[22]。宗教省 (Ministry of Religious Affairs) の廃止と同省が提供していたサービスの他省への移管に伴い、状況は変わるかもしれない。

国家に対してキリスト教徒全体を代表する組織を創設する計画があった。その問題について、2005年4月13日に福音教会の宗教議会がシュファーラム (Shfar-Am) で開かれた。イスラエルにある未認定の四つの福音派の共同体を統括する組織の設立が宣言された。それは、免税、牧師用のビザといった問題に関して、福音派の信徒たちが実際に直面している困難を克服することを目的としていた。スポークスパーソンの1人は、福音派の信徒たちは、家族関係を律する規範がなく、自分たちの宗教裁判所もないことで苦しんでいると指摘した[23]。

ここで、ローマ教皇庁とイスラエルの外交関係樹立を導いた、両者間の1993年の基本合意について述べておこう[24]。交渉は今も継続しているが、同合意はとりわけ、イスラエル国内でのカトリック教会の聖地や組織を含めた権利を保障することを目的としている。未完了なのは、イスラエル法におけるカトリック教会の法人格に関する交渉である。

---

21 そうした対立が訴訟に発展したこともある。キリスト教徒の共同体と教会の概要について、Saul A. Colbi, *Christianity in The Holy Land*, Tel Aviv, 1969参照。
22 財政援助について、Asher Maoz, "Religious Human Rights in the State of Israel", in *Religious Human Rights in Global Perspective –Legal Perspectives* (eds. Johan D. van der Vyver and John Witte, Jr.), The Hague 1966, at 349 ff., とくに366-373参照。
23 Jackie Khoury, *Haaretz*, April 17, 2005参照。
24 Silvio Ferrari, "Concordats were born in the West", La Porta d' Oriente, V, 12/13, 1994参照。

正式認知の有無にかかわらず、様々な宗教的共同体の意見を聞くと、ユダヤ教の非正統派、保守派、改革派、再建派の状況に言及することが必要に思える。それらは、それぞれ独立した共同体として認定されていない。それらの宗派の信者たちには、自己の考えと伝統に従ってユダヤ教を実践する自由があるが、彼らの組織は正式認定されておらず、ラビ〔訳注：ユダヤ教の主管者〕たちはユダヤ教徒同士の結婚式の司祭を務めることも、結婚の公式記録係として行動することもできない。前述のように、それらの宗派のメンバーは、信仰を実践していない者も、あるいは自ら信者ではないと宣言した者も、個人の地位に関する事柄に関しては、イスラエル国内の他のすべてのユダヤ人がするように正統派のラビの管轄に服さなければならない[25]。

2　イスラエル国における宗教

　イスラエルにおける国家と宗教的共同体の関係は、イスラエルにおけるユダヤ教の位置——それは、概ね世俗主義的なシオニスト運動のもたらしたものである——に照らして捉える必要がある。イスラエルは、神学的国家でもなければ、完全に政教分離した政治的存在でもない。ユダヤ教の宗教法であるハラハー（Halakha）の影響から自由ではないが、かと言って、個人の地位に関する分野を除き、宗教法が圧倒的な役割を果たしているわけでもない。すべてのユダヤ教徒の結婚や離婚についてはラビ法廷が管轄権を持ち、ハラハーに基づいて判断を下す。首席ラビ庁（Chief Rabbinate）は国家機関であり、地方レベルでは宗教評議会（Religious Councils）が公的機関である。一般的な教育制度の枠組みの外にある国立の宗教学校は、国家の財政で運営されている。廃止されたために今はないが、宗教省は建国以来、ユダヤ教およびその他の宗教的共同体のニーズを調整し、財政補助する権限を持っていた。
　立法に関しては、シャッバートその他、ユダヤ教の安息日と祝日、食事に関する法、陸軍内の礼拝所、改宗、埋葬、保守派、改革派、再建派など、他

25　この点に関して、David Kretzmer, "Constitutional Law", in *Introduction to The Law of Israel*, 前掲注1、48参照。

の宗派の犠牲の上に成り立っている正統派の排他性と独占、そして言うまでもなく、ユダヤ教徒の生活への政教分離的アプローチなどの問題に関する論争があった。ただ、宗教法に関連する事柄を含めて、国の法律によって規律される国家機構や組織のすべての行為を高等裁判所が再検討するということが、主たる調整的な役割を果たしている。政教分離法は、すべての国民を拘束する。法廷は、いくつかの問題を解決しなければならなかった[26]。

今日に至るも、イスラエルには明文化された完全な憲法がない。国家と宗教に関する立法は、英国統治下でなされたある規定、すなわち1922年のパレスチナ委任統治令83条に始まった。同条は、国会による立法のいずれにも優越するものではないが、重要である。それは以下のように規定する。

> 「パレスチナ内のすべての人々は、良心の完全な自由[27]および種々の形態の礼拝の自由を享受する。それらの自由は、公の秩序と道徳の維持のみに従属する。政府から認定された各宗教的共同体は、共同体内部の事柄に関する自治を享受する。ただし、その自治は、高等弁務官の発行する布告ないし命令に服する」(ここで言う「パレスチナ」とは、英国統治下の領土全体を指す名称である)。

パレスチナ委任統治令の他の規定は、宗教と礼拝の自由に対する制限を撤廃し、とくに宗教を事由とする差別を禁止した[28]。建国以後は、1948年5月14日に採択された独立宣言が宗教と思想の自由を保障してきた[29]。当初、独

26　政府報告書(前掲注6)参照。また、概論としてAsher Maoz(前掲注22)参照。D.E. Arzt, "Religious Freedom in a Religious State: The Case of Israel in Comparative Constitutional Perspective", 9 Wis. Int'l L. J. 1(1990); Amnon Rubinstein, Constitutional Law(in Hebrew), 5th. ed., pp.147-156; Shimon Shetreet, "Some reflections on Freedom of Conscience and Religion" in *Israel, 4 IYHR*(1974), at 194. 宗教的かつ批判的アプローチについて、Simha Meron, "Freedom of Religion as Distinct from Freedom from Religion" in *Israel, 4 IYHR* (1974), at 219参照。
27　イスラエルの司法は、「良心の自由」が宗教の自由を含むことを明らかにしてきた。C.A.450/70, *Rogozinski v. State of Israel*, 26(1) P.D. 129, 134参照。
28　Article 17 of the Order in Council. For its text, 1 L.S.I参照。
29　宣言全文は、1 L.S.I. 3(1948)に所収。

立宣言に法的拘束力はなかったが、1992年に「人間の尊厳と自由に関する基本法」という形をとることによって法的拘束力を獲得した。同法の定めによれば、基本的人権は「独立宣言の精神に照らして」解釈される[30]。ただ、同法には宗教の自由に関する明文規定がなく、国会も宗教の自由ないし宗教からの自由を保障する基本的な法を策定しなかった。

　ただし、このことは、イスラエルが宗教ないし宗教と国家の関係に関する法令をまったく持たないことを意味しない。その意味するところは、妥協と調整と現状維持を基盤とするイスラエルの政治システムが、国家におけるユダヤ教の位置を扱う一般的な立法については国会の過半数による合意を得ることもができず、当然、そういった立法を成立させることもできないで来た、ということである。その解決、あるいは解決の不在は、見解と立場によって批判または賞讃の対象となるであろう。

　イスラエルには、礼拝の自由と聖地へのアクセスを保障することを目的とした刑法がある。刑法5757-1977は[31]、礼拝ないし埋葬の場所の冒瀆、葬礼の妨害、他者の宗教的感情または信念を侮辱することを目的とする言論と出版を処罰の対象とする。重婚は禁止されており、自己の帰属する宗教の宗教法がそれを禁止していない人々にも、その禁止が適用される。聖地保護法5727-1967は、犯罪の意図を要件とせずに〔冒瀆等の行為を処罰することによって〕聖地を保護する。遺跡保護法5738-1978も同様の保護を目的とする。イスラエルは、異なる宗派間の聖地に関する対立に干渉することは避けてきた。

　多大な困難と論争を発生させてきた聖地の一つは、ユダヤ教徒とムスリムにとって神聖であり、ムスリムのワクフが管理する「神殿の丘」(Temple Mount)である。ユダヤ教徒がそこに行くことは、いくつかの例外を除いて、宗教法によって禁じられている。毎週金曜日には、数万人のムスリムが山上で祈りを捧げるが、治安維持を理由に何らかの制限が課せられることもある。ユダヤ教のもう一つの重要な聖地は、「嘆きの壁」であるが、厳密には正統派の伝統に沿わない礼拝式をおこなう権利と壁自体についてもこれまで紛争が

30　基本法全文は、26 Isr. L. Rev. 248 (1992) に所収。
31　L.S.I. (Special Volume) 1 (1977).

ある。

　宗教裁判所が、離婚に関連する財産分与の問題を決定するには民法の基準が適用されなければならない[32]。すべての人には、週に一日の休日が与えられることを条件に、自己の信仰に従って安息日や祭日を過ごす権利がある。ただ、重要な公的サービスの提供が含まれる場合には一定の例外がある。活動を中止してユダヤ教の安息日（Sabbath）を守る義務に関しては、これまで様々な問題が起きてきた。安息日に映画の上映を禁止するという、エルサレム裁判所が1987年に下した権限外の判断は[33]、その後、安息日におこなう活動に関する宗教的規範を検討する権限を地方自治体に与える立法（地方自治体条例改定第40, 5750-1990）に繋がった。

　すべての都市で実施されているわけではないが、安息日には公共の交通機関が規制される。ベン・グリオン空港は開いているが、鉄道は運行しない。住民の多数が正統派である地域において安息日とその他の祭日に道路を封鎖することについては、宗教上の必要を考慮しなければならないが、宗教を持たない人々の移動の自由も尊重されなければならない[34]。

　墓地の管理は、宗教的共同体がおこなう。このことは、どの宗教にも属さない人々や、宗教的儀式で埋葬されることを忌避する人々にとっての問題を生じさせた。その問題は1996年以後、「市民の代替埋葬権に関する法」(Right to Alternative Civil Burial Law)によって規律されてきた。同法は、本人または家族の意思に従って埋葬される権利の保障を意図し、そのために代替の墓地の設置を義務付けたものであり、実際、そうした墓地がいくつかできた。最高裁判所は、正統派の埋葬団体に、ヘブライ語以外の言語による碑文を禁止する権限、あるいはユダヤ教の墓地でグレゴリオ暦を使うことを許可しなかった[35]。2000年には、高等裁判所が行政に対して、ユダヤ系とアラブ系の墓地に対する予算配分の平等を確保するように命じた[36]。

---

[32] H.C.J. 1000/92, *Bavly v. Great Rabbinical Court of Appeal*, 48(2) P.D. 221.
[33] Cr.F.(Jerusalem) 3471/87, *State of Israel v. Kaplan et al.*, P.M. 5748, vol.2, 265.
[34] H.C.J. 5016/96, *Horev v. Minister of Transportation*, 97 Takdin 421(1997) 参照。
[35] C.A.6024/97, *Shavit v. Chevra Kadisha Rishon L' Zion*.
[36] H.C.S. 1113/99, *Adalah et al. V. Minister of Religious Affairs*.

食事に関するユダヤ教の規範、カシュルート (kashrut) に関しても困難がある。そうした規範は、ユダヤ教ではない市町村を除き、軍隊、病院、政府機関の事務所や公立学校など、公的な組織では守られている。豚肉の販売や、コーシャー〔訳注：ユダヤ教の規則に従って適正に処理されたもの〕ではない食肉の輸入も、色々な問題を引き起こしてきた。安息日に営業したホテルやレストランは、それを理由にユダヤ教のラビからカシュルートの証明書の発行を拒否されてきた。最高裁判所は、ベリーダンスをおこなっているホールにその種の証明書の発行を拒否する権利は当局にはないと宣告した[37]。めったに適用されないが、1986年の法は、過ぎ越しの祭日にユダヤ教の市町村で、イーストなどで膨らませたパンやその他の禁じられた食物を店頭に展示ないし販売することを禁止した。

　明らかに、ユダヤ教でも正統派以外の宗派に属する人々や、世俗的で、信仰を実践していないユダヤ人たちが、その影響を受けた。今日に至るまで、この点に関しては常に緊張があり、最近起きたことの一つは、ユダヤ教への改宗の表明、あるいは帰属する宗教的共同体の変更宣言であった。

　言うまでもなく、特定の宗教から別の宗教への改宗は、本質的に個人的問題である。良心および宗教の自由は、特定の宗教を離れて別の宗教に帰依する権利を含む。改宗の問題は、国連が1966年の国際人権規約および1981年の宗教的不寛容撤廃宣言を検討し、採択する過程で多くの困難な問題を生じさせた。

　イスラエルに改宗の権利があることは、有名なペサッロ・ゴールドスタイン (Pesarro Goldstein) 対内務省事件判決で、最高裁がはっきりと肯定した[38]。同事件は、ユダヤ教徒に関するものであったが、その意義はより一般的なものであった。改宗は人口登録簿に記録されるが、個人の地位に関しては、宗教裁判所と宗教組織の執行部がユダヤ教への改宗の正当性に疑義を申し立てることができる。

　この問題に関する論争は、今も激しい。2005年3月30日にイスラエル最高

---

[37] *Raskin v. Jerusalem Religious Council*, 44 (2) P.D.673.
[38] H.C.J. 1031/93.

裁判所の、珍しく11人の裁判官から構成された法廷は6年かけた審理の後、イスラエルに合法的に居住する非ユダヤ人が、ユダヤ教の改革派（Reform）と保守派（Conservative）のいずれかに属する海外の宗教裁判所でユダヤ教に改宗することができること、またその改宗は国家当局によって適正に登録されると決定した[39]。正統派のスポークスパーソンは、この判決に強い反発を表明した。しかし改革派の代表は、次は高等裁判所に、イスラエル国内でも非正統派のラビが非ユダヤ人を改宗させることができるという判決を要請すると述べた。そこで問題になるのは、イスラエル国内の改革派と保守派のラビに認可されて改宗した人が「帰還法」（Law of Return）に基づいて市民権を申請した場合に、それが認められるかということである[40]。それが解決したとしても、それで対立は終結するわけではない。つまるところ、改革派と保守派の狙いは、現在、正統派が独占している、ラビによる結婚の認可に関して正統派と同じ権限を獲得することだからである。

3 結　論

イスラエルにおける国家と宗教的共同体の関係の複雑さは、以下のように要約できる。

(1) イスラエルは、多宗教社会である。人口の大多数は、ユダヤ教徒と自己認識している。人口の約20%がマイノリティであり、その中で最大のグループはアラブ系のムスリムである。
(2) イスラエル建国に続く大きな変化にもかかわらず、国家と宗教的共同体の関係の起源は、オスマン帝国時代と英国統治下の時代にさかのぼる。
(3) イスラエルは、成文憲法を策定することができなかった。そして、宗

---

[39] Israeli press of April 1, 2005参照。
[40] 1950年のLaw of Return (4 L.S.I. 114) は、1969-1970に改正されたが、他のいずれの法律よりもイスラエル国の特異性を反映している。ここでその問題を論じることはできないし、ユダヤ人とはだれなのかという定義や、関連する判例法を要約することもできない。前掲注1参照。

教的共同体に関する法制度は、異質の要素の混在と複雑さを特徴としている。外圧と国内政治上の必要から、その制度は妥協と調整に基づく現状維持の試みであると言えよう。

(4) 結果的に、裁判所は修正と基準確立の役割を果たしてきたし、現在もその役割を担っている。

(5) 現在、正式に認定された宗教的共同体は13あり、その他に未認定の集団が複数ある。このことは、実際的に影響を及ぼす。興味深い展開として、カトリック教皇庁とイスラエル国の間の基本協定の調印がある。

(6) イスラエルには神権政治はなく、宗教と礼拝の自由は原則的に保障されている。異なる宗派の宗教的利益は保護されている。宗教からの自由は確保されておらず、少なくとも、ユダヤ教徒である市民に関しては、宗教的人権の現状（到達点）を反映する制度にはなっていない。イスラエルは、主要な人権条約を批准したが、個人の地位と家族法の領域では、現行制度を維持するための留保を付した。

(7) 主要な摩擦は、ユダヤ教の共同体の内部にある。正統派とそのラビが事実上、個人の地位と家族法に関して独占的な権限を持つことから、他のユダヤ教の宗派や非宗教的団体が変化を求めて運動してきた。その結果得られた変化もいくつかある。ユダヤ教の規範に縛られることを望まないユダヤ人にとって、強制は今も未解決の問題である。その点では、他の宗教的共同体のメンバーも、制約に苦しんでいる。

(8) 集団的権利の視点からも、イスラエルの制度を、宗教的権利と自由の分野において国際法で承認された基本的権利と整合性のあるものにする必要があるだろう。

第12章　ローマ教皇庁とイスラエル

1　はじめに

　ローマ教皇庁とイスラエル国は、1993年12月30日に「基本協定」に調印した[1]。1992年7月29日に両者によって設立された「二国間常設作業委員会」(bilateral permanent working commission)の作業が結実したものである。その主たる目的は、前文の表現に従えば、「カトリック教会とユダヤ民族との間の特殊な関係と[2]、両者間の歴史的な和解のプロセスおよび相互理解の進展」を背景として、ローマ教皇庁とイスラエルの間の現在および未来の関係の継続的発展の「健全かつ永続的な基盤」を造ることである。同文書がもたらす主たる政治的影響は、両者間の完全な外交関係の樹立である(14条2項)。ここでは、同文書に盛り込まれた人権規定に限定して検討するが、同文書が及ぼす広範囲の宗教的かつ政治的影響に言及することは避けられない。

　キリスト教とユダヤ教の関係に関する専門家であり、米国カトリック枢機卿全国会議の、全キリスト教会および宗教間関係に関する理事の職にある人物は、上記の表現が国際的な文書に使われたのは画期的なことであると指摘

1　イスラエル政府は、同協定を1994年2月20日に批准した。文書は、*Justice* 1. (Tel Aviv-Winter 1994) pp.18-20に所収。

2　1992年の「人間の尊厳と自由に関する基本法」は、イスラエル国家を「ユダヤ的および民主的国家」と自己規定する。この基本法は、1992年3月17日に国会を通過し、*Sefer Hachukkim* No.1391(1992)に掲載された。仮訳の英語版については、前掲注1参照。この文書における「ユダヤ的」という表現の意味については異なる見解がある。同合意書が「ユダヤ民族」に言及していることに照らせば、「ユダヤ的国家」という表現が、宗教的な意味、あるいは政教分離的意味、あるいは両者を合わせた意味を持つかを議論することは不必要に思われる。

し、「明らかに、法的あるいは外交的というより、むしろ神学的性格のものである」と述べる。ただ、いくつかの条項は、原則と実際上の関係を扱うものであって、「まったく神学的性格を持たないこと。また、聖地や、キリスト教徒が『約束の地』(the Holy Land) と見做す場所におけるキリスト教徒の権利、つまりキリスト教徒が過去のみならず現在もかなり神経質になる問題があるが、神学的な障壁があったわけではない」ことが付言されている[3]。このように「基本協定」は、人権法のアプローチを超える複雑な性格の文書である。

　国連の創設以来、人権の保護を意図する世界的かつ地域的文書が多く策定されてきた。しかし、すべての人権が等しく扱われてきたわけではない。宗教的人権、あるいは宗教と信念に関する人権は[4]、保護される人権に含まれている。ただ、多くの政治的闘争、国家間の戦争と内戦、人々の苦難の原因となってきたこの領域における法的拘束力のある世界的な条約はまだない。宗教的人権に特化した条約がない以上、関連する義務的規定は、「市民的および政治的権利に関する国際規約」(自由権規約) および地域的人権文書に置かれる類似の規定である[5]。同規約は、世界人権宣言を基にしている[6]。この領域における主要な展開は、1981年に国連総会で採択された「宗教又は信念に基づくあらゆる形態の不寛容及び差別の撤廃に関する宣言」(宗教的不寛容撤廃宣言)である[7]。その履行確保には、国連機関と職員によるかなりの量の仕事を必要としてきた[8]。同宣言の条約化草案が関連する国連機関によって検討されているが、採択に向けた進展の見通しは暗い。

3　Eugene J. Fisher, "Jewish-Catholic Relations after the Fundamental Agreement", in *Interchange*, 2,2, Jerusalem (April 1994) 参照。プロテスタントの意見については、同誌、Petra Heldt, "The Fundamental Agreement Between the Holy See and the State of Israel–The Challenge for Protestants" 参照。Heldt師は、カトリック教会が獲得した特権は、将来、イスラエルの他の教会と共有されることになるであろうという見解をとる。
4　いくつかの基本的な人権文書では、「信念」という言葉が「宗教」という言葉に続くが、自由思想家、無神論者や不可知論者、あるいは政教分離や、宗教に関する非宗教的信念の持ち主の権利をも保護することを明確にするためのものである。
5　国際人権規約は、United Nations, *Human Rights-A compilation of International Instruments*, New York, 1993, pp. 8-41に所収。
6　同、p. 1に所収。
7　文書は、同、p. 122に所収。
8　詳しくは、他章を参照のこと。

宗教的人権に対するアプローチが、他の基本的自由に対するアプローチとは異なることは、国際社会において前者がなおざりにされてきたという印象を与えてきた。そうした状況は、宗教的権利と自由の性格と範囲に関する基本的不一致、あるいは現時点での国連とその他の国際機関に支配的な状況がもたらしたものかもしれない。いずれにしても、他の形式の行動が必要だと考えられてきたし、いくつかの国がローマ教皇庁と締結した二国間協定は、そうした方向の推進に役立つものである。そのほとんどは、ローマ教皇庁とカトリック教国の間の合意であるが、国家と非カトリック共同体との間の関係に言及するものも二、三ある。例えば、イタリアとユダヤ人共同体の間の合意[9]、スペイン政府と福音派の教会、ユダヤ教、イスラームの共同体との協定などがある[10]。

2　協定上の宗教的権利規定

　1条1項と2項において、ローマ教皇庁とイスラエル国は、世界人権宣言と両者が加入している人権条約に謳われる、宗教と良心の自由への権利を「支持する」ことを再確認する。イスラエルは自国の独立宣言を想起し、ローマ教皇庁は第二バチカン公会議における宗教的自由に関する「人間の尊厳」宣言と、キリスト教以外の宗教とカトリック教会との関係に関する「ノストラ・アエタテ」(*Nostra Aetate*)〔訳注：英語では"In our time"（我々の時代に）〕宣言を想起する[11]。

　2条は、人種主義と反ユダヤ主義を含む宗教的不寛容の今日的表明を扱う。ローマ教皇庁とイスラエル国は同条1項で、「そうした邪悪さとの闘い」と「民

9　Giorgio Sacerdoti, "Jewish Rights under a New Italian Concordat", 12, *Patterns of Prejudice* 1 (1978), p. 26参照。また、"New Developments in Group Consciousness and the International Protection of the Rights of Minorities", 13, *Israel Yearbook on Human Rights* (1983), p. 116以下も参照。

10　スペインについて、Minsterio de Justicia, Libertad Religiosa (Normas Reguladoras), Madrid, 1988, and Ministerio de Relaciones Exteriores, Acuerdos entre Espana y la Santa Sede (1976-1979).

11　International Catholic-Jewish Liaison Committee, Fifteen Years of Catholic-Jewish Dialogue 1970-1985, Vatican City, 1988参照。

族間の相互理解、共同体間の寛容、および人間の生命と尊厳の尊重を促進することにおける」適切な協力を約束する。2項では、ローマ教皇庁が「どこで、いつ、誰がおこなうにしても、ユダヤ民族とユダヤ人個人に向けられる憎悪、迫害および他のすべての反ユダヤ主義の表明を非難すること」を繰り返す。ローマ教皇庁は、とくに、ユダヤ教の礼拝堂や墓地の冒瀆およびユダヤ人に対する攻撃を「ホロコーストの被害者の記憶を逆なでする行為——ホロコーストが起きた場所で起きる場合はなおさら」として嘆く。

「不寛容」とか「憎悪」といった言葉の使用は、説明を要する。人種や宗教に基づく差別は、疑いもなく禁止されているし、明らかに法的な問題を構成するが、不寛容や憎悪の場合は、そうならない。国際的人権文書にこれらの言葉を入れることは、少なからぬ問題を引き起こしてきた。「不寛容」という言葉は、1981の宗教的不寛容撤廃宣言のキーワードであるが、その意味は必ずしも明らかではない。主観的な態度、気持ちや感情を表すが、その法的意味を評価することは容易ではない[12]。「憎悪」についても同様である。いくつかの国では立法や司法判断においてこの問題を扱ってきたし、「憎悪犯罪」の概念は、被害者の宗教といった、被害者の特定の属性に関連する特殊な犯罪のカテゴリーに発展した[13]。ヨーロッパの数カ国で発生した暴力は、人種主義、外国人嫌悪および宗教に基づく憎悪がもたらしたものである。同協定では、それらの言葉は、反ユダヤ主義の現象と結びつけて用いられている。

3条では、ローマ教皇庁とイスラエル国が、一連の基本的な宗教的人権を互いに承認する。13条で説明されるように、「カトリック教会」ないし「教会」とは、カトリック教会に所属する「共同体および組織」を含む。「カトリック教会の共同体」という言葉は、「教皇庁が法的責任能力のある教会と見做し、イスラエル国が宗教的共同体と認識する」カトリックの宗教的集団を意味する。

3条2項が明示し、イスラエル国が認めているのは、カトリック教会が宗教的、道徳的、教育的活動および慈善活動をする権利、独自の組織を持つ権利、

---

[12] 前章を参照。
[13] 関連する、米国最高裁の判決につき、*Wisconsin v. Mitchell*, 485 N.W. 2d 807 (1992), rev'd 113 S. Ct. 2194 (1993) 参照。

そうした組織の職員あるいは前述の活動をおこなう職員を訓練し、任命し、配置する権利である。イスラエル国とローマ教皇庁は4条で、「カトリックの礼拝の自由を引き続き保障すること」に合意する。5条は、調整が必要な場合には協議と協力が前提であるとしながらも、「約束の地」へのキリスト教徒の巡礼を認めることが、協定の両当事者の利益に適うとする。

カトリック教会が「あらゆるレベルの学校や研究機関を設立、維持、管理する」権利を、「教育分野における国家の権利と調和する形で」行使することが、6条で再確認されている。同条は、非常に重要な規定であり、1981年の宗教的不寛容撤廃宣言、世界人権宣言、国際人権規約、教育における差別を禁止するユネスコ条約、子どもの権利条約といった、教育に関する権利を扱う他の国際文書に照らして考慮されなければならない[14]。

7条は、世界中のカトリックの組織とイスラエル国内の教育的、文化的機構および研究機関との文化的交流を扱う。8条では、カトリック教会が独自のメディアを利用しておこなう場合も含めて、表現の自由を行使する権利をイスラエル国が承認する。9条では、カトリック教会が、その分野におけるイスラエル国の権利と調和する形で、慈善活動をおこなう権利を両者が再確認する。カトリック教会の財産所有権は、10条で再確認されている。

上述の規定のすべては、宗教的人権の領域においてしっかりと確立された諸原則に合致している。それらの原則は、国連のアーコット・クリシュナスワミ特別報告者が1958年の研究報告[15]の中で発表した諸原則に従って、1981年の宗教的不寛容撤廃宣言に列挙されている。それらの原則が二国間協定の中で明示されたことは、同協定の当事国が加入している一般的な条約が課す義務以上の義務を、相互関係において両者に課すことである。

---

14 これらの文書は、前掲注5、*Human Rights*…、に所収。
15 Arcot Krishnaswami, *Study of Discrimination in the Matter of Religious Rights and Practices* (United Nations, Sales No. 60.XIV.2)（本書第3章に詳しい解説）。また、宗教的人権の基本的なカタログについて、1981年の宗教的不寛容撤廃宣言の1条と6条も参照のこと。

3 聖　地

　複数の宗教にとって、聖地の問題は、宗教的人権の重要な構成要素である。聖地の神聖性に対する侮辱は、歴史上、数多くおこなわれてきたが、イスラエル国内にあるイスラームとキリスト教の聖地については、時折起きる事件を除けば、概ね尊重されてきた。

　聖地の問題は、宗教的な性格のものに限定されない多くの意味を持っている。イスラエル国内には、複数の宗教にとって神聖な、多くの場所がある。ほとんどはエルサレム市内にあるが、市外にもいくつかある。中には、キリスト教、イスラーム、ユダヤ教およびその他の宗教団体にとって神聖な場所がある。国連は、1949年という早い時期に、エルサレムとその周辺に限定して、聖地をリスト・アップしていた。1967年にイスラエル国会(クネセット)は、「聖地保護法」を成立させた[16]。同法は、「聖地を冒瀆とその他の冒瀆的行為から保護し、複数の宗教および信徒の感情にとって神聖な場所に対する自由なアクセスを妨害する可能性のある行為から保護する」ものである。

　前述の協定の4条は、そこに含まれる複雑な政治問題への言及を避けながら聖地の問題を扱っている。イスラエル国は、キリスト教の聖地の「現状」維持と尊重およびキリスト教徒の共同体の関連する権利の尊重を引き続き約束する。ローマ教皇庁の側も、カトリック教会がその現状維持と尊重を継続することを約束する(1項)。イスラエル国内の聖地に関して、キリスト教の異なる宗派間にある誤解や対立を考えると、このことは特別な意味を持っている。また、カトリック教会がかつて聖地の「現状」について不満を表明したことに照らしても、意義ある規定である[17]。そうした経緯を見れば、フィッ

---

[16]　F1967年6月27日に成立し、*Sefer Hachukkim* No. 499(1967), p. 75に公表された同法の英訳文は、*Laws of the State of Israel*, Vol. 21(1966/67), p. 76参照。イスラエル国内の聖地の法的地位に関して、*The Arab-Israeli Conflict* (ed. John Norton Moore), Vol. 1, Princeton, 1974, pp. 915-1062に所収の論考を参照のこと。

[17]　Religious Liberty and the Law参照。Israeli Interfaith Committeeが主催した複数のシンポジウムの記録は、The American Jewish Committee and the United Christian Council in Israel, Jerusalem, 1980, とりわけ Father Joseph Stiassny's advocacy of "a radical change of the status quo" (p. 46) . 915-1062に所収の論考を参照のこと。

シャー博士が指摘するように、「イスラエルは、その行動を通じて常に宗教の自由の原則を尊重してきたが、文書による確認は、現在の政治的緊張状況を超えて将来にわたる保障を提供する。また、中東という、より大きな枠組みにおいても価値ある先例となるであろう」[18]。

同条3項で、イスラエル国は、教会、修道院、墓地その他、カトリック教会の聖地に付随する特徴的なものを引き続き尊重し、保護することに合意する。4項では、カトリックの礼拝の自由を引き続き保障することをローマ教皇庁に約束している。

4　評　価

当時のイスラエル外務副大臣（Yossi Beilin）が述べたように[19]、同協定は形式的には、「一つの小国とさらに小さい国の間の合意に過ぎないが、その影響は、地理上の国境を超えて、世界中の数百万人のユダヤ人と10億を超えるキリスト教徒の心に届く」。「協定の背後には、理解、協力と対話は数えるほどしかなく、憎悪と恐怖と無知に満ちた数千年の歴史がある」。当時のローマ教皇庁外交担当事務次長（Msgr. Claudio Maria Celli）は、同協定締結の政治的側面と宗教的側面をはっきり区別しながらも、「カトリック教徒とユダヤ教徒の間の対話と敬意に満ちた協力が、協定締結によって新たな発展への刺激とエネルギーを得る」と教皇庁が確信していると述べた。

同協定は、その歴史的、政治的、宗教的側面に加えて、具体的で明確な宗教的人権の要素を内包している。協定は、今日、一般的に認められてはいるが、義務を伴う実定法として明文化されていない、教会と信徒の権利を列挙している。宗教的人権を詳細に規定する条約がない現状では、国家、とくにユダヤ的国家イスラエルのように、特殊な性格の国家であり、成文化した憲法を持たない国家が、カトリック教会という、キリスト教世界で主要な役割を果たす団体と協定を結び、互いの利益と権利を定義し、明確化したことは

---

[18]　前掲注3.
[19]　1993年12月30日の「基本協定」調印に続く記者会見で外務省が配布した文書を参照。

重要である。それには、宗教的人権に属す広範囲の権利ないし、世俗的・非宗教的人々の利益も考慮されるとすれば、宗教に関連する諸権利も含まれている。

　この点で、1993年にローマ教皇庁とイスラエル国の間に締結された同協定は、宗教と信念という微妙な問題を含む領域での普遍的人権保護において意義ある展開である。

まとめ

　序文で述べたように本書は、「宗教または信念に基づくあらゆる形態の不寛容および差別の撤廃に関する国連宣言」が採択された1981年から25周年にあたる年に刊行される。各章で示したように、現在も世界中で、そうした不寛容と差別が深刻な害を及ぼし続けている。そうしたことを防止し、その影響と闘うために様々な措置がとられてきたが、到底十分とは言えない。地域によっては、過去よりも悪化した状況があり、この分野に関する新たな危険のいくつかは、世界の平和と安全にとって重大な脅威となった。

　同宣言20周年である2001年11月23日から25日にはマドリードで、宗教的不寛容の問題に関する国連特別報告者がスペイン政府の協力を得て、宗教と信念の自由、寛容と非差別に関する教育をテーマとする国際会議を組織した。会議には、多くの国々や非政府組織の代表および招待された専門家が参加し、人類という家族のすべての構成員が生得的に尊厳と平等かつ侵すべからざる権利を持つこと、それが自由と正義と世界平和の基礎であることを再確認した。会議は、すべての人権が普遍的であり、不可分であり、相互依存的であることを強調した。また差別、とくに子ども、移住労働者、難民や難民申請者に対する差別の継続に懸念を表明し、それらの人々の人権と基本的自由、とりわけ宗教または信念の自由を保障する必要性を強調した。

　会議の最終文書は、宗教または信念の自由が有神論的、非有神論的また無神論的信念、およびどんな宗教ないし信念も持たない自由を含むという見解を示した。また、多元主義の尊重を促進することが緊急に必要であることを強調し、宗教または信念の自由とは両立しない偏見や概念を排除することを

目的とする教育政策を促進することを諸国に要請した。憎悪、人種主義や外国人排斥を助長するものも含めて、宗教または信念に基づくすべての形態の不寛容と差別は非難され、国家、NGOや市民社会のすべての構成員は、宗教または信念に基づくステレオタイプ、民族的、人種的、文化的ステレオタイプと闘うように奨励された。最終文書によれば、寛容とは「多様性を受け容れ、差異への権利を尊重することを含む」。両親、家族、法的保護者が、自己の信念に従って子どもの宗教的および(ないし)道徳的教育を確保する権利も再確認された。

　満場一致で採択されたこの最終文書は、同会議の高い代表性を考慮すれば、宗教または信念の自由の分野で国連が発展させてきた諸原則を受容する意思を国際社会が表明したと見るべきである。その採択から5年経ち、1981年宣言25周年を迎えて、その文書が受けた満場一致の支持は、人権の中でもデリケートなこの分野における国際的保護を拡充する決意の現れと希望的に捉えることもできよう。そうした決意が、義務的な条約の策定に有利に働くのか、あるいは現時点でそこまで望むのは望みすぎかを判断するのは難しい。

　我々は、国連特別報告者が1987年の任命以来、1981年宣言の規定に反する政府の措置や事件を調査するためにおこなった活動を要約した。2004年7月には、アスマ・ジャハンギル女史が新たな特別報告者に任命された。新特別報告者は初回の報告書で、世界中の多くの人々にとって、宗教または信念の自由はまったく尊重されていないか、不十分にしか尊重されていないと指摘した。その原則の違反事例をいくつか挙げることができる。特定の宗教的マイノリティの構成員の人権を侵害する事例、現在も広くおこなわれている改宗の強要、非国家主体による宗教または信念の自由の権利侵害、個人に対する暴力または宗教的不寛容の行為、宗教的場所、建物、寺院などの冒瀆やその他の形態の破壊などである。

　2001年9月11日の事件は今も、宗教または信念の自由を含む人権状況に驚くほど大きな影響を及ぼし続けており、「特定の宗教とテロリズムの関係に関する誤解を与え、誤りを導く関連づけ」が懸念を生み出している、と特別報告者は述べる。特別報告者が言及すべきであると考えた問題には、改宗、宗

教的共同体の登録、あるいは登録にまつわる困難、テロ行為と反テロ立法や措置、宗教の分類や承認に見られる選択性、宗教的標章(シンボル)とその表示、とくにスカーフなど特有な衣服の着用などが含まれている。

　本書では、これらの問題のほとんどとその他の問題を取り扱った。私が強調したことは、多かれ少なかれ主観的であろう。しかし、全体として、本書が宗教または信念に関する人権の現状の概要を読者に提供できたことを期待している。そうした概観は、この分野で更なる進歩を目指す困難な道程において役立つかもしれない。マドリッド文書が強調するように、そうした進歩は「平和、正義、自由の精神、相互の尊重と理解の精神」を必要とするし、「宗教または信念の自由に対する保護と尊重」を促進することが緊急に必要であることを考慮に入れたものでなければならない。国際社会は、緊急性の感覚を効果的な法的基準に転換することが可能であることを証明しなければならない。

訳者あとがき

　本書は、Natan Lerner "Religion, Secular Beliefs and Human Rights: 25 Years after The 1981 Declaration"（Martinus Nijhoff Publishers, Leiden/Boston, 2006）の全訳である。原題を直訳すれば、『宗教、非宗教的信念と人権―1981年宣言後の25年』となるが、訳書の表題は、できるだけ内容が分かるものにしたいという思いから『宗教と人権―国際法の視点から』とした。日本では「非宗教的信念」や「1981年宣言」という表現に馴染みが薄いことも理由である。

　著者のナタン・レルナー教授は、現在イスラエル、ヘルツリヤのThe Interdisciplinary Center（IDC）のラズィナー法科大学院（Radzyner School of Law）に所属している。1970年以来、テルアビブ大学をはじめ複数の大学で国際法を教える傍ら、ユネスコの「人種差別に関する顧問」といった活動にも携わってきた。人権、差別、マイノリティ、紛争などに関する多くの研究業績があるが、日本語に訳されているのは、斎藤 恵彦・村上 正直訳『人種差別撤廃条約』（"UN Convention on the Elimination of All Forms of Discrimination"）（解放出版社、1983年）のみであり、本書が二冊目となる。以下に、著者の最近の著書と論文の一部を挙げておく。

　　　"Group Rights and Discrimination in International Law"（『国際法における集団的権利と差別』）（Kluwer Law International, The Hague, 2003）

'The Nature and Minimum Standards on Freedom of Religion or Belief' (「宗教ないし信念の自由の性格と最低基準」)―"Facilitating Freedom of Religion or Belief"(『宗教ないし信念の自由の〔実践の〕促進』)(Kluwer Law International, The Hague, 2003)

'The Role of International Law'(「国際法の役割」)―"Manifestations of Racism in 21st Century Europe"(『21世紀ヨーロッパにおける人種主義の表明』)(Oxford, Berghahn Books, 2002)

'Family Law and Freedom of Conscience in Israel'(「イスラエルにおける家族法と良心の自由」)―"Proceedings of a Conference"(『ある会議の記録』)(University of the Basque Country, San Sebastian, 2002)

　本書の内容については、ウィット教授および著者自身の序文で詳しく紹介・解説されているので、ここでは訳者として日本語訳を出版することの意義と考えることを記して、あとがきに代えたい。

　まず第一に、世界の現状に照らした意義である。歴史的に、特定の宗教の隆盛や新宗教・新宗派の誕生は、しばしば政治的緊張や社会問題化を伴ってきたし、宗教間の対立は流血にまで発展してきたが、冷戦体制崩壊後の加速するグローバル化の下では、宗教に関して二つの潮流がある。一方に、多くの国と国際社会における宗教の顕在化、公的領域における役割の増大があり、他方に宗教的不寛容の高まりとそれに連動した人権侵害の深刻化がある。解体した旧ソ連・東欧圏で各種の伝統的宗教が再興される一方、政治イデオロギー化した宗教が、民族主義やナショナリズムの台頭や紛争に重要な役割を果たす事例が増加した。

　2001年9月11日の事件を機に一気に高揚した米国型「宗教的ナショナリズム」の主導による「テロとの戦い」キャンペーンと、それに結合した「不寛容」

と暴力は、個人レベルでの偏見、嫌悪や排斥をはるかに超えて、国際法とくに国際人権法の理念と基本原則を揺るがす濁流となって猛威を振るっている。人間の価値の平等、人権と自由の享有における無差別待遇の原則、それに基づいて半世紀をかけて形成された国際人権法が瞬く間に覆され、数十年前に戻されたような状況が生まれた。すべての人間が無条件に等しく享有するはずの人権に条件が持ち込まれた。人権を持つ人間と持たない人間の選別がおこなわれる世界が出現したのである。「テロリスト」のレッテルを張られた人々、関連性を疑われた人々、特定の信念の持ち主は、存在すること自体が許されないかのような扱いを受け始めた。「人権先進国」を自認してきた国家による手当たり次第の拘束、テロとは無関係な理由による退去強制(いわゆる強制送還)、公正な裁判を受ける権利を奪った上での長期収容、虐待、いかなる状況でも正当化し得ないはずの拷問の多用など、深刻な人権侵害が組織的、継続的におこなわれてきた。さらに問題なのは、その選別の基準が不明確であって、「人種」的、宗教的に特定のグループがその対象にされやすいことである。

　第二に、日本社会における宗教的人権の歴史と現状に照らした意義である。現在、「信教の自由」は憲法上保障されているが、神道の実質的国教化と天皇の神格化、国民統治と侵略戦争にそれらを利用した過去は、いまだに人権の観点から十分に分析・評価されていない。その延長線上に、靖国神社による「戦没者の合祀」や現職首相と官僚による参拝など、国家と神道を巡る政教関係が未解決のまま残っている。現在も、それらは外交問題や歴史認識の問題として扱われることが多く、人権問題としての側面は十分に議論されていない。教育基本法に「愛国心」が導入された今、天皇の政治的機能と靖国への公費支出の規定を憲法「改正」に盛り込もうとする動きさえある。

　日本は、確かに宗教的に多元社会であり、「一神教」を信仰する人々の目には不可解に映るほど、多くの人が無頓着に複数の宗教の行事や儀礼を

生活に取り入れている。近年、スピリチュアル・ブームと呼ばれる社会現象もある。ただ、それが必ずしも日本社会の「宗教的寛容」を意味しないことは、改めて指摘する必要もなかろう。新宗教団体による不祥事や犯罪が表面化すれば、たちまち教義や信者を愚弄するような「報道」が氾濫し、宗教団体一般の自由や活動を制限しようとする政治的な動きが起きることもある。また9.11事件以後、日本のメディアがほとんど無批判に加担してきた「反テロ」キャンペーンと「外国人犯罪の増加と凶悪化」という誇張した言説の流布、それによって作りだされた「体感治安」の悪化、法務省による外国人に関する密告の奨励、入国管理における指紋等生体情報提供の強要といった一連の現象下で増幅した、イスラームに対する偏見、あるいはイスラームとイスラーム主義の混同は、放置できないレベルに達している。

　他方、日本社会の構成員は、経済のグローバル化の進行に伴って、民族的にも文化的・宗教的にも確実に多様化してきた。イスラーム教徒も増加している。主としてイスラーム教徒との結婚を契機にイスラームに入信・改宗する日本人女性も増えているが、そうした人々と家族にとって、この国は決して住みやすい社会ではない。子どもたちへの差別やいじめを体験ないし懸念して、イスラームの国に移住した家族もある。犯罪への関与を疑われた新宗教教祖の子どもに対する入学拒否、信者の住民登録拒否などの人権侵害事件も記憶に新しい。しかも、これらの事象は一過性のものではない。多文化・多宗教の共生が、日本社会の構成員にとって今後ますます重要な課題となることは明らかである。共生とは、マジョリティの側からの異質性への「寛容」あるいはうわべだけの多文化交流活動にとどまらない。対等・平等と社会的公正の原理に基づく相互尊重関係の構築の実現のプロセスでなければならないし、力関係におけるマイノリティではなく、マジョリティがもっぱら自らに課すべき自己変革と社会変革の課題である。

　第三に、レルナー教授が指摘するように、宗教的人権が、人権の保護と尊

重を確保する全世界的な努力において「放置された領域」にとどめられてきたことがある。マイノリティの保護自体、国連を中心とする国際人権保障システムにおける弱点ともいえる領域であるが、その中でも関心は先住民族を含む広義の民族的マイノリティに向けられる傾向が続いてきた。日本では、憲法にマイノリティの権利は規定されておらず、差別禁止法もない。政府は、条約機関による度重なる勧告にもかかわらず、自由権規約27条に規定されるマイノリティの権利をアイヌ民族以外の集団に認めない。司法も、国際人権基準を誠実に遵守することについては極めて消極的である。つまり、日本社会で宗教的マイノリティに属す人々が、抑圧や迫害に抗して自己のアイデンティティを護り、その尊重と平等な処遇を要求しようとする場合、法的な保護と救済を求めることが困難である。そうした状況下で、教授の問題提起は新鮮であり、日本政府、自治体、企業、市民、NGOなど、あらゆる主体に従来の認識を再検討し、行動する契機と材料を提供する。

　第四に、日本では、類似のテーマを扱う先行研究が少ないことである。もちろん、宗教および人権のそれぞれに関する研究は広範な領域でなされてきており、膨大な蓄積があるが、人権としての宗教の自由、その範囲、許容され得る制約措置とその要件などについて理論と実践の両面にわたる研究や議論は少ない。ウィット教授の序文にあるように、本書は同様のテーマに関して海外で刊行された書籍の中でも傑出した価値を持つものであると言えよう。

　以上が、私が本書を日本社会に広く紹介したいと考えた理由である。ただし、訳者として著者の主張のすべてに必ずしも同意しないことも付記しておきたい。たとえば、集団的権利（group rights）の承認・付与の是非についてである。人種差別であれ宗教に基づく差別であれ、団体や共同体への帰属を理由として実行されてきたことは事実であり、集団の物理的な殲滅ないし排除を目的とするジェノサイドや民族浄化はむろんのこと、同化政策による時間をかけた文化的ジェノサイドからも、集団を意識的、積極的に

保護する必要があることは明白である。国連においてもその点は合意されている。ただし、集団を享有主体とする権利の承認、また享有の要件といった事柄はきわめて論争的である。ウィル・キムリカの指摘を待つまでもなく、集団内部に不均等な力関係と個人の人権や自由を抑圧する力学が、ほぼ例外なく存在するのであり、それはとりわけ、女性に対して抑圧的に機能してきた。集団を権利主体とした場合に、集団としての一体性指向が強化される可能性があり、集団を離脱する自由や集団のルールに従わない自由を含めて、集団内部の個人の自由と民主主義が抑圧される傾向が強まりこそすれ、弱まる、あるいは解消するという可能性は低下することが懸念される。そういった意味で、集団的権利の承認に関しては慎重にならざるを得ない。

　また本書は、国際法学者である著者が、主として国際人権法の視点から宗教と人権のテーマに取り組んだものであるが、関連する諸問題を包括的に扱ったものではない。周辺のアラブ世界とイスラエルの長年の紛争における宗教的人権に関連する問題について、レルナー教授がほとんど言及していないことにもある種の失望や批判が寄せられるかもしれない。また、多くの宗教の教義の解釈や実践に内在する女性差別の問題、宗教に基づく差別と人種差別の複合の現実状況とそれに対する国際社会の対応、宗教的共同体の自治権などには軽く触れるにとどまる。とりわけ、大きなスペースを割いて扱われているヘッドスカーフの着用と宗教的人権の問題については、ジェンダーを視野に入れた分析が省かれていることに批判があろう。フェミニズムの視点からは、ヘッドスカーフを宗教問題としてのみ扱うことに異議申し立てがなされてきた。「自由のために毎日闘い、大きな代償を払ってきた」イスラーム教徒女性からは、スカーフが「まず何よりも抑圧と疎外と差別の道具であり、女性に対する男性の権力装置である」という主張がなされている。〔ファドゥラ・アマラ著、堀田一陽訳『売女でもなく、忍従の女でもなく―混血のフランス共和国を求めて』(社会評論社、2006年)〕

レルナー教授は、その点は十分に認識した上で、あえて議論の焦点が不明確になることを避けるために、「政治的な意図が隠されていなければ宗教の実践（信仰の表明）である」という単純化した仮説を立て法的な側面に限定した議論を展開したと推察される。ただ、宗教的実践だけではなく、服装、食文化や伝統的行事など、集団的アイデンティティの維持・発展において女性に課せられてきた役割、家族や集団の名誉に結びつけて管理される女性のセクシュアリティ、それらの名誉を損なうと見做される行為に対する制裁、また女性たちによるジェンダー差別の内面化などの側面を考慮せずに、宗教の表明・実践の自由の問題を論じることには、一面的ないし不十分であるとの批判があろう。

　ヘッドスカーフは、今もフランスやトルコの政局を揺るがす政治問題である。2008年2月9日、トルコ国会は1997年以来禁止されてきた国立大学内での着用を容認する憲法改正案を可決した。イスラーム系の与党が「宗教の自由と個人の自由」を根拠として提案したものだが、法案審議中には、国是である世俗主義の堅持と着用禁止の維持を求める市民による大規模な反対集会があった。3月14日には検察当局が、「世俗主義に反する活動の中心となっている」という理由で与党の解散を求めて憲法裁判所に提訴するという事態に発展した。国家と宗教の関係、政教分離原則と宗教の自由とのバランス、あるいは宗教の自由と他種の人権とのバランスは、宗教の種類に関わらず、今後も世界各地で論争的な問題であり続けるであろう。

　本書が、日本社会における宗教的人権の処遇の歴史および現状を批判的に検証し、表面的でも欺瞞的でもない真の多文化共生を実現するための議論を活性化し、深める契機を提供することができれば、大きな悦びである。

　最後に、翻訳書の刊行についてお世話になった方々にお礼を申し上げたい。翻訳については、レルナー教授が、訳者の細かい質問に忍耐強く回答する労を厭わず、お付き合いくださったことにまず感謝したい。フェミニスト宗教

研究者の山下明子先生は、訳文全体の素読と訳語の修正という面倒な作業を快くお引き受けくださり、多くの貴重な助言をくださった。心から深く感謝申し上げたい。また、刊行に際しては、東信堂の下田勝司社長にひとかたならぬご高配をいただいた。この場を借りて厚くお礼を申し上げる。

元　百合子

資料1　宗教又は信念に基づくあらゆる形態の不寛容及び差別の撤廃に関する宣言（宗教的不寛容撤廃宣言）

採　　択　1981年11月25日
　　　　　国際連合総会第36回会期決議36／55

　総会は、
　国際連合憲章の基本原則の一つがすべての人間に固有の尊厳及び平等の原則であること、並びに、すべての加盟国が人種、性、言語又は宗教による差別なくすべての者のための人権及び基本的自由の普遍的な尊重及び遵守を助長しかつ奨励するために、国際連合と協力して共同及び個別の行動をとることを誓約したことを考慮し、
　世界人権宣言及び国際人権規約が、無差別及び法律の前の平等の原則並びに思想、良心、宗教及び信念の自由についての権利を宣明していることを考慮し、
　人権及び基本的自由、特に思想、良心、宗教又はすべての信念についての権利の無視及び侵害が、特に他国の内政に対する外国の干渉の手段として利用され、かつ、人民及び国家の間の憎悪をかきたてる場合には、直接又は間接に人類に対して戦争及び大損害をもたらすことを考慮し、
　宗教又は信念が、それを信じる者にとっては、人生観の基本的要素の一つであること、また、宗教又は信念の自由は完全に尊重されかつ保障されるべきであることを考慮し、
　宗教及び信念の自由に関する問題についての理解、寛容及び尊重を促進し、かつ、国際連合憲章、国際連合の他の関連ある文書並びにこの宣言の目的及び原則に反する目的での宗教又は信念の利用は許されないことを確保するこ

とが不可欠であると信じ、

　宗教及び信念の自由はまた、世界平和、社会的正義及び人民間の友好という目標の達成、並びに、植民地主義及び人種差別のイデオロギー又は慣行の撤廃に寄与するものであることを確信し、

　国際連合及び専門機関の後援の下に、さまざまな形態の差別を撤廃するために幾つかの条約が採択され、かつ、若干の条約が効力を発生したことに満足をもって留意し、

　世界の若干の地域において、依然としてはっきりと宗教又は信念についての不寛容が顕在しかつ差別が存在することを憂慮し、

　あらゆる形態及び表現のこのような不寛容を速やかに撤廃するためにすべての必要な措置を採用し、かつ、宗教又は信念を理由とする差別を防止し及びそれと戦うことを決意して、

　宗教又は信念に基づくあらゆる形態の不寛容及び差別の撤廃に関するこの宣言を布告する。

第1条〔思想、良心、宗教の自由〕1　すべての者は、思想、良心及び宗教の自由についての権利を有する。この権利には、自ら選択する宗教又はいかなる信念をも受け入れる自由並びに、単独で又は他の者と共同して及び公に又は私的に、礼拝、儀式、行事及び教導によってその宗教又は信念を表明する自由を含む。

2　何人も、自ら選択する宗教又は信念を受け入れる自由を侵害するおそれのある強制を受けない。

3　宗教又は信念を表明する自由については、法律で定める制限であって公共の安全、公の秩序、公衆の健康若しくは道徳又は他の者の基本的な権利及び自由を保護するために必要なもののみを課すことができる。

第2条〔宗教又は信念に基づく不寛容及び差別の定義〕1　何人も、宗教又はその他の信念を理由とする国家、機関、個人の集団又は個人による差別を受けない。

2　この宣言の適用上、「宗教又は信念に基づく不寛容及び差別」とは、宗教又は信念に基づく区別、排除、制限又は特恵であって、平等な立場で、人

権及び基本的自由を認識し、享有し又は行使することを無効にし又は害する目的又は効果を有するものをいう。

第3条〔宗教又は信念による差別の非難〕宗教又は信念を理由とする人間間の差別は、人間の尊厳に対する侮辱及び国際連合憲章の諸原則の否認であり、世界人権宣言において宣明されかつ国際人権規約において詳細に述べられた人権及び基本的自由の侵害として、並びに、国家間の友好的及び平和的な関係に対する障害として、非難されなければならない。

第4条〔国のとる措置〕1　すべての国は、市民的、経済的、政治的、社会的及び文化的生活のすべての分野において人権及び基本的自由を承認し、行使し及び享有するに当たって、宗教又は信念を理由とする差別を防止しかつ撤廃するための実効的な措置をとらなければならない。

2　すべての国は、そのような差別を禁止するために必要な場合には、法律を制定し又は廃止し、及び、この点についての宗教又は他の信念を理由とする不寛容と戦うためのすべての適当な措置をとるため、あらゆる努力をしなければならない。

第5条〔教育を受ける権利〕1　児童の父母又は場合により法定保護者は、自己の宗教又は信念に従ってかつ児童を養育すべきであると信ずる道徳的教育に留意して、家庭内における生活を組織する権利を有する。

2　すべての児童は、父母又は場合により法定保護者の希望に従って宗教又は信念についての教育を受ける権利を享有し、かつ、父母又は法定保護者の希望に反して宗教又は信念に関する教育を受けることを強制されない。児童の最善の利益が、指導原理だからである。

3　児童は、宗教又は信念を理由とするあらゆる形態の差別から保護される。児童は、人民間の理解、寛容及び友情、平和及び普遍的同胞愛、他人の宗教又は信念の自由の尊重の精神で、並びに、自己の活力及び能力を仲間のために捧げるべきことを十分に意識して、養育される。

4　父母又は法定保護者のいずれかの監督下にない児童の場合には、宗教又は信念についてそれらの者が表明した希望又は希望を証明する他のものに妥当な考慮を払わなければならない。児童の最善の利益が、指導原理だか

5 児童が養育される宗教又は信念の行事は、この宣言の第一条3を考慮して、児童の肉体的若しくは精神的健康又は完全な自己開発に有害なものであってはならない。

第6条〔自由の範囲〕この宣言の第一条に従って、かつ、第一条3の規定に従うことを条件として、思想、良心、宗教又は信念の自由についての権利は、次の自由を含む。

(a) 宗教又は信念に関して礼拝し又は集会すること、並びに、そのための場所を設置し及び維持すること。

(b) 適当な慈善的又は人道的機関を設立しかつ維持すること。

(c) 宗教又は信念の儀式又は慣習に関係する必要な物品及び材料を制作し、取得し並びに使用すること。

(d) これらの分野において関連のある出版物を著述し、発行し及び普及させること。

(e) これらの目的に適した場所で宗教又は信念を布教すること。

(f) 個人及び機関からの自発的な財産上その他の寄付を要請し及び受領すること。

(g) 宗教又は信念の要件及び基準によって必要とされる適当な指導者を訓練し、指名し、選出し又は世襲により任命すること。

(h) 自己の宗教又は信念の教義に従って、安息日を守り、並びに、休日及び祭典を祝うこと。

(i) 国内的及び国際的平面で宗教及び信念について個人及び共同体との交流を確立しかつ維持すること。

第7条〔国内立法〕この宣言に定める権利及び自由は、すべての者がこれらの権利及び自由を実際に利用できる仕方で、国内立法の中で与えられる。

第8条〔解釈の制限〕この宣言のいかなる規定も、世界人権宣言及び国際人権規約に定める権利を制限し又はそれに違反するものと解釈してはならない。

（政府公定訳）

資料2　あらゆる形態の宗教的不寛容の撤廃に関する条約案（宗教的不寛容撤廃条約案）

国連人権委員会第15、21、22、23会期（1965年〜1967年）にて採択
UN Doc.A/7930（1970）

前　文

本条約の締約国は、

　国際連合憲章の基本原則の一つがすべての人間に固有の尊厳及び平等の原則であること、並びに、すべての加盟国が人種、性、言語又は宗教による区別なく、すべての者のための人権及び基本的自由の普遍的な尊重及び遵守を助長しかつ奨励するために、国際連合と協力して共同及び個別の行動をとることを誓約したことを考慮し、

　世界人権宣言が、非差別の原則並びに思想、良心、宗教及び信念の自由の権利を宣明していることを考慮し、

　人権及び基本的自由、特に思想、良心、宗教および信念の自由に対する権利の無視及び侵害が人類に大きな苦しみをもたらしたことを考慮し、

　宗教又は信念が、それを信じる者にとって人生観の基本的要素の一つであること、また、宗教の実践および信念の表明の自由は完全に尊重されかつ保障されるべきであることを考慮し、

　政府、団体および個人は、教育及びその他の手段を通して、宗教及び信念の自由に関連する問題における理解、寛容及び尊重を促進するよう努力すべきことを考慮し、

　1958年に採択された国際労働機関の「雇用および職業における差別に関する条約」、1960年に採択されたユネスコの「教育における差別を禁止する条約」、1948年に採択された国連の集団殺害犯罪の防止および処罰に関する条

約など、差別とりわけ宗教に基づく差別に関する諸条約が発効したことに満足をもって留意し、

世界のいくつかの地域において、依然としてそれらの事柄に関する不寛容の表明が歴然として存在することを憂慮し、

あらゆる形態及び表現のこのような不寛容を速やかに撤廃するためにすべての必要な措置を採用し、かつ、宗教又は信念を理由とする差別を防止し及びそれと闘うことを決意して、

以下のことに同意した。

第1条 この条約の適用上、
(a) 「宗教又は信念」とは、有神論的、非有神論的および無神論的な信念を含む。
(b) 「宗教又は信念を理由とする差別」とは、宗教又は信念に基づく区別、排除、制限又は特恵であって、政治的、経済的、社会的、文化的ないしその他のあらゆる分野の公的生活において、平等な立場で人権及び基本的自由を認識し、享受し又は行使することを無効にし又は害する目的又は効果を有するものをいう。
(c) 「宗教的不寛容」とは、宗教又は信念に関する事柄における不寛容をいう。
(d) 国家による宗教の設立、もしくは宗教又は信念の承認、ないし国家と教会の分離はただちに、宗教的不寛容もしくは宗教又は信念に基づく差別とは見做されない。ただし、本項がこの条約の特定の規定の違反を許すものと解釈されてはならない。

第2条 締約国は、宗教又は信念が個人の良心の問題であり、相応に尊重されなければならないことを認識する。締約国は、あらゆる形態の宗教的不寛容および宗教又は信念に基づく差別を非難し、思想、良心、宗教又は信念の自由を保護するために立案された政策を促進し、実施する義務、また宗教的寛容を達成し、宗教又は信念に基づくあらゆる形態の差別を撤廃する義務を負う。

第3条 1 締約国は、その管轄内のすべての者に思想、良心及び宗教又は信念の自由についての権利を保障する義務を負う。その自由とは、以下のものを含む。

(a) 個人が自らの良心に従って、第12条が言及する制限のいずれを受けることなく、あるいはその問題における自由な選択ないし決定を損なう可能性のあるいかなる強制を受けることなく、いかなる宗教又は信念を持つ自由、あるいは持たない自由、および宗教又は信念を変更する自由。ただし、この項を、宗教又は信念の表明にまで適用するものと解釈してはならない。

(b) 単独で又は他の者と共同して、公に又は私的に、宗教又は信念に基づくいかなる差別を受けることなく、宗教又は信念を表明する自由。

(c) 宗教又は信念に関連する問題について意見を表明する自由。

2 締約国は、その管轄内のすべての者に特に以下のことを保障する。

(a) 礼拝する自由、宗教又は信念に関する集会を持つ自由、並びにそのための礼拝・集会場所を設け、維持する自由。

(b) 自らの宗教又は信念を教え、広め、宗教又は信念およびその神聖な言葉ないし伝統を学ぶ自由、宗教的な本や文書を著し、印刷し、発行する自由、ならびに宗教又は信念の実行ないし維持に献身する意思のある人材を養成する自由。

(c) 慈善団体と教育団体を設立し、維持すること、ならびに宗教又は信念の含意を公的生活において表明することによって宗教又は信念を実践する自由。

(d) 自己の宗教又は信念の儀式、食事およびその他の慣習を守る自由、およびそれらの行為に慣習的に使用される食糧、物品や設備を作り、必要な場合には輸入する自由。

(e) 国内または国外で、巡礼および宗教又は信念に関係する旅をする自由。

(f) 礼拝ないし集会、典礼、儀式、活動の場所、および死者の宗教又は信念と結びついた埋葬場所の平等な法的保護。

(g) 宗教又は信念に関連する地域的、地方的、国内的及び国際的団体を結

成し維持する自由、それらの活動に参加する自由、および同宗の信徒や信念を共有する人々と交流する自由。

(h) 宗教的性格の誓約を強要されることからの自由。

第4条 1　締約国は、児童の父母又は場合により法定保護者が、第3条1項(a)の下で保証される選択の自由を未だ行使することができない児童または非保護者を自己の宗教又は信念に従って育てる権利を尊重する義務を負う。

2　この権利の行使には、父母又は場合により法定保護者が、児童または非保護者に他者の宗教又は信念に対する寛容をよく教える義務、および宗教的不寛容ないし宗教又は信念を理由とする差別に基づくいかなる教義ないし行為からも彼らを護る義務が伴う。

3　父母を失った児童の場合には、父母が表明した希望又は希望と推測されるものが十分に考慮されなければならない。

4　本条の規定を適用するに当たっては、児童の最善の利益原則が、児童の養育と教育に責任を持つ者にとっての指導原則でなければならない。

第5条　締約国は、宗教又は信念に基づく差別なく、すべての人に政治的、市民的、経済的、社会的及び文化的権利を享受し、行使する自由を保障しなければならない。

第6条　締約国は、宗教的不寛容および宗教又は信念に基づく差別に繋がる、反ユダヤ主義などの偏見およびその表明と闘うこと、および世界平和のために、国際連合憲章、世界人権宣言およびこの条約の目的と原則に従い、宗教又は信念の違いにかかわらず、民族間、集団間、個人間の理解、寛容、協力と友好を促進し奨励することを視野に入れて、とくに教導、教育、文化および情報の分野においてただちに効果的な措置を講じる義務を負う。

第7条　1　締約国は、第2条に規定される基本的な義務に応じて、宗教又は信念に基づく差別を防止し、撤廃するために効果的な措置を講じる義務を負う。それには、あらゆる個人、集団ないし組織によるそうした差別の禁止に必要な場合に、法令ないし法規を制定または廃止することが含まれる。

2　締約国は、良心の自由、宗教ないし信念の自由、あるいはそれらの自由かつ公然たる行使を制限ないし妨害する、いかなる政策の実行、法令ないし法規の制定ないし維持をおこなわない義務を負う。

第8条　締約国は、すべての人に、思想、良心、宗教又は信念の自由の権利の行使、および宗教又は信念に基づくあらゆる差別からの法よる平等な保護に対する権利の行使において、いかなる差別もない法の前の平等を保障する義務を負う。

第9条　締約国は、宗教的不寛容もしくは宗教又は信念に基づく差別の促進ないし煽動に対する、法による平等な保護を保障する義務を負う。いかなる宗教又は信念の保持、あるいはその実践の手段に対するいかなる暴力行為、そうした行為の煽動、あるいは宗教又は信念ないしその保持に対する暴力行為に繋がりやすい憎悪の煽動は、法によって処罰可能な犯罪と見做されなければならない。宗教又は信念に基づく団体の構成員であることが、上記の行為の免責理由とはならない。

第10条　締約国は、管轄権を有する国内裁判所およびその他の国家機関を通じて、その管轄内のすべての者に、宗教又は信念に基づく差別の行為を含めて、この条約に反する、人権と基本的自由のあらゆる侵害行為からの効果的な保護と救済、またそうした行為の結果として蒙ったあらゆる被害に対する適正な損害賠償ないし満足をそれらの裁判を通して求める権利を保障する義務を負う。

第11条　本条約のいかなる規定も、国家の安全、国家間の友好的関係ないし国際連合憲章の目的と原則を損なうことを目的とした活動を行う権利を、いかなる個人、集団、組織ないし機構に対しても与えるものと解釈してはならない。

第12条　本条約のいかなる規定も、締約国が、公共の安全、公の秩序、公衆の健康ないし道徳、もしくは他者の個人としての権利と自由、あるいは民主的社会における一般的福祉の保護に必要な制限を法によって定めることを妨げるものと解釈してはならない。

（訳：元 百合子）

資料3　民族的(National or Ethnic)、宗教的、言語的マイノリティに属する人びとの権利に関する宣言(国連マイノリティ権利宣言)

国際連合総会　第47会期決議47/135（1992年12月18日採択）

　総会は、

　国際連合の基本目的の一つが、国連憲章中に宣明されているとおり、人種、性、言語または宗教による差別なく、すべての人のために人権と基本的自由を尊重するように助長・奨励することであることを再確認し、

　基本的人権、人間の尊厳と価値、男女および大小各国の同権に関する信念をあらためて確認し、

　国際連合憲章、世界人権宣言、集団殺害犯罪の防止と処罰に関する条約、あらゆる形態の人種差別撤廃に関する国際条約、市民的・政治的権利に関する国際規約、経済的・社会的・文化的権利に関する国際規約、宗教または信念に基づくあらゆる形態の不寛容と差別の撤廃に関する宣言、子どもの権利に関する条約、その他の世界または地域レベルで採択された関連する国際文書、国際連合の各加盟国間で締結された国際文書に含まれている諸原則の実現を促進することを希望し、

　市民的・政治的権利に関する国際規約にある、民族的(Ethnic)、宗教的、言語的マイノリティに属する人々の権利に関する第27条の規定に鼓舞され、民族的(National or Ethnic)、宗教的、言語的マイノリティに属する人々の権利の伸長と保護が、それらの人々が居住する国家の政治的・社会的安定に寄与することを考慮し、

民族的(National or Ethnic)、宗教的、言語的マイノリティに属する人々の権利の持続的な伸長と実現が、社会全体の発展の不可欠な一部として、法の支配に基づく民主主義の枠内で、人民間と国家間の友好と協力の強化に寄与することを強調し、

国際連合が、マイノリティの保護に関して重要な役割を果すべきであることを考慮し、

国連システム、特に人権委員会、差別防止・マイノリティ保護小委員会、国際人権規約その他関連する国際人権文書に従って設置された機関がこれまで行なってきた、民族的(national or ethnic)、宗教的、言語的マイノリティに属する人々の権利を助長し保護する作業に留意し、

政府間機構(IGO)と非政府組織(NGO)が、マイノリティの保護と民族的(national or ethnic)、宗教的、言語的マイノリティに属する人びとの権利の伸長・保護において、重要な作業を行っていることを考慮し、

民族的(national or ethnic)、宗教的、言語的マイノリティに属する人々の権利に関する国際文書のより一層効果的な実施を確保する必要性を認識し、

この「民族的(national or ethnic)、宗教的、言語的マイノリティに属する人々の権利に関する宣言」を公布する。

第1条 1. 国家は、それぞれの領域内において、マイノリティの存在とその民族的(national or ethnic)、文化的、宗教的、言語的アイデンティティ(独自性)を保護し、そのアイデンティティを促進するための条件を助長しなければならない。
2. 国家は、これらの目的を達成するために適当な立法その他の措置をとらなければならない。
第2条 1. 民族的(national or ethnic)、宗教的、言語的マイノリティに属する人々(以下「マイノリティに属する人々」)は、私的かつ公的に、自由に、干渉を受けずに、またいかなる形態の差別もなく、自己の文化を享有し、自己の宗教を信仰しかつ実践し、自己の言語を使用する権利を持つ。
2. マイノリティに属する人々は文化的、宗教的、社会的、経済的生活と

公共生活に効果的に参加する権利を持つ。

3．マイノリティに属する人々は、自らが属するマイノリティ（集団）や自らが居住する地域に関する、全国的また適当な場合には地域的レベルにおける決定に、国内法に反しない方法で、効果的に参加する権利を持つ。

4．マイノリティに属する人々は、自己の結社を設立し維持する権利を持つ。

5．マイノリティに属する人々は、その集団の他の構成員や他のマイノリティに属する人々と、自由かつ平和的に接触し、自らが民族的（national or ethnic）、宗教的又は言語的紐帯によって関係を持つ他国の市民との国境を越えた接触を、いかなる差別もなく、樹立し維持する権利を持つ。

第3条　1．マイノリティに属する人々は、個人として、また自己の集団の他の構成員と共に、この宣言が定める権利を含む自らの権利を、いかなる差別もなく行使することができる。

2．マイノリティに属するいかなる人も、この宣言が定める権利を行使する、あるいは行使しないことによって不利益を受けることがあってはならない。

第4条　1．国家は、必要な場合には、マイノリティに属する人々が、自らのすべての人権と基本的自由を、いかなる差別もなく、法の前において全く平等に、充分かつ効果的に行使できるよう確保するための措置をとらなければならない。

2．国家は、特定の活動が国の法律に違反し、かつ国際基準に反する場合を除いて、マイノリティに属する人々がその特性を表し、自らの文化、言語、宗教、伝統、習慣を発展させ得る有利な条件を創るための措置をとらなければならない。

3．国家は、可能な場合には常に、マイノリティに属する人々が自らの母語を学び、あるいは母語で教育を受ける十分な機会を得られるように適切な措置をとるものとする。

4．国家は、適当な場合には、教育の分野において、領域内に存在するマイノリティの歴史、伝統、言語、文化の知識を助長するための措置をとる

ものとする。マイノリティに属する人々は、社会全体の知識を得るための十分な機会を持つものとする。

5．国家は、マイノリティに属する人々が、その国の経済的進歩と発展に十分参加できるよう適切な措置を考慮するものとする。

第5条 1．国家の政策と計画は、マイノリティに属する人々の正当な利益に妥当な考慮を払って立案され、かつ実施されなければならない。

2．国家間の協力と援助の計画は、マイノリティに属する人々の正当な利益に妥当な考慮を払って立案され、かつ実施されなければならない。

第6条 諸国家は、相互の理解と信頼を促進するために、マイノリティに属する人々に関連する問題について、情報と経験の交換を含めて、互いに協力するものとする。

第7条 諸国家は、この宣言が定める権利の尊重を促進するために互いに協力するものとする。

第8条 1．この宣言のいかなる規定も、マイノリティに属する人々に関して国家が負う国際義務の履行を妨げるものではない。特に、国家は、自らが当事国である国際的な条約と協定に基づいて負う義務と約束を誠実に履行しなければならない。

2．この宣言が定める権利の行使は、普遍的に認められた人権と基本的自由をすべての人が享受することを妨げるものではない。

3．この宣言が定める権利の効果的な享受を確保するために国家がとる措置は、世界人権宣言に含まれる平等原則にただちに反するものとはみなされない。

4．この宣言のいずれの規定も、国際連合の目的と、国家の主権平等、領土の保全、政治的独立を含む国際連合の原則に反する活動を許すものと解釈することはできない。

第9条 国連システムの専門機関とその他の組織は、それぞれが権限をもつ分野において、この宣言が定める権利と原則を完全に実現することに貢献しなければならない。

(訳：元 百合子)

索引

事項索引

【あ行】

アフリカ人権憲章……………………………………………………………95.
アフリカ人権委員会…………………………………………………………85, 96.
アメリカ自由人権教会（ACLU）…………………………………………126.
あらゆる形態の宗教的不寛容の撤廃に関する条約案→宗教的不寛容撤廃条約案
あらゆる形態の人種差別撤廃に関する条約→人種差別撤廃条約
移住労働者……………………………………………xi, 62, 65, 185, 186, 271.
――とその家族の権利保護に関する条約………………………62, 185.
イスラエル放送庁……………………………………………………116, 119, 120.
イスラーム（――教徒・圏・国・法）………ix, xiv, xvi-xviii, xx, xxi, 32, 39, 52, 53, 66, 85, 90, 97, 98, 100, 121, 122, 136, 137, 139, 149, 151, 160, 164, 173-177, 181-183, 188, 191, 209, 212, 225-228, 231, 233, 234, 237, 238, 241, 242, 246, 252, 265, 268.
イスラームにおける人権に関するカイロ宣言→カイロ人権宣言
ウィーン会議………………………………xxi, xxiv, 43, 48, 57, 82, 86-88, 143, 190.
エスニック・クレンジング→民族浄化
エホバの証人………………………xvi, 36, 53, 90, 94, 95, 172, 181, 188, 193-196, 244.
欧州安全保障協力会議（CSCE）…………71, 73, 80, 81, 85-88, 91, 93, 105, 190, 193.
欧州安全保障協力機構（OSCE）……………………xxiv, 85, 87, 88, 149, 191, 192, 208, 209.
欧州司法裁判所………………………………………………………………89.
欧州人権委員会………………………………85-92, 151, 194, 195, 199, 201, 228.
欧州人権裁判所…………………xxi, xxv, 85-92, 150, 152, 193--202, 225, 227, 228, 230, 231, 233-236, 239, 240-242, 244, 246-248.
欧州人権条約……………………xxi, 86-92, 104, 128, 151, 190, 192, 194, 197-199, 201, 225, 228, 229, 235, 239, 240, 244, 246.
欧州審議会………………………………17, 81, 88, 91, 92, 124, 190, 192, 208.
欧州における安全保障と協力に関するヘルシンキ会議→ヘルシンキ会議
オスマン帝国………………………………………………………231, 252, 261.
オスロ宣言…………………………………………………………………17.

【か行】

改宗（「宗教の変更」も参照のこと）…………viii, x, xviii-xx, 11, 21, 54, 55, 67, 89, 96, 147-205, 244, 260, 261, 272.
カイロ人権宣言………………………………………………………xxi, 97, 191.
過激主義…………………………………………………………xiii, 48, 54, 55, 66.

カトリック(――教会・信者)……………………… xvi, xvii, xxi, xxvii, 36, 45, 95, 98, 99, 101, 121, 137,
　　　　　　　　　　　　　　　　　　　　　　　　　　　　　148, 157, 183, 188, 253, 255, 262-269.
カルト………………………………………………………………………… xii, xvii, 17, 92, 150.
棄教・背教……………………… x, xx, 21, 23, 36, 97, 147, 153, 155, 156, 160, 163, 177, 178, 181, 183.
急進主義…………………………………………………………………………………… xvii.
教育における差別を禁止する条約(ユネスコ)……………………… 29, 61, 169, 188, 189, 267.
教会とキリスト教以外の宗教との関係に関する宣言………………………………………… 100.
教皇庁……………………………………………… xxi, xxviii, 36, 45, 98-101, 255, 262-270.
共産主義・共産圏……………………………………………………………… 6, 12, 38, 90.
狂信………………………………………………………………………… xxiv, 152, 156, 198.
ギリシャ正教(――会・徒)………………………………………………… xvii, 194, 195, 201, 253.
キリスト教(――徒)………………………… xiv, xvii, xviii, xx, 53, 90, 95, 96, 99, 100, 147,
　　　　　　　　　　　　　　　　　　　　　151, 153, 155, 156, 165, 177, 181, 183, 193, 196,
　　　　　　　　　　　　　　　　　　　　　199, 212, 238, 250, 254, 263-265, 268, 269.
クルアーン………………………………………………………………… 175, 177, 188, 247.
経済的、社会的および文化的権利に関する国際規約→社会権規約
拷問等禁止条約………………………………………………………………………… 134, 221.
国際刑事裁判所(ICC)…………………………………… xxvi, 133, 134, 136, 140, 141, 221.
国際司法裁判所(ICJ)…………………………………………………… 129, 134-137, 139.
国際人権規約……………………………………… xvi, xx, 19, 20, 39, 41, 46, 50, 64, 74, 86,
　　　　　　　　　　　　　　　　　　　　　160, 168, 173, 188, 204, 221, 223, 260, 267.
国際赤十字(委員会)………………………………………………………………………… 212.
国連安全保障理事会(安保理)……………………… 136-138, 140, 141, 143, 207, 221.
国際連盟………………………………………………………… 7, 56, 57, 71, 158, 159, 252.
国際労働機関(ILO)………………………………………………………………… 61, 62, 187.
国教(――主義)………………………………… xx, xxi, 24, 35, 45, 55, 97, 98, 171, 172, 177, 181, 242, 251.
子どもの権利条約……………………………………… 29, 46, 61, 74, 169, 187, 188, 221, 267.
コペンハーゲン会議……………………………………………………… 86, 88, 190, 193.

【さ行】
サイエントロジー教会…………………………………………………… xvi, 16, 17, 52, 90, 200.
差別防止マイノリティ保護小委員会→人権小委員会(国連)
サンテリア教……………………………………………………………………………… 28.
ジェノサイド………………………………………… xx, 63, 121, 129-135, 140, 141, 144, 146.
　――条約……………………………………………… 74, 103, 129-135, 138, 139, 221.
シオニズム・シオニスト……………………………………………………………… 249, 256.
シーク教(――徒)……………………………………………………………………… 32, 90.
ジハード………………………………………………………………………………… xvii, 212.
ジプシー→ロマ
市民的および政治的権利に関する国際規約→自由権規約
社会権規約………………………………………………………… 27, 37, 61, 147, 169, 172.
　――委員会……………………………………………………………………………… 37, 172.
シャリーア………………………………………………… 97, 176, 181, 191, 239, 252, 254.
宗教(的)教育…………………………… xix, 25, 29, 37, 44, 60, 61, 66, 88, 164, 180, 181, 186, 188-190, 204.
宗教的急進主義→急進主義
宗教的標章(シンボル)……………………………… x, xi, xxv, 67, 192, 225, 235, 237, 240-244, 273.
宗教的不寛容撤廃宣言(1981年宣言)………… xvi, xx, xxiv, 15, 19, 27, 28, 37-51, 59, 64, 74, 83,
　　　　　　　　　　　　　　　　　　　　　105, 117, 136, 146, 147, 150, 160, 161, 169, 173-180,
　　　　　　　　　　　　　　　　　　　　　182, 187-189, 204, 221, 260, 264, 266, 267, 271, 272.
宗教的不寛容撤廃条約(案)…………………………………………………………………… 189.
宗教と信念の自由に関するオスロ宣言→オスロ宣言
宗教の変更(「改宗」も参照のこと)……………………………… 11, 21, 28, 33, 39, 52-54, 147-205.

宗教又は信念に基づくあらゆる形態の不寛容および差別の撤廃に関する宣言
　　→宗教的不寛容撤廃宣言
自由権規約‥‥‥‥‥‥‥‥‥‥‥xxvii, 14, 27, 28, 30, 34, 35, 39, 42, 56, 58, 60, 62-64, 69,
　　　　　　　　　　　　　　　　72-75, 78, 80, 82, 83, 87, 104, 109, 112, 122, 127,
　　　　　　　　　　　　　　　　144, 147, 149-151, 157, 161, 168-171, 173-177, 179,
　　　　　　　　　　　　　　　　182, 185, 188, 190, 199, 205, 211, 250, 252, 264.
　――委員会‥‥‥‥‥‥‥‥29-31, 33, 35, 36, 50, 60, 63, 112, 144, 146, 148, 149, 170, 172, 182, 250.
自由思想（――家・協会）‥‥‥‥‥‥‥‥‥‥‥‥‥‥‥‥‥‥‥‥‥‥‥‥‥12, 22, 29, 40, 170, 184.
集合的権利‥‥‥‥‥‥‥‥‥‥‥‥‥‥‥‥‥‥‥‥‥‥‥‥‥‥‥‥‥‥‥‥‥‥‥‥‥‥14, 216.
集団(的)殺害→ジェノサイド
集団殺害犯罪の防止と処罰に関する条約→ジェノサイド条約
集団的権利(集団の権利)‥‥‥‥‥‥‥‥‥xx, 14, 27, 44, 47, 58, 59, 75, 103, 185, 204, 216, 262.
ジュネーブ条約‥‥‥‥‥‥‥‥‥‥‥‥‥‥‥‥‥‥‥‥‥‥‥‥‥‥‥‥‥‥‥‥‥‥‥‥‥‥60.
常設国際司法裁判所(PCIJ)‥‥‥‥‥‥‥‥‥‥‥‥‥‥‥‥‥‥‥‥‥‥‥‥‥‥‥57, 58, 76.
新欧州のためのパリ憲章‥‥‥‥‥‥‥‥‥‥‥‥‥‥‥‥‥‥‥‥‥‥‥‥‥‥‥‥‥‥86, 105.
人権委員会(国連)‥‥‥‥‥‥‥‥‥‥‥‥30, 38, 49, 50, 69, 72, 136, 137, 153, 160, 175, 181.
人権および基本的自由の保護のための条約→欧州（ヨーロッパ）人権条約
人権小委員会(国連)‥‥‥‥‥‥‥22, 24, 27, 41, 43, 44, 48, 50, 52, 58, 72, 130, 137, 153, 166, 178, 179.
人権の促進と保護に関する小委員会→人権小委員会(国連)
新宗教（――運動）‥‥‥‥‥‥‥‥xvi, xviii, 5, 15-17, 51, 55, 92, 150, 162, 171, 184, 192.
人種差別撤廃委員会(国連)‥‥‥‥‥‥‥‥‥‥‥‥‥‥‥‥‥‥‥108, 112, 113, 118, 144.
人種差別撤廃宣言・条約‥‥‥‥‥‥xxvi, 3, 27, 30, 44, 49, 63, 64, 74, 76, 105-118, 125, 127, 144, 221.
人種主義（――者）‥‥‥‥‥‥‥‥‥‥xi, 5, 24, 38, 65, 105, 109-116, 118, 121, 125, 127,
　　　　　　　　　　　　　　　　　　　143, 144, 208, 218, 265, 266, 272.
人種と人種的偏見に関するユネスコ宣言‥‥‥‥‥‥‥‥‥‥‥‥‥‥‥76, 105, 115, 128.
政教条約‥‥‥‥‥‥‥‥‥‥‥‥‥‥‥‥‥‥‥‥‥‥‥‥‥‥‥‥‥‥‥‥‥‥‥‥‥98-100.
政教分離（――主義・原則）‥‥‥‥‥‥‥‥‥‥‥‥vii, ix, xvii, xxi, 226, 231, 251, 257.
聖戦→ジハード
聖地‥‥‥‥‥‥‥‥‥‥‥‥‥‥‥‥‥‥‥‥‥‥‥‥‥‥25, 186, 255, 258, 264, 268, 269.
世界人権宣言‥‥‥‥‥‥‥‥‥‥‥‥xvi, xix, xx, 13, 14, 19, 21, 23, 27, 28, 39, 41, 50, 58,
　　　　　　　　　　　　　　　　　61, 72, 74, 86, 108-110, 114, 122, 128, 129, 147, 150,
　　　　　　　　　　　　　　　　　157, 159-161, 168, 173-175, 177, 179, 182, 188, 190,
　　　　　　　　　　　　　　　　　199, 204, 205, 217, 221, 243, 264, 265, 267.
セクト‥‥‥‥‥‥‥‥‥‥‥‥‥‥‥‥‥‥‥‥‥‥‥xii, xvii, 6, 15-17, 100, 155, 160.
世俗主義‥‥‥‥‥‥‥‥‥‥‥‥‥‥‥xxv, 11, 55, 89, 230-233, 236-241, 247, 248, 253, 256.
宣教師（――団）‥‥‥‥‥‥‥‥‥‥xvii, 156, 157, 160, 161, 164, 165, 168, 180, 181, 183.
先住民族‥‥‥‥‥‥‥‥‥‥‥‥‥‥‥‥‥‥‥‥‥‥‥‥‥‥‥‥‥‥‥‥‥‥‥‥‥65, 186.
　――および種族民に関するILO169号条約‥‥‥‥‥‥‥‥‥‥‥‥‥‥‥‥62, 76, 187.
戦争犯罪‥‥‥‥‥‥‥‥‥‥‥‥‥‥‥‥‥‥‥‥‥‥‥‥‥‥‥‥‥‥‥‥130, 135, 138, 141.
全体主義（――的・者）‥‥‥‥‥‥‥‥‥‥‥‥‥‥‥‥‥‥‥‥‥‥‥‥‥‥‥12, 88, 203.
煽動‥‥‥‥‥‥‥‥‥‥‥‥‥‥‥‥‥‥‥30, 33, 41, 46, 81, 103-107, 110, 111, 114,
　　　　　　　　　　　　　　　　116-118, 120, 122, 124, 125, 127, 128, 133, 142, 144, 210.
洗脳‥‥‥197.
憎悪‥‥‥‥‥‥‥‥‥‥‥‥‥‥‥‥xii, 5, 30, 31, 33, 38, 40, 48, 50, 64, 81, 88, 99, 100,
　　　　　　　　　　　　　　　　103-107, 110-112, 114-118, 120, 124, 125, 127, 128,
　　　　　　　　　　　　　　　　135, 137, 142-146, 170, 208, 210, 266, 269, 272.

【た行】
テロリズム（テロリスト）‥‥‥‥‥‥‥‥xvii, xxiv, 54, 66, 67, 122, 207- 213, 251, 272, 273.
統一教会‥‥‥‥‥‥‥‥‥‥‥‥‥‥‥‥‥‥‥‥‥‥‥‥‥‥‥‥‥‥‥‥‥‥‥‥xvi, 90.
囚われの聴衆‥‥‥‥‥‥‥‥‥‥‥‥‥‥‥‥‥‥‥‥‥‥‥‥‥‥‥‥‥‥152, 200, 204.
ドルイド教‥‥‥‥‥‥‥‥‥‥‥‥‥‥‥‥‥‥‥‥‥‥‥‥‥‥‥‥‥‥‥‥‥‥‥‥‥90.

索 引 299

【な行】
ナチス(ナチズム)·················· 12, 17, 37, 58, 111, 123, 126, 131, 215.
ニュルンベルク裁判・判決················· 130, 134, 141.
ノストラ・アエタテ宣言(宗教会議の宣言)··················· 101, 265.

【は行】
背教→棄教
迫害·············· viii, xii, xxiii, 5, 7, 16, 40, 50, 53, 88, 95, 99, 100, 103, 119, 128, 266.
バチカン→教皇庁
バチカン公会議··················· 99-101, 265.
バハーイ教(——徒)················ xvi, 35, 53, 181, 254.
ハラハー······························· 256.
反ユダヤ主義··············· 24, 37, 38, 81, 88, 99, 100, 101, 105, 208, 265, 266.
被差別部落(——民)·············· 122.
非宗教性(——の原則)············ xvii, xxi, 247.
人と人民の権利に関するアフリカ委員会→アフリカ人権委員会
人と人民の権利に関するアフリカ憲章→アフリカ人権憲章
人の権利および義務に関する米州宣言→米州人権宣言
評価の余地(範囲)············ xxi, xxv, 89, 196, 225, 227, 235, 239, 240, 242-246, 248.
ヒンドゥ教(——徒)··············· xvi, 53, 183.
不可知論(——者)··········· 6, 9, 12, 21, 22, 39, 40, 63, 90, 184, 195, 235, 242, 253.
不寛容············ viii, xi, xii, 16, 17, 24, 37, 38, 40, 44, 46, 48, 51-54,
  65, 66, 103, 104, 119, 124, 144, 179, 181, 184, 191,
  198, 210, 211, 244, 265, 266, 272.
福音伝道(福音化活動)················ 147, 153, 156, 196.
仏教(——徒)···················· xiv, xv, 10, 53, 90.
プライバシー················ 87, 150, 151, 153, 154, 178, 203.
部落(——民)→被差別部落(——民)
プロテスタント······················· 53, 182, 264.
米州機構(OAS)···················· 93, 94, 95.
米州人権委員会······················ 94, 95.
米州人権裁判所······················ 85, 94, 190.
米州人権条約···················· xxi, 93, 94, 104, 128, 190.
米州人権宣言······················ 94, 95.
平和主義························ 34, 89, 90.
ヘルシンキ会議····················· 86, 87.
ペンテコステ派···················· xvi, xxi.
冒瀆······· xi, 24, 26, 34, 36, 43, 52, 54, 64, 90, 126, 151, 155, 165, 172, 219, 258, 268, 272.

【ま行】
マイノリティ(権利)宣言(国連)············ xvi, xxi, xxvii, 59, 69-83, 91, 185.
民族浄化························· xx, 135-146.
民族的、宗教的、言語的マイノリティに属する者の権利に関する国連宣言
  →マイノリティ権利宣言
民族的マイノリティ保護枠組み条約················ 92, 192.
無神論(——者)············ 6, 9, 12, 21, 22, 26, 31, 33, 39, 40, 63, 90,
  148, 167, 171, 184, 191, 195, 234, 242, 253, 271.
ムスリム························ 250, 252-254, 258, 261.
ムハンマド·······························xi.

【や行】

ユダヤ（——教・教徒・人・法）………… xiii, xiv, xvi, xvii, xxviii, 17, 28, 32, 53, 58, 90, 92, 100, 101, 113, 121-123, 126, 131, 152, 155, 177, 217, 218, 238, 245, 249-263, 265, 266, 268, 269.
ユネスコ宣言→人種と人種的偏見に関するユネスコ宣言
ヨーロッパ人権委員会→欧州人権委員会
ヨーロッパ人権裁判所→欧州人権裁判所
ヨーロッパ人権条約→欧州人権条約
ヨーロッパ審議会→欧州審議会

【ら行】

ライシテ（——化）→非宗教性（の原則）
良心的兵役拒否……………………………………………… 13, 34-36, 53, 54, 64, 89.
レイプ………………………………………………………………………… 144.
ローマ教皇庁→教皇
ロマ………………………………………………………………………… 81, 131.

人名索引

【あ行】

アモール、アブデルファター…………………… 15, 16, 50, 52-55, 65, 66, 182-184, 212.
アンナイム、アブドゥラヒ・アーメッド………………………………… xxiii, 97.
ウィット、ジョン、ジュニア…………………………… xxiii, xxviii, 3, 12, 247.
エヴァンス、マルコム・D. ………………………………………………… 4, 90.
オディオ・ベニート、エリザベス………………………… 46, 50, 51, 179, 180.

【か行】

カポトルティ、フランセスコ……………………………………………… 55, 72.
ガン、ジェレミー………………………………………………… 199, 200, 244, 245.
クリシュナスワミ、アーコット…… 12, 19, 22-25, 27, 32, 44, 45, 50, 64, 153, 162-167, 179, 243, 267.

【さ行】

サリヴァン、ドナ・J. ……………………………………………………… 178.
シーガー、ポール……………………………………………… 216, 217, 223.
ジャハンギル、アスマ……………………………………… viii, 65, 67, 211, 272.

【た行】

ターズィブ、バヒー・G. ……………………………………… xxvi, 3, 4, 188.
ダラム、W. コール・ジュニア……………………………………… xiii, xxvi, 3.
ダルメイダ・リベイロ、アンヘロ・ヴィダル………… 50-52, 136, 181, 182.
ディンスタイン、ヨーラム………………………………………………… 49.

【な行】

ナスリン、タスリム……………………………………………………… 53.

【は行】

ファン・デル・ヴィヴェール、ヨハン・D. …………………………………… 3.
ファン・ボーヴェン、テオ……………………………………………… 48, 52.

フェラーリ、シルヴィオ··· 99.
ボイル、ケビン··· 4, 151.

【ま行】
メロン、セオドア··· 109, 139.

【ら行】
ラシュディ、サルマン··· 151.
ロビンソン、ニァマイア····································· 20, 21, 130, 131, 161.

【わ行】
ワルケイト、J, A, ·· 169, 174-176.

事件名索引

【あ行】
アロウスミス対英国事件·· 89.
アンジェリーニ対スエーデン事件·· 194.
イスラエル放送庁事件·· 116, 119, 120.
ウィスコンシン対ミッチェル事件·· 145.
ウィスコンシン対ヨーダー事件·· 10.
ウェルシュ対米国事件·· 10.
オットー・プレミンガー協会対オーストリア事件····················· 90, 193.

【か行】
カラドゥマン対トルコ事件·· 239.
キェルドセン他対デンマーク事件·································· 91, 194.
キャンベルとコサンズ対英国事件·· 90.
ゲイ・ニュース対英国事件·· 91.
コッキナキス対ギリシャ事件······················· 89, 194-201, 239, 244, 245.

【さ行】
シャーヒン対トルコ事件······························· xxi, xxv, 225-248.
シャール・シャロム・ヴ・ツェデック対フランス事件··················· 245.
十戒事件·· 226.
スコーキー事件··· 121, 123, 126.

【た行】
ダーラブ対スイス事件·· 239.
チャペル対英国事件·· 90.
忠誠の誓い事件··· 226.
トルカソ対ワトキンス事件··· 10.

【は行】
ハーティカイネン対フィンランド事件·································· 194.
米国対シーガー事件·· 10.
ペサッロ・ゴールドスタイン対内務省事件····························· 260.
ヘッドスカーフ事件→シャーヒン対トルコ事件

ベルンハイム事件·· 58.
ボハネス対イリノイ州事件·· 125.
ホフマン対オーストリア事件··· 193.

【ま行】
マヌーサキス他対ギリシャ事件··· 245.
マルナック対ヨギ事件··· 11.

【ら行】
ラリシス他 対ギリシャ事件 ·· 89, 200-202.

国名・地域名索引

【あ行】
アイスランド［アイスランド共和国］··· 125.
アイルランド·· xxi, 173.
アフガニスタン［アフガニスタン・イスラム共和国］········· xii, 168, 180, 183.
アメリカ→米国
アラブ首長国連邦··· 183.
アルジェリア［アルジェリア民主人民共和国］························ 54, 66, 174.
アルゼンチン［アルゼンチン共和国］································ 36, 94, 95, 172.
アルバニア［アルバニア共和国］······································ 57, 58, 76, 180.
アルメニア［アルメニア共和国］·· 113, 184.
イエメン［イエメン共和国］··· 53, 168
イスラエル··········· xii, xiii, xvi, xxi, xxii, xxvii, xxviii, 36, 38, 53, 99,
                    116, 119-121, 127, 133, 152, 180, 217, 249-270.
イタリア［イタリア共和国］··························· 100, 108, 125, 180, 265.
イラク［イラク共和国］······································· 52, 57, 161, 175, 176.
イラン［イラン・イスラム共和国］····· xii, 39, 52, 53, 161, 175, 176, 180-183, 188, 213.
インド·· xii, xxii, 53, 125, 167, 181, 183.
インドネシア［インドネシア共和国］··································· 39, 183, 207.
ウクライナ·· 161.
ウズベキスタン［ウズベキスタン共和国］······································ xii.
英国［グレートブリテン及び北アイルランド連合王国］··· xxv, 36, 109, 121, 151, 164, 165,
                                                       233, 234, 252, 253, 257, 261.
エクアドル［エクアドル共和国］·· 180.
エジプト［エジプト・アラブ共和国］···················· 53, 160, 168, 175, 181, 183.
エストニア［エストニア共和国］··· 57.
エリトリア·· xii.
エルサルバドル［エルサルバドル共和国］···································· 221.
オーストラリア［オーストラリア連邦］···································· xxii, 53.
オーストリア［オーストリア共和国］··············· 36, 53, 57, 125, 172, 193, 194, 234.
オランダ［オランダ王国］·· 125, 175, 233.

【か行】
カタール··· 180.
カナダ·· ix, 105.
北朝鮮［朝鮮民主主義人民共和国］··· xii.

ギニア[ギニア共和国]	125.
キプロス[キプロス共和国]	53, 149, 180.
キューバ[キューバ共和国]	53, 181.
ギリシャ[ギリシャ共和国]	xxi, 53, 57, 125, 150, 181, 183, 184, 194, 195, 197-199, 201, 202.
グアテマラ[グアテマラ共和国]	95.
クウェート[クウェート国]	175.
グルジア	66, 136.
クロアチア[クロアチア共和国]	144.
ケニア[ケニア共和国]	53.
コソボ	221.
コロンビア[コロンビア共和国]	36, 100, 108, 172.

【さ行】

ザイール[現コンゴ民主共和国]	96.
サウジアラビア[サウジアラビア王国]	xii, 52, 53, 160, 161, 168, 175, 181.
ジャマイカ	180.
シリア[シリア・アラブ共和国]	161, 175, 176.
ジンバブエ[ジンバブエ共和国]	36, 53.
スイス[スイス連邦]	180, 233.
スエーデン[スエーデン王国]	87, 92, 125, 234.
スーダン[スーダン共和国]	xii, xvii, 36, 53, 96, 164, 172, 181, 183.
スペイン	99, 100, 125, 155, 177, 180, 207, 226, 234, 265.
スリランカ[スリランカ民主社会主義共和国]	xii, 53.
スロバキア[スロバキア共和国]	234.
セネガル[セネガル共和国]	96, 161, 175.
セルビア[セルビア共和国]	137, 139, 140, 144.
ソビエト連邦(旧ソ連)	xv, 36, 38, 70, 125, 136, 161.
ソマリランド	164, 165.

【た行】

タンザニア[タンザニア連合共和国]	36.
チェコ[チェコ共和国]	125, 136, 234.
チェコスロバキア	57, 161.
チャド[チャド共和国]	96.
中国[中華人民共和国]	xii, 53, 181.
チュニジア[チュニジア共和国]	161, 175.
デンマーク[デンマーク王国]	125, 133, 180.
ドイツ[ドイツ連邦共和国]	xxi, 12, 15-17, 52, 53, 58, 125, 130, 133, 180, 233, 234.
トゥルクメニスタン	xii.
トリニダード・トバゴ[トリニダード・トバゴ共和国]	180.
トルコ[トルコ共和国]	xxi, xxv, 53, 57, 87, 180, 207, 225, 227-239, 241, 242, 246, 247.

【な行】

ナイジェリア[ナイジェリア連邦共和国]	96, 164.
ネパール	183.
ノルウェー[ノルウェー王国]	125.

【は行】

パキスタン[パキスタン・イスラム共和国]	xii, 52, 53, 180, 181, 183.
パラグアイ[パラグアイ共和国]	95.
バルバドス	180.
パレスチナ	249, 252, 253, 257.

ハンガリー［ハンガリー共和国］……………………………………………………… 57, 125.
バングラデシュ［バングラデシュ人民共和国］……………………………………… 52, 53.
ビルマ［ミャンマー］…………………………………………………………… xii, 53, 183.
フィリピン［フィリピン共和国］………………………………………………… 53, 125, 168.
フィンランド［フィンランド共和国］…………………………………………… 29, 92, 170.
ブータン［ブータン王国］………………………………………………………… 53, 183, 184.
ブラジル［ブラジル連邦共和国］………………………………………………………… 136, 168.
フランス［フランス共和国］………… vii, viii, xvii, xxi, xxv, 7, 15, 16, 32, 223, 226, 233, 245, 246, 247.
ブルガリア［ブルガリア共和国］………………………………………………………… 53, 57.
ブルネイ［ブルネイ・ダルサラーム国］………………………………………………… xii, 184.
ブルンジ［ブルンジ共和国］……………………………………………………………… 136.
米国［アメリカ合州国］…………………………… viii, xii, xiii, xvii, xxii, xxv, xxvii, 7, 10, 11, 30,
　　　　　　　　　　　　　　　　　　　　　　39, 71, 104, 105, 108, 109, 111, 120, 121, 124-126,
　　　　　　　　　　　　　　　　　　　　　　129, 145, 200, 207, 223.
ベトナム［ベトナム社会主義共和国］………………………………………………… xii, 53, 181.
ベネズエラ［ベネズエラ・ボリバル共和国］……………………………………………… 132.
ベラルーシ［ベラルーシ共和国］………………………………………………………… 53, 161.
ペルー［ペルー共和国］…………………………………………………………………… 180.
ベルギー［ベルギー王国］………………………………………………… xxi, 15, 125, 233.
ボスニア［ボスニア・ヘルツェゴビナ］……………………………… 136, 139, 140, 144, 221.
ポーランド［ポーランド共和国］………………………………………… 57, 58, 125, 140, 161, 234.
ポルトガル［ポルトガル共和国］……………………………………………………… 155, 180.

【ま行】

マラウィ［マラウィ共和国］……………………………………………………………… 96.
マレーシア……………………………………………………………………………… 53, 183.
南アフリカ［南アフリカ共和国］………………………………………………………… 161.
ミャンマー →ビルマ
メキシコ［メキシコ合衆国］……………………………………………………… 53, 183, 184.
モーリシャス［モーリシャス共和国］…………………………………………………… 180.
モーリタニア［モーリタニア・イスラム共和国］………………………………………… 96.
モルジブ［モルジブ共和国］…………………………………………………… 183, 184, 188.
モロッコ［モロッコ王国］…………………… 35, 40, 53, 149, 161, 172, 175, 180, 183, 184.
モンゴル………………………………………………………………………………… 53.

【や行】

ユーゴスラヴィア（旧ユーゴスラヴィア）………… xvii, 52, 54, 65, 70, 72, 135-141, 144, 161, 221.
ヨルダン［ヨルダン・ハシェミット王国］……………………………………………… 161.

【ら行】

ラオス［ラオス人民民主共和国］…………………………………………………… xii, 184.
ラトビア［ラトビア共和国］……………………………………………………………… 57.
リトアニア［リトアニア共和国］……………………………………………………… 36, 57.
リビア［大リビア・アラブ社会主義人民ジャマーヒリーヤ国］………………… 149, 161, 175.
リベリア［リベリア共和国］……………………………………………………………… 53.
ルーマニア…………………………………………………………………… 53, 57, 66, 125.
ルワンダ［ルワンダ共和国］………………………………………… xvii, 53, 65, 136, 221.
レバノン［レバノン共和国］……………………………………………………………… 53.
ロシア［ロシア連邦］………………………………………………… xii, xvii, 53, 148, 207, 254.

【著者/翻訳者略歴】

ナタン・レルナー（著者）

イスラエル、ヘルツリア学際センター教授（専門は、国際法と人権、とくに国家と宗教、人種差別、マイノリティ、集団的殺害など）。ポーランドに生まれ、アルゼンチンで育ち、法学博士課程をブエノスアイレス大学にて修了。1966年以来イスラエル市民。30年以上、テルアビブ大学その他で教鞭をとってきた。ユネスコの「人種差別に関する顧問」としての活動歴もある。英語、スペイン語、ヘブライ語での著書、論文多数。英語の近著、主要論文については、「訳者あとがき」参照のこと。日本語の訳書として、『人種差別撤廃条約』（斎藤恵彦・村上正直訳、解放出版社、1983年）がある。

元 百合子（翻訳者）

大阪女学院大学准教授。上智大学外国語学部、英国リーズ大学国際関係学研究所修士課程（国際人権法専攻）、米国コロンビア大学国際学大学院修士課程（人権専攻）修了。主要論文として、「マイノリティ女性に対する複合差別」（上智大学学内共同研究報告書『正義と平和促進のための研究と教育の新たな取組み』2002年）、「マイノリティの民族教育権をめぐる国際人権基準」（大阪経済法科大学アジア太平洋研究センター『アジア太平洋レビュー』第1号、2004年）、「人身売買対策における人権の主流化―欧州審議会の新条約を中心とする一考察」（大阪女学院大学紀要2号、2006年）。共訳書にC・ウィラマントリー著『国際法から見たイラク戦争』（勁草書房、2005年）。

宗教と人権――国際法の視点から　　　　　　　　　＊定価はカバーに表示してあります

2008年4月15日　初 版　第1刷印刷　　　　　　　　〔検印省略〕
2008年4月20日　初 版　第1刷発行

訳者 ©元 百合子　　発行者 下田勝司　　印刷・製本／中央精版印刷

東京都文京区向丘1-20-6
〒113-0023　郵便振替00110-6-37828
TEL(03)3818-5521　FAX(03)3818-5514

発行所　株式会社 東信堂

Published by TOSHINDO PUBLISHING CO., LTD
1-20-6, Mukougaoka, Bunkyo-ku, Tokyo, 1130-0023, Japan
http://www.toshindo-pub.com/　E-mail: tk203444@fsinet.or.jp

ISBN 978-4-88713-829-2　C3032　©MOTO YURIKO